● 普通高等教育"十一五"国家级规划教材
● 浙江省教育厅普通高等学校重点建设教材
● 21世纪旅游管理学精品教材

旅行社经营管理

（第二版）

主　编　徐云松

副主编　詹昭宗　黄宝辉

ZHEJIANG UNIVERSITY PRESS
浙江大学出版社

内容提要

全书共分十章，从旅行社的产生和发展出发，阐述了旅行社的性质、地位和作用，旅行社的职能、业务与分类，并重点介绍了旅行社的组织管理和经营计划，市场细分和定位，产品的开发设计、定价、促销和销售，采购业务，接待业务，客户管理和质量管理，财务管理，电子商务等。内容丰富，实用性强。

本书为作为旅游管理专业的教材，也可作为旅行社从业人员的培训教材。

图书在版编目（CIP）数据

旅行社经营管理 / 徐云松主编. —2 版. —杭州：
浙江大学出版社，2011.6(2019.8 重印)
ISBN 978-7-308-08915-9

Ⅰ. ①旅… Ⅱ. ①徐… Ⅲ. ①旅行社－企业经营管理
－高等学校－教材 Ⅳ. ①F590.63

中国版本图书馆 CIP 数据核字（2011）第 150815 号

旅行社经营管理（第二版）

徐云松　主编

责任编辑	王元新	
封面设计	十木米	
出版发行	浙江大学出版社	
	（杭州市天目山路 148 号　邮政编码 310007）	
	（网址：http://www.zjupress.com）	
排　　版	杭州中大图文设计有限公司	
印　　刷	浙江省良渚印刷厂	
开　　本	787mm×960mm　1/16	
印　　张	15.75	
字　　数	317 千	
版 印 次	2011 年 6 月第 2 版　2019 年 8 月第 10 次印刷	
书　　号	ISBN 978-7-308-08915-9	
定　　价	33.00 元	

目　录

旅行社经营管理

旅行社经营管理

旅行社经营管理

第一章 概 述

学习目标

1. 旅行社的产生背景
2. 旅行社的发展现状
3. 旅行社的地位、作用和职能
4. 旅行社的性质和特点
5. 旅行社设立的条件和基本程序
6. 旅行社的业务范围和分类

本章概要

本章是对旅行社基本概念与基本知识的综述,主要包括旅行社产生的历史背景与发展现状,旅行社在旅游产业中的地位和作用,旅行社设立的条件和程序,旅行社的设立、分类制度及所从事的各类业务等。

第一节 旅行社的产生与发展

一、旅行社的产生背景

旅行社产生于 19 世纪 40 年代,它对人类的旅游活动产生了极其重大、深远的影响。旅行社现已发展成为旅游行业中的支柱产业之一,然而它并不是与人们的旅游活动共生的,它是一定的经济和社会背景下的产物。旅行社的产生和发展经历了一个比较长的过程。

旅行作为人类的一种活动自古有之,原始社会时期人类的迁徙活动是一种旅行,奴隶社会时期人们为了产品交换而进行的远近奔波也是一种旅行。但在古代社会,由于生产方式和生产力的限制,人们很少远行。在当时的经济条件下,由于旅途中的安全问题和交通、住宿等设施的简陋与不健全,出外旅行是一件很艰苦的事情,甚至充满危险。在英语中,travel(旅行)就源自于 travail(艰辛),那时候的旅行从严格意义上说与我们今天所探讨的旅游中所包含的旅行有一定的区别。

旅行社的产生是商品经济、科学技术及社会分工发展的直接结果,同时也是旅行长期发展的必然产物。

18 世纪中叶发生在英国的工业革命,使整个世界的经济和社会结构都发生了巨大的变化,同时也改变了世界范围内旅行和旅游的发展方向。工业革命对旅行发展的影响集中表现在:随着生产力的迅速发展和社会财富的急剧增加,有产阶级规模日趋扩大,他们具备了旅行的经济条件;交通运输的大力发展,提高了运输能力,缩短了运输时间,极大地方便了人们的旅行;工业的发展,使大量人口流向城市,成为都市居民,由此改变了人们以往的生活方式,使旅行成为他们经常性的活动。

正是在这种历史背景下,托马斯·库克(Thomas Cook)作为世界上第一位专职的旅行代理商登上了历史的舞台。

案例 1.1　托马斯·库克——近代旅游业的鼻祖

托马斯·库克(Thomas Cook)于 1808 年 11 月 22 日出生在英国英格兰,自幼家境贫寒,10 岁便辍学,先后做过帮工、诵经人和木匠等。由于宗教信仰的原因,库克极力主张禁酒。1841 年,托马斯·库克创造性地利用包租火车的方式,载运 540 人从他所居住的莱斯特到拉夫伯勒参加一次禁酒大会,全程 11 英里,每人收费 1 先令。这次活动被后人公认为首次具有商业性质的包价旅游,也是历史上的第一次团体火车旅行。旅行非常成功。此后,他又多次组织类似的火车旅行。这些旅行不仅使托马斯·库克名声大振,也增强了他在这个领域继续开拓的信心。1845 年,库克在莱斯特正式成立了托马斯·库克旅行社,专门从事旅行代理业务。1845—1855 年,他又成功组织了欧洲大陆的团体旅行,并发明了包价旅游形式。1865 年,托马斯·库克父子公司(Thomas Cook & Son Ltd.)正式成立。1872 年,托马斯·库克亲任导游,带着 10人,历时 70 天,作了人类历史上第一次环球旅行。托马斯·库克及他的旅行社从此声名远扬,享誉欧美大陆。至 1939 年,托马斯·库克父子公司已在世界各地设立 50 余家分社。

托马斯·库克对于旅游业发展的贡献,不仅在于他开创了旅行社经营模式的先河,诸如规模化组团出行、随团陪同照顾、提供导游服务、设立各地分社等,而且还表现在他面向大众,薄利多销,推动了旅游的社会化,促进了旅游业的迅速发展。因此,他被称为近代旅游业的鼻祖。

思考题：1.托马斯·库克之所以能创办全世界第一家旅行社,和当时的社会政治、经济、交通以及人们的生活方式的变化有什么关系?

2.托马斯·库克对于现代旅游业的贡献有哪些?

二、国外旅行社的发展

自从托马斯·库克创办世界上第一家旅行社开始,为适应人们不断增长的旅游需求,旅行社在世界各地迅速发展起来。国外旅行社的发展大约经历了三展阶段。

(一)初期阶段

旅行社发展的初期阶段:它从 1845 年库克创办第一家商业旅行社开始,止于第一次世界大战。这个时期旅行社的规模较小、数量也不多,主要经营国内旅游和近程境外旅游,主要交通工具是火车、轮船。

(二)成长发展时期

旅行社成长发展时期:从第一次世界大战结束开始,止于第二次世界大战。这个时期,旅行社的数量有了较大增长,规模有所扩大,出现了诸如美国运通公司、英国托马斯·库克公司和比利时的铁路卧车公司等号称世界旅行业三大巨头的大型旅行社。旅行社所组织的旅行活动扩展到欧洲、北美以外的亚、非和拉美等地区,所用的交通工具除原有的火车、轮船,还出现了大型汽车。此外,旅行社所经营的旅游产品也由纯观光旅游,发展成观光、探险等多个品种。

(三)高速发展时期

旅行社高速发展时期:第二次世界大战后至今。第二次世界大战后,科技的进步,交通运输业的发展,人们自由支配的收入和时间的增多,为人们外出旅行提供了便利的条件。世界范围内旅游业的发展与繁荣,为旅行社业的发展提供了前所未有的机遇,旅行社业进入了一个高速发展时期,这其中航空业的发展对旅行事业起到了很大的促进作用。据统计,在这个时期仅国际旅游收入一项,平均每十年便增长一倍,远远高于世界同期经济平均增长速度。而国内旅游的发展规模,更是大大超过了国际旅游规模。据世界旅游组织估算:每年全世界旅游人次总数中的 90% 以上是国内旅游。

今天,一个遍布全世界由数万家旅行社组成的极其庞大的国际性旅游服务网络已基本形成,并产生了多个国际性和地区性的旅行社组织,如世界旅行协会(WATA)和世界旅行社协会联合会(UFTAA)等。

三、中国旅行社的产生背景

中国是世界上旅行游览活动兴起最早的国家之一,远在周代时期就已经有了旅行游览活动。《诗经》中的"游于此园,四马既闲"、"驾言出游,以写我忧"是对出游的描述,车、船、马等成为当时主要的出行工具。

中国古代社会各个阶层的游行、游览活动非常频繁,主要表现为帝王巡游、官吏宦游、买卖商游、文人漫游、宗教云游和佳节庆游。1840年鸦片战争后,中国进入半封建半殖民地社会,各领域发生了深刻的变化。帝国主义国家在我国开辟通商口岸,办工厂,建铁路,修马路,客观上为我国近代旅游业的发展和旅行社的产生提供了一定的基础条件。这期间,西方的传教士、商人、学者和冒险家也纷纷踏上中国的土地,在我国沿海和内陆腹地经商、传教和探险。与此同时,我国一些有识之士和爱国青年为寻求救国真理,出国求学和考察,国际往来由此日益增多。

但直至20世纪20年代,中国还没有一家专门从事国内外旅行接待业务的机构。由于洋人享有开放口岸的通航权,所以,当时重要城市的旅游中介服务基本上被他们操纵。英国通济隆旅行社、美国运通银行上海分行旅行部等外国旅行社在我国设立的办事处,基本上包揽了这些旅行项目,瓜分了中国市场。换言之,当时中国人要出国旅行必须依赖外国旅行社。1923年,上海商业储蓄银行总经理陈光甫在该银行创办了一个旅游行,专为国人办理旅游业务。其经北洋政府批准,于同年8月正式成立,这是我国第一家旅行社。

案例1.2　陈光甫——中国第一家旅行社的创办人

我国第一家大型民族旅行社是1923年8月15日由陈光甫先生在上海创立的。

当时,中国正处于两次世界大战之间的特定历史环境中,国际政局相对稳定,没有大规模的战争和动乱,"中华民国"建立后,将发展资本主义工商业定为当时的基本国策,再加上当时国际旅游和国内旅游两个市场的规模迅速扩大,客观上要求有专门的机构为人们外出旅行提供服务。

正是在这样的历史背景下,著名爱国资本家和金融家陈光甫先生因外出遭遇外资旅行社员工的冷落,而萌发了要创办中华民族自己的旅行社的想法。

在上海银行界、交通界同仁和当时的交通部高级官员的大力支持下,1923年5月20日交通部以200号文件批准上海商业储蓄银行内部设立专门机构代售火车客票和办理旅行事宜。同年8月15日,上海商业储蓄银行正式成立旅行部。

中国旅行社创立初期,其营业范围仅以代售铁路、轮船客票为主。后来,在开展业务的过程中,他们发现旅客在旅行中最需要解决的是上下、中转车船及行李搬运等问题,于是因地制宜地开展了上述业务。而这一时期中国旅行社的目标市场就是国内旅游市场,目标顾客就是那些进行旅行游览活动的富有阶层和出国留学生。

1923—1927年,上海商业储蓄银行旅行部在国内共设立了12个分支机构,同时还针对客源市场的要求先后开展了票务代理；发行旅行支票；客人与行李的接着和转运；代办出国手续并安排出国旅行；筹划旅游路线，为散客、团队提供观光游览服务；创办《旅行杂志》，发行旅行出版物等六大类服务。

　　思考题：1.中国旅行社产生的时代背景是什么？

　　　　　　　2.上海商业储蓄银行旅行部的今身是谁？它现在的业务范畴有哪些？

四、中国旅行社的四个发展时期

中国旅行社业的发展经历了四个时期，即新中国成立前时期、新中国成立后改革开放前时期、改革开放初期和旅行社大发展时期。

(一)新中国成立前时期：1923—1949年

这一时期，由于战乱和中国经济的不发达，中国的旅游事业规模较小，发展缓慢，旅行社也寥寥无几，其中最著名的就是陈光甫在上海创办的"中国旅行社"。在其艰苦的创业过程中，其业务范围遍及华东、华北、华南等地区。之后相继出现了如铁路旅游经理处、公路旅游服务社、航空讯美空游、浙江名胜团等，这些都是中国最早的旅游中介公司。

(二)新中国成立后改革开放前时期：1949—1978年

自1949年新中国成立到1978年，这一段时期是中国旅游的政治接待时期。1949年11月成立了新中国第一家旅行社——厦门华侨旅行服务社。1957年，由各地的华侨服务社组建而成的华侨旅行社总社(1974年更名为中国旅行社，也即现在的中旅)及其分、支社相继成立，负责专门接待海外华侨、外籍华人、港澳及台湾同胞等，属于政府的侨务系统。1952年，"亚洲及太平洋区域和平会议"在我国召开，因公务出差和来华旅游的外宾由此逐渐增多。在周恩来总理的倡议下，1954年，中国国际旅行总社(国旅)成立，并同时成立了15家分社，主要从事外国旅游者的接待工作。这一时期，中旅和国旅两大旅行社一直从事以政治目的为主的对外接待工作。但因其不以营利为目的，所以基本不具备企业的性质。

(三)改革开放初期：1978—1988年

党的十一届三中全会，特别是随着旅游业被纳入国民经济发展计划以后，旅行社逐步转变为以经营服务为主的经济性产业。1980年，中国青年旅行社(青旅)成立，它以来华旅游的青年旅游者作为主要接待对象。在这一时期，中旅、国旅、青旅三大旅行社系统基本上垄断了吸引海外客源的外联权，标志着中国旅行社业三足鼎立局面的形成。随着旅游业的进一步发展，为适应旅游业发展的新形势，1984年，国务院就我国旅行社的体制改革做出了两项决定：一是打破垄断，允许各旅行社之间展开竞争；二是旅行社由行政或事业单位改为企业。同年,国家旅游局决定将旅游外联权下放,允许更多的旅行社经营国际旅游业务,并授予它们业务经营所必需的签证通知权。1985年,国务院颁布了中国旅行社行业的第一部管理法规《旅行社管理暂行条例》。

上述政策的实施对我国旅行社行业的发展起到了积极的促进作用,旅行社在全国范围内迅速发展起来。到20世纪80年代末期,全国共有各类旅行社1600多家,并由此彻底打破了我国旅行社行业寡头垄断的局面。

(四)旅行社大发展时期:1989年至今

1989年的"六四"风波使我国的旅游业受到较大的冲击,在此情况下,旅行社业的经营者们意识到旅游业的易波动性和经营旅行社的风险性,我国的旅行社业也因此进入一个更为理性的发展阶段。各地旅行社先后推出各种适销对路的产品,并采取一系列有针对性的促销措施,使我国的旅游业得到了迅速的恢复和发展。由此,我国旅行社业展开了结构调整,一批规模过小、经济效益差、服务水平低的旅行社被整合,一批骨干旅行社得到扶植壮大,使旅行社市场竞争秩序有所好转,企业接待规格有所提高,实现了结构调整中的平稳发展。到1996年,全国旅行社已经发展到4000余家。

为了适应我国旅行社行业的变化和发展,国务院于1996年10月颁布了新的《旅行社管理条例》,对旅行社行业的管理办法进行了较大幅度的调整。在此之前,即1995年国家旅游局还颁布了《旅行社质量保证金暂行规定》。2009年,国务院又一次颁布新的《旅行社条例》并于同年5月1日正式实施,较之1996年的《旅行社管理条例》,它在内容上有很大变化,新条例降低了旅行社的准入门槛,强调规范经营,反映了我国旅游业与旅行社业发展的新要求。这些管理条例的出台,使我国旅行社行业的宏观管理更趋严谨和合理,它们为我国旅行社行业的进一步发展起到了积极的促进作用,我国旅行社业逐步进入一个前所未有的大发展时期。

五、西方国家旅行社的发展现状

随着社会生产力的发展和人们生活水平的提高,越来越多的人有能力也渴望进行旅游,特别是发达国家的民众,旅游几乎已经成为他们生活中不可或缺的一部分。在经济繁荣、旅游昌盛的大环境下,旅行社业也获得了巨大的发展,目前全球旅行社总数尚无精确统计,约为70000家。其中旅行社最多的地区是北美和欧洲,这两个地区旅行社合计约占世界旅行社总数的80%以上。近10年来,以美国为代表的西方国家旅行社的发展有以下几个特点。

(一)旅行社从数量增长阶段进入质量增长阶段

以美国为例,20世纪50年代,航空运输协会(ATC)指定的旅行社有1949家,到1960年,发展到3939家。1973年底,旅行社激增至10002家。从1973年起,每年以

10%左右的速度增长,1982年达到20000家,到20世纪80年代末,突破30000家。但是,随着旅行社对市场的渗透度的加大和市场竞争日益激烈,进入20世纪90年代以后,西方国家旅行社的数量不但停滞不前,而且有下降趋势。1997年,美国旅行社的数量由1995年的33593家下降为33500家,这是自实行两年一度的美国旅行社抽样调查以来旅行社数量首次出现下降。这标志着美国旅行社业已基本停止规模性扩张,进入内涵发展的轨道。

在旅行社数量下降的同时,其结构的变化更为明显。其中规模较小的"夫妻店"(年营业收入在100万美元以下的旅行社)下降幅度最大,从1995年的10078家下降为1997年的6502家,减少了35.5%,其占旅行社总量的比例也从30%下降到19%;营业收入在200万美元以上的旅行社有所增长,其比例由41%上升为51%,特别是其中营业额在500万美元以上的大型旅行社数量增长很快,10年间其数量翻了一番,它们在旅行社营业收入总额中也占据了半壁江山,达到54%。

旅游发达国家旅行社数量的基本稳定,表明旅游业在这些国家已经进入成熟期,旅行社业的发展已经从粗放型的数量增长阶段进入集约型的质量增长阶段。

(二)旅行社的市场规模逐渐扩大

市场规模的扩大表现在旅行社营业额的快速增长上。例如,美国旅行社的营业额在1987年到1999年之间,以年均12.3%的速度快速增长,12年间翻了一番多,成长为一个年营业额达到1430亿美元的行业。

从20世纪80年代末到现在,美国大旅行社的数量在行业中所占的比重不断增加。从1989年到1999年的十年间,在旅行社总量趋于稳定的大环境下,美国年营业额在500万美元以上的旅行社的数量增加了一倍多,在行业中所占比例急剧上升。此外,大旅行社营业额的增长幅度要大于数量的增长,例如,1999年美国年营业额在500万美元以上的旅行社的总营业额为828亿美元,占行业总收入的58%,而1997年这两个数字分别是680亿美元和54%,两年间收入比例增加了5%,而数量比重只增加了0.9%。欧洲国家也呈现出类似越来越垄断集中的情形。如目前英国旅行社业已形成航空2000(Air 2000)、航空旅行(Air Travel)及托马斯(Thomas)三大旅行经营商垄断80%市场份额的局面。

世界上的主要经济发达地区都出现了一些巨无霸旅行社,如欧洲最大的旅游服务集团普鲁赛格(Preussag)2000年财务年度的总营业额是219亿欧元,其中旅游业的营业额是105.6亿欧元,从事旅游业的雇员为4.61万人;日本最大的旅行社JTB集团2000年的资本金为2170.5万美元,营业额为1400亿日元(约合116.5亿美元),雇员人数为1.25万人。

(三)信息和网络技术应用普及

旅行社行业涉及的业务众多,信息量大,人工处理效率十分低下,再加上要在尽可能短的时间内呈报出复杂的产品价格,还要为顾客办理票证、收据和旅行计划、手续等,这些特点决定了旅行社应用信息和网络技术的必要性。

在旅游业发达的国家,计算机网络已被旅行社广泛应用。早在1993年,美国旅行社计算机预订系统的普及率达96%,德国为100%,法国为99%,西班牙为80%,丹麦为75%,荷兰为75%,意大利和英国为60%,比利时为40%。计算机的普遍应用不仅仅表现在旅行社业内,同时还被广泛应用在各种业务中,例如,预订国内(国际)机票、出租车、饭店客房、内部管理及交易票据分发和信息处理等各项工作中。

除此之外,旅行社同其他各个行业也通过网络来实现彼此之间的业务联系,并借助信息技术实现网络化经营。

(四)旅行社的营销手段日益多样化

随着旅游业的不断发展,旅游者的经历和经验不断丰富,同时教育的发达提高了人们的认知和文化水平,使得旅游者对那些不能体现个性发展的、标准化的旅游产品的需求越来越少。因此,以生产和销售为导向的推销观念逐渐被淘汰,取而代之的是日益个性化和差异化的营销观念。在旅游发达国家,旅游者对于严重束缚其个性发展的标准化旅游产品的需求日趋减弱,旅游者的信息渠道和消费意识发生了深刻的变化,旅游市场因此自然地分化成若干大小不一的细分市场,具有不同需求的群体在不同的细分市场上追逐不同的旅游产品。旅游市场的划分出现了越来越细的发展趋势。旅行社由此受到挑战,开始逐步调整其市场营销战略,通过细分甚至超细分市场,提供多样化的旅游,以满足日趋复杂多变的旅游需求。

案例1.3 美国运通——世界第一大旅行社

美国运通公司创立于1850年,创业初期主要从事快递业务,其发起人是威尔斯·巴特菲尔德·法哥和律师马凯。他们在美国水牛城达成协议后,共同组建了美国运通公司。公司总部设在水牛城,后迁到纽约。

运通的扩张能力非常强,业务发展非常快。早在19世纪中叶,它已经成为美国最受尊敬的公司之一。1880年,该公司的快递业务已经发展到美国19个州,设立了4000多个办事处。1891年,运通旅行支票问世。1915年,开办美国运通旅行社,该公司的核心业务是信用卡业务和旅游业务。运通旅行社是运通公司下属的以办理商务旅行为主的世界第一大旅行社。到了1995年,运通公司与旅游相关的业务占运通总收入的66%,这一年38万运通卡用户的刷卡总额为1620亿美元,旅行支票的销售额达到260亿美元。上述两项无现金产品,是美国运通利润的主要来源。

在第二次世界大战期间,美国运通旅行社的业务几乎停滞,大多数欧洲办事处关闭。第二次世界大战后,运通重建各据点,迎接复苏的旅游市场。20世纪50年代开始,由于美国经济开始兴旺,加上美元强劲,赴欧洲旅游风气鼎盛,运通重拾"海外之家"的形象,隆重推出旅行服务业务,其在巴黎的办事处,每天有1.2万游客接受运通的服务。美国人普遍认为,接受运通旅行社的服务、手持运通卡消费是一种时尚,越来越多的美国人通过美国运通安排旅行,使用运通的旅行支票。

运通旅行社主要以经营商务旅行为主,为了满足其商务客人随时随地的需要,运通在全世界的主要旅游城市都设有分公司、办事处等,使商务客人享受到了便捷的服务。

  思考题:1.美国运通的主营业务是什么? 该旅行社的主要目标市场是什么?
     2.美国运通品牌的建立过程是怎样的?

案例1.4 日本交通公社——日本最大的旅行社

日本交通公社(Japan Tourism Bureau, JTB)诞生于1912年,是世界500强企业之一。早在2000年,它的营业额就达116亿美元,相当于当年中国所有旅行社营业额总和的2倍;公司拥有12277名雇员,资产达到33.89亿美元,收入是116.34亿美元。

JTB的产品策略尤其令人称道。它高度重视旅游产品开发,并且建立了市场快速反应机制,向市场提供适销对路的旅游新产品。JTB产品种类繁多,在大众化旅游产品中有"ACE"和"Look JTB"的包价团队旅游,而散客服务中心又可按游客的需求设计行程。另有各类主题的旅游沙龙,如皇家俱乐部沙龙讲究"悠闲放松"和"精细关照",婚礼沙龙则帮新婚夫妇选择度蜜月的地点,并按伉俪要求进行蜜月全程活动的设计和操办。对于公务旅行,则又有诸如培训旅行、教育旅游、考察旅行、员工奖励游、商务旅游和会议旅游等一系列的专题产品。日本作为经济发达国家,每年举办大量的国际会议,在激烈的竞争中,JTB拥有会议总数70%以上的接待量,取得了骄人的业绩。

在JTB企业品牌的主导下,JTB对于其产品品牌做了精心策划,注重各产品品牌的诉求点的不同,满足顾客的多样化、个性化需求,先后推出了"ACE"、"Look JTB"等一系列具有特色的产品品牌。

"ACE"是JTB 1971年成立的专门经营包价旅游的旅行社,是日本国内旅游产品的主导品牌。基于日本游客对旅游环境的熟悉,JTB把该品牌的诉求点放在提供最具吸引力和最令人满意的方式,如提供质优价廉、性价比最高的住宿等。

"Look JTB"是JTB出境旅游产品的主导品牌,也是日本团队旅游的头号品牌。该品牌追求的特色是提供个性化的旅游产品。JTB提供了一系列特色服务,如在旅游电车上为坐轮椅的旅游者安装升降电梯;还对出境旅游市场进行细分,为旅游者提供更广泛、更贴近自身需求的选择,如 2001 年推出的"Look JTB ROYAL"和大众廉价旅游产品"Look JTB SL IM"两大系列产品。

"Sunrise Tours"是 JTB 入境旅游产品的主导品牌。该品牌的诉求点是最值得信任的合作伙伴。因为这是旅游者在一个完全陌生的环境中最关注的,JTB 在此基础上,提供无微不至的服务,最终铸就了入境旅游中的顶级品牌。

"TRS"(travel-related services)是 JTB 与旅游相关的服务主导品牌。该品牌的诉求点是充分发掘旅游的各种乐趣,主要产品内容有为快乐无负荷的旅游提供支持服务,如 JTB 卡、JTB 旅行支票、JTB 海外旅行保险、便利顾客的多媒体和电子服务等。

（改编自:薛璐:中日旅行社营销策略比较——以中国国际旅行社和日本交通公社为例,《平顶山学院学报》,2009 年第 4 期）

思考题:1. 分析日本交通公社与美国运通在旅游业务开拓方面所采取的不同战略。
2. 日本交通公社的产品品牌策略给了我们什么启示?

六、中国旅行社的发展现状

(一)产业规模现状

根据国家旅游局 2009 年旅行社统计调查通报,到 2009 年底全国共有旅行社 21649 家,同比增加 4.63%。

2009 年底,全国旅行社资产 585.96 亿元,负债 345.99 亿元,所有者权益 239.97 亿元,直接从业人员 340894 人。其中,旅行社的导游人员 112777 人,领队人员 29593 人,会计人员 32845 人,经理人员 84271 人,其他人员 81408 人。

(二)旅游效益和业务状况

参加统计调查的 21224 家旅行社中,填报数据有效的共计 20399 家。据有效数据统计,2009 年度全国旅行社营业收入 1806.53 亿元,净利润总额 11.48 亿元,净利率为 0.64%;旅游业务收入 1745.58 亿元,旅游业务毛利润 120.28 亿元,旅游业务毛利率为 6.89%。

(三)旅行社类别分布

2009 年度获得国家旅游局批准的出境游旅行社共计 1069 家,占全国旅行社总数的 4.94%;旅游业务营业收入 1037.31 亿元,占全国的 59.42%;旅游业务毛利润 74.54 亿元,占全国的 61.97%;实缴税金 6.76 亿元,占全国旅行社的 53.25%;外汇结汇 8.22 亿美元,占全国的 78.23%;入境外联人天、入境接待人天分别为 4873.23 万、5166.84 万,占全国的 86.78%、81.95%。

2009 年度获得国家旅游局批准的外商投资旅行社共计 38 家:外商独资旅行社

21家、外商控股合资旅行社8家、中方控股合资旅行社9家;北京19家,广东7家,上海6家,湖南、福建、天津、云南、浙江、海南各1家。外资旅行社旅游业务营业收入25.14亿元,占全国的1.44%;旅游业务毛利润2.71亿元,占全国的2.25%;实缴税金0.25亿元,占全国的1.97%;外汇结汇1.36亿美元,占全国的12.93%;入境外联人天、入境接待人天分别为23.14万、110.55万,占全国的0.41%、1.75%。

(四)旅行社所有制结构分布

全国旅行社中,国有独资企业占8.23%,股份制企业占76.24%,其他类型企业占15.53%。

2009年全国百强旅行社前十位如表1.1所示。

表1.1　2009年全国百强旅行社前十位

次　序	旅行社
1	中国旅行社总社有限公司
2	中国康辉旅行社集团有限责任公司
3	中国国际旅行社总社有限公司
4	中青旅控股股份有限公司
5	上海锦江国际旅游股份有限公司
6	广东省中国旅行社股份有限公司
7	广州广之旅国际旅行社有限公司
8	上海航空国际旅游(集团)有限公司
9	北京神舟国际旅行社集团有限公司
10	重庆海外旅业(旅行社)集团有限公司

第二节　旅行社的性质、地位和作用

一、旅行社的性质

旅行社是为人们旅行提供服务的专门机构,它在不同的国家和地区具有不尽相同的含义,而且不同国家和地区的法律对旅行社的性质也有不同的规定。在我国,根据《旅行社条例》(以下简称《条例》),旅行社是指从事招徕、组织、接待旅游者等活动,为旅游者提供相关旅游服务,开展国内旅游业务、入境旅游业务或者出境旅游业务的企业法人。《条例》中的旅游业务是指为旅游者代办出境、入境和签证手续,招徕、接待旅游者,为旅游者安排食宿等有偿服务的经营活动。旅行社的英文专用词汇为"travel service"。

按照旅行社的业务,旅行社可以分为组团旅行社和接待旅行社。

组团旅行社(简称组团社)是指那些接受旅游团(者)或海外旅行社预订,制订和下达接待计划,并提供全程陪同导游服务的旅行社。接待旅行社(简称接待社或地接社)是指那些接受组团社的委托,按照接待计划委派地方陪同导游人员,负责组织安排旅游团(者)在当地参观游览等活动的旅行社。

旅行社既然是为人们提供旅游服务的企业,那么它也因此具有作为企业所应当有的一切属性。

作为一种企业形式的存在,旅行社首先是一种经济组织,具有法人资格,并且以营利为目的。其次,旅行社应当依法成立或解散,并能够独立承担民事责任。

但是,旅行社又有其独有的经济特点。一方面,它突出地表现为代理的性质。旅行社生产和销售的产品更多地表现为对其他部门提供的产品的组合,它本身不能提供旅游活动所需要的各种服务,而是将宾馆、交通、餐饮、旅游景点等部门提供的服务进行组合,然后提供给旅游者。旅行社在与那些旅游基本需求提供部门的关系上表现为一种代理关系,即代表宾馆去销售客房使用权,代表交通部门销售车、船、机票等。另一方面,旅行社对于旅游者来说,提供的只是一种旨在方便的服务。旅游者本身也可以独自向宾馆、航空公司、旅游景点购买它们的产品,自行安排游览活动,但由于交易的不确定性和信息的不畅通性,旅游者和这些部门之间的交易实现起来可能比较困难或是付出的成本过高,所以旅游者选择旅行社为其安排,以使交易顺利进行。

因此,旅行社具有双重的代理关系,它是旅游者与旅游服务供应商的中介人。

任何一个行业,由于其经营内容和方式的不同,各有其不同的行业特点,旅行社行业也是如此。

(一)旅行社是劳动密集型企业

旅行社是设计采购、组合和销售旅游产品的中介机构。由于旅游产品是一种无形产品,它的组合、加工和销售一般不需要机器设备和仓库。旅行社主要是由一批管理、采购、销售和翻译导游接待人员组成,其业务实际上是一种组织和服务工作。与资金密集型企业相比,旅行社除必要的办公和通信设备外,无需更多的固定资产和太多资金的周转。因此,旅行社主要是靠人的劳务获得收入,是投入较少的劳动密集型企业。

(二)旅行社是知识密集型企业

旅游是一种文化享受,旅游者出外旅游是为了开阔眼界、增长见识、获取信息、受到教育,这就对旅行社工作的知识广博性提出了更高的要求。旅行社一方面要储备各种旅游以及其他相关的信息,以供旅游者咨询,并为旅游者提供帮助;另一方面要求旅行社人员,尤其是导游人员要有广博的文化知识,满足旅游者求知的要求。这都对旅行社管理人员的专业知识、经营管理能力提出了更高的要求。

(三)旅行社产品依附性强

旅行社作为旅游中介机构是不可能单独进行业务活动的,旅行社除了提供导游接待服务和组织协调服务外,其旅游产品中的其他内容都有赖于其他行业和企业。

(1)旅行社有赖于大量的旅游商在海外客源市场上帮助其推销产品。

(2)旅行社有赖于本国、本地区大量的旅游服务供应者,如宾馆、餐馆、交通、商场、文娱场所和各参观游览单位,为其组织的客源提供各种旅游服务。

因此,旅行社有赖于旅游中间商和接待地旅游服务供应部门的合作,与他们建立合作网络,从客源产品供应和价格等方面来保证旅行社的需要。

(四)旅行社行业的易波动性

由于旅游产品不可储存,不可转移,使得旅游企业对供求关系影响特别敏感。旅游不是生活必需品,需求弹性很大,受政治、物价、经济繁荣、安全等多方面影响。

(五)旅行社产品季节性强

旅行社产品的季节性受整个旅游业季节性特点的影响。旅游旺季时游客量大、人数多,淡季时游客少。

(六)旅行社工作的繁杂性

旅游者在旅游过程中的需求是综合性的,涉及食宿、交通、参观、游览、购物、娱乐等诸多方面,加上旅游者来自不同国家和地区,造成其需求的千差万别。为了满足旅游者各方面的需求,旅行社必须要进行大量繁重而复杂的工作,旅行社通过组合、串联、调整等大量工作,最终给旅游者提供满意的产品。

(七)旅游服务的直接性

一般商品是先生产后消费,即由生产到消费不是直接的,而是经过一些中间环节。这就意味着商品生产者能够主动调整生产的产量、时间和节奏,检测产品的质量,对不合格的产品可以退回重新生产;消费者也可以对不满意的商品不去问津,对有质量问题的商品要求退货或维修。而旅行社属于服务行业,旅行社服务产品的生产与消费是同步的,具有直接性,即旅行社服务人员向游客提供各种服务的过程,同时也就是游客的消费过程。服务的好坏要受到游客当面的检验,并对旅行社产生直接的影响。旅行社服务的这一特点,对旅行社提出了更高的要求。

二、旅行社在旅游业中的地位

旅行社、旅游交通和旅游饭店业是旅游业的三大支柱,而旅行社更是旅游业的龙头。从旅游业内部构成而言,旅游业的发展有赖于饭店、交通和旅行社等组成要素的共同发展。而旅行社作为旅游业的龙头,它在旅游业发展中的地位和作用是无可替代的,这主要体现在以下几个方面。

(一)旅行社作为一座桥梁,将其他旅游产品供应商和旅游者连接起来

旅行社通过与饭店、交通等部门签订代理协议来取得销售权,然后以低于市场价格购买这些部门的产品,再根据旅游者的需要进行组装,出售给旅游者,这样不仅大大简化了旅游者的外出旅行手续,同时也为饭店、旅游交通等其他旅游行业提供了方便。所以说,旅行社是把旅游者的需求和旅游产品的提供者连接在一起的纽带。

(二)旅行社是连接各旅游服务供应部门的纽带

旅游者的旅游活动,需要交通、饭店、景区(点)、娱乐、购物等部门、企业提供服务产品,而这些部门和企业又归属于不同行业,相互之间联系比较松散,是旅行社通过从不同的旅游供应部门或企业中采购所需的旅游产品,将原本相对松散和复杂的旅游产品供应部门或企业聚集在旅行社的服务体系里。

在我国,旅行社在旅游者心目中的地位并没有提高到其应有的程度。按照中国人口的比例,借助旅行社进行外出旅行的人数远远少于发达国家。这主要有两个原因:一是中国的市场经济发育还不太完善,旅游业的发展程度不够高,旅游者的消费观念仍然不成熟;二是中国旅行社自身的不足,一些小旅行社为了赚取利润,以旅游者的利益为代价,给游客留下了不好的印象,从而使整个旅行社业的信誉受到了损失。

三、旅行社的作用

(一)旅行社能为旅游者提供更方便、快捷的服务

作为个人外出旅行,旅游者要为出行的各种事情操心,这将耗去大量的时间和精力,还会影响出游的兴致。而旅行社正是在这种情况下发挥了其积极的作用,它能把旅游过程中的各种服务综合起来,以批量采购的形式出现,最终以优惠的价格出售给旅游者,从而极大地方便了旅游者,节约了他们的时间和精力。

(二)旅行社是各种旅游产品的重要销售渠道

旅行社是直接面对旅游者的企业,了解旅游者的需求,因此可以为其他旅游服务供应部门提供信息,帮助它们解决产品销售方面的困难。旅行社一般拥有较广泛的销售网络,可以为航空公司代售飞机票,也可以充当铁路、长途汽车公司、水上运输等交

通部门以及其他如饭店、景点、娱乐场所的销售渠道,代替它们销售大量的产品,减少它们的销售成本。事实上,许多旅游服务部门和企业把旅行社看做是它们最主要的销售渠道和收入来源,积极加强同旅行社的联系与合作。

(三)旅行社能促进旅游目的地经济的发展

旅行社组织旅游者在旅游目的地参观游览,从而带动了旅游目的地有关部门和企业通过为游客提供生活服务和接待服务获得经济收益,并为当地居民提供大量的就业机会,从而带动其他相关部门的发展,旅游成为当地经济新的增长点。

(四)旅行社能促进不同国家和地区人民之间的友谊

旅行社组织和接待本国或外国旅游者,能够增进旅游客源地与旅游目的地人民之间的了解,有助于人们减少或消除彼此之间的误解,增进相互之间的了解和信任,从而促进不同国家和地区人民之间的友谊。

第三节 旅行社的设立

一、影响旅行社设立的因素

设立一家旅行社不是一蹴而就的事情,它受到诸多因素的制约。影响旅行社设立的因素主要包括外部因素和内部因素。

(一)外部因素

所谓外部因素,是指旅行社自身无法控制而又必须受其约束的因素。影响旅行社设立的外部因素主要有两个。

1.旅游业发展状况

某个时期世界旅游业的发展水平和发展趋势,以及与之密切相关的某个地区旅游业的发展水平和发展趋势,会对该地区旅行社的设立产生至关重要的影响。如果旅游业发展水平高,而且有稳定发展或不断增长的趋势,旅游客源就有保障。与此同时,为旅游者提供服务的各部门、各行业也会得到发展,这就为旅行社建立旅游服务协作网络提供了方便的条件。相反,如果旅游业发展水平低,或者有不断衰退的趋势,那么设立旅行社的外部环境便极为不利,即使勉强设立,也会因客源、协作网络等因素限制而无利可图,从而丧失了在其他行业投资的机会,增大经营旅行社的机会成本。

2.国家有关政策和法律规定

任何一个企业都不能孤立于某个特定的社会环境之外,它要受到国家和地方有关法律规定的限制,任何超越国家和地方政策与法律规定的行为都将受到制裁。所以,旅行社的管理者必须全面了解与本企业生产经营有关的各种法律政策,依法管理旅行社,并运用法律保护旅行社的合法利益,减少不必要的损失。另外,优秀的管理者对法律不仅要反应迅速,而且要能有一定的预见力,以便及时调整自身的管理政策和管理方法。

案例 1.5　国外对设立旅行社的有关法律规定

1. 申办者的从业经验。例如,美国要求旅行社申办者具有 4 年票务代理的经验;新加坡则要求旅行社的申办者具有 3 年的旅行社管理经验。

2. 法定的注册资本。例如,新加坡的《旅行社法》规定,旅行社必须具有 10 万新加坡元以上的注册资本;日本的《旅行业法》规定,一般旅行业的注册资本为 3000 万日元,国内旅行业的注册资本为 300 万日元,其他营业所为 15 万日元。

3. 营业保证金。中国台湾地区的《发展观光条例》规定,旅行业必须照章缴纳保证金,其金额为综合旅行业新台币 600 万元,每一分公司 30 万元;甲种旅行业 150 万元,每一分公司 30 万元;乙种旅行业 60 万元,每一分公司 15 万元。

4. 双重注册制度。即在工商行政管理部门注册之前,首先获得旅游行政主管部门的许可,如日本、泰国等。此外,有的国家和地区如英国、美国以及中国香港特别行政区还要求旅行社必须加入某个行业组织方可营业。

思考题:1. 比较我国和美国对旅行社申办者的资历(或资质)要求。

2. 什么是旅行社行业组织?

在我国,综合《旅行社条例》以及《旅行社条例实施细则》,对旅行社设立的规定,概括起来主要有以下几个方面:

(1)有固定的经营场所。

(2)有必要的营业设施。

(3)有法定数额的注册资本。

(4)有法定数额的质量保证金。

我国旅行社的注册资本与质量保证金如表 1.2 所示。

表 1.2　旅行社的注册资本与质量保证金　　　　　　　　　　（单位:万元）

	注册资本		质量保证金		
	设立一个旅行社	经营入境、国内旅游业务	经营出入境、国内旅游业务	增设一个经营入境、国内旅游业务分社	增设一个经营出境旅游业务分社
旅行社	30	20	140	5	30

(二)内部因素

影响旅行社设立的内部因素是旅行社自身可以控制的因素。所谓可以控制,并非绝对的,有些内部因素必须具备相应的外部条件才能称其为内部因素,但它又不完全类同于外部因素。对于这些因素,我们姑且把它们归入内部可控因素之列。影响旅行社设立的内部因素主要有以下几个。

1.资金的筹措

资金的筹措是旅行社可以自身控制的最主要和最关键的内部因素。在外部条件许可的前提下,要开设一家旅行社,面临的首要问题就是资金问题,没有足够的资金,开设旅行社便成为一纸空文。《旅行社条例》对各类旅行社的注册资本额提出了具体的要求,这是国家对各类旅行社注册资本的最低限额。在许多情况下,这一数额未必一定能满足旅行社业务发展的需要,这就要求各旅行社根据自己的实际情况确定资金需要量,并通过多种渠道筹措资金。

2.选址

旅行社营业场所的选定是旅行社可以自我控制的另一因素。虽说"酒香不怕巷子深",但是,对于一个新成立的旅行社来说,如果尚未"香"就处于"深巷",那么要在激烈的旅游市场竞争中站住脚将是很困难的。因此,旅行社的选址事关重大,关系到日后业务的发展。

美国空中交通协会(ATC)就旅行社的选址有如下的规定:

(1)旅行社不能设于家中,必须设在公众出入方便的商业区,并保证正常营业时间。

(2)旅行社不能与其他业务部门合用办公室,而且必须有独立的出口,如果设于高层商业建筑内,须有通道与走廊相接。

(3)如果没有直接通街的通道,旅行社不能设于饭店内。

美国旅游学者帕梅拉·弗里蒙特(Pamela Fremont)根据自己的实践经验,就旅行社的选址问题提出了自己的见解:

(1)旅行社应设在繁华的商业区,以便吸引过往行人。

(2)旅行社营业处应有足够的停车场,便于公众停留。

(3)尽量避免选择旅行社林立的地区,以减少竞争压力。

(4)旅行社应选择中层收入家庭相对集中的地区,且附近有较大规模的企业,以便吸引人们参加旅游。

(5)旅行社营业场所以底楼为好,以方便顾客。

当然,国外旅游学者对旅行社选址问题的研究是以其特定的国情作为基础的,其研究的结论未必一定适应我国的实际情况,但对我们具有一定的参考价值。

案例 1.6　正确的选址，兴旺的开始

上海春秋旅行社经过 10 余年的艰苦创业，从无到有、从小到大，现名列全国国内旅游旅行社十强之首。但其办社初期，却是惨淡经营，为了改变这一状况，管理层决定选一个闹市区开办营业场所。他们看中了繁华的西藏路上一家居住条件极差的临街住户的房子，为了达到置换目的，该社用市西两套新公房的代价与户主交换，为此，遭到了来自方方面面的责难，但该社领导顶住了这些压力。事后证明春秋旅行社的这次选址决策非常英明，为其发展奠定了一个很好的基础。不出几年，西藏路相继开设出十几家旅行社，形成了上海旅游一条街。

思考题: 1. 了解春秋旅行社的发展历程。
　　　　2. 分析现阶段国内旅行社门市一条街的利弊。

3. 协作网络

在旅游业发展水平较高的情况下，旅行社能否联络有关部门、行业构成为旅游者提供相关服务的网络，主要取决于旅行社自身的努力。至于协作网络的组织形式和规模，则取决于旅行社的性质、业务范围和组织能力。

4. 客源渠道

客源是旅行社的生命线。在具备外部条件之后，旅行社能否通过建立行之有效的销售网络，保证旅行社客源的稳定性，也是凭旅行社的主观努力可以解决的。客源组织情况将最终决定旅行社的经营状况。

除上述因素外，旅行社员工的录用、旅行社是否加入行业协会等也是旅行社在某种程度上可以控制的因素，并在一定条件下对旅行社的正常发展会产生一定的影响。

二、设立旅行社的基本程序

设立一家旅行社要履行特定的程序。根据国家工商局《关于改进企业登记管理工作，促进改革企业发展的若干意见》(1992)，旅游业和烟草、食盐一样，属特许经营行业，申办者应首先报请行业归口管理部门审批，获得营业许可，再向工商管理部门办理登记注册，向技术监督局办理企业代码证，向税务部门办理税务登记。

(一)旅行社经营许可审批

根据《旅行社条例》，旅行社申办人应将设立申请书及其他相关文件、证明材料呈交具有审批权的省、自治区、直辖市旅游行政管理部门，并由该旅游行政管理部门审核批准；根据《旅行社条例实施细则》，省、自治区、直辖市旅游行政管理部门可以将审批设立旅行社的权力授权或委托设区的市(含州、盟，下同)级旅游行政管理部门。目前，旅行社审批及管理大多实行属地管理，即由市级旅游行政管理部门接受上级管理部门

委托管理所辖范围的旅行社。因此,申办人应直接向设区市级旅游行政管理部门提出申请,并由该部门代理上级主管部门做出审核批准。

申请开办旅行社的单位或个人在申请业务许可证时,应向旅游行政主管部门提交的文件包括:

(1)设立申请书。设立申请书的内容包括申请设立旅行社的类别、中英文名称和设立地、企业形式、投资者和出资方式;申请人、受理申请部门的全称、申请报告和呈报申请的时间。

(2)工商行政管理部门出具的《企业名称预先核准通知书》。

(3)设立旅行社的可行性研究报告。可行性研究报告的内容包括设立旅行社的市场条件、资金条件、人员条件以及受理申请的行政部门认为需要补充说明的其他问题。

(4)旅行社章程。一般来说,旅行社的章程内容包括旅行社的经营范围、旅行社的设立方式和经营方式;旅行社的经济性质、注册资金数额及其来源;旅行社的组织机构及其职权;法定代表人产生的程序和职权范围;财务管理制度和利润分配形式;劳动用工制度;章程修改程序和终止程序。股份制旅行社的章程还应包括旅行社注册资本、股份总数和每股金额;股东名称、认购股份数、权利和义务;董事会的组成、职权、任期和议事规则;利润分配办法;旅行社解散事由与清算办法;通知与通告办法。

(5)开户银行出具的资信证明及注册会计师事务所或注册审计事务所出具的验资证明。

(6)经营场所证明。如果经营场所属于申办人自有资产,申办人应当向旅游行政管理部门出具产权证明;如果经营场所属于申办人租用的他人资产,申办人应当向旅游行政管理部门出具不短于1年的租房协议。

(7)经营设备情况证明。经营设备包括投资部门出具的经营设备使用证明和商业部门开具的具有申办人或旅行社名称的发票和收据。

(8)交纳旅行社质量保证金承诺书。

(9)法定代表人履历表及身份证明。

旅游行政管理部门收到《技术报告书》后应在规定的期限内(20个工作日)做出许可批准或不予许可批准的决定,并下达相应的批复。获准设立的单位或个人,应向所在地旅游行政管理部门指定的银行交存相应的质量保证金;然后,持批复文件、申报材料和质量保证金交款存凭证到所在省级旅游局行业管理处审核备案,并由省级旅游局颁发《旅行社业务经营许可证》;最后,持批复文件、《旅行社业务经营许可证》向工商行政管理部门申请登记注册和领取营业执照。

(二)工商注册登记

在旅游行政管理部门审核批准其设立后,旅行社的申办者应在60个工作日内,持有关批准文件和《旅行社业务经营许可证》到工商行政管理部门办理登记注册。

工商行政管理部门在 15 个工作日内做出核准登记或不予核准登记的决定。经核准登记,工商行政管理部门发给旅行社《企业法人营业执照》或《营业执照》。而旅行社营业执照的签发日期,即为该旅行社正式成立的日期。

(三)办理税务登记

办理开业税务登记是新设立的旅行社作为中华人民共和国的纳税人必须履行的法定义务。旅行社应按以下程序办理税务登记。

旅行社应在领取营业执照后的 30 个工作日内,持下列证件和材料:《营业执照》、《旅行社业务经营许可证》、《组织机构代码证》、旅行社章程和协议书、旅行社银行账号证明、居民身份证以及税务机关要求提供的其他有关证件和材料,向当地税务部门办理开业税务登记。

税务机关应自收到申报材料之日起 15 个工作日内审核完毕,并对符合规定条件的旅行社予以登记,核发《税务登记证》或《注册税务登记证》。

旅行社在完成税务登记后,即可依据《营业执照》刻制公章,开立银行账户,申领发票,正式开张营业,经营旅游业务。

第四节　旅行社的职能、业务和分类

一、旅行社的职能

作为向旅游者提供旅行服务的专门机构,旅行社的基本职能就是为旅游者提供旅行中所需要的各种服务。按照旅游者外出旅行的过程,旅行社的职能主要表现为以下五个方面。

(一)生产(组装)职能

旅行社的生产职能是指旅行社以低于市场的价格向饭店、旅游交通和其他相关部门批量购买旅游者所需的各种服务项目,然后进行组装加工,并融入旅行社自身的服务内容,进而形成有自己特色的旅游产品的功能。就团体旅游而言,旅行社最终出售的是一件完整的旅游产品,而非组成旅游产品的零散部件,其他相关部门提供的服务只是旅行社生产产品的"原料",而非产品本身。就这种意义而言,旅行社具有生产职能。

(二)销售(代理销售)职能

旅游产品的无形性和生产与消费的同一性,使得旅游产品的销售较物质产品更为复杂,同时也使得旅游产品的销售对销售渠道的依赖性变得更强。旅游者对旅游服务的需要是多方面的,除了收集有关的旅游信息,办理各种烦琐的旅游手续外,最主要的需要有吃、住、行、游、购、娱六大类。如果旅游者自己直接向众多而又分散的供应者购买这些服务,将是一件很费时费力的工作。而旅行社可以利用自己的网络和信息技术快速采购相关的产品,一次性出售给旅游者,这为旅游者提供了很大的方便。由于旅行社沟通了旅游者和其他旅游服务供应部门之间的联系,从而使这些产品更加方便地进入消费领域,同时也拓宽了旅游产品的销售渠道。

(三)组织协调职能

旅游活动是一项综合性的活动,涉及方方面面,旅行社要保障旅游活动的顺利进行,就离不开旅游业各部门和其他相关行业的合作与支持。而旅游业各部门之间及旅游业与其他行业之间存在的都是一种相互依存、互利互惠的合作关系,旅行社作为其中的一个组成部分,并不具备对其他部门的管辖指挥权。因此,为了确保旅游者的活动过程顺利进行,旅行社必须做好各方面的工作,在确保合作的各方实现各自利益的基础上,进行大量的组织和协调工作。

(四)分配职能

旅游者在旅游活动过程中,有各种各样的消费活动,特别是在包价旅游的情况下,旅游者通常会事先为其旅游活动支付全部或部分费用。这不仅意味着旅行社要根据旅游者的需求,在不同的项目之间合理分配支出,最大限度地满足旅游者的需要,而且还要在活动结束后,根据接待过程中各相关部门提供的服务的数量和质量对效益进行合理分配。

(五)提供信息职能

旅行社提供信息的职能主要表现在两个方面:一方面,旅行社作为旅游产品重要的销售渠道,始终处于旅游市场的最前沿,熟知旅游者的需求变化和市场动态,这些信息若能及时提供给各相关部门,会对它们的经营管理具有指导意义,而相关部门经营的改善和服务质量的提高无疑也有利于旅行社的发展;另一方面,旅行社作为旅游业重要的销售渠道,应及时、准确、全面地将旅游目的地各相关部门最新的发展和变化传递到旅游市场去,以促使旅游者购买。

二、旅行社的基本业务

一般来说,按照旅行社的操作流程,其基本业务主要有五大项:旅行社产品设计与开发、旅游服务采购旅行社产品销售、旅行社接待服务和中介服务。

(一)旅行社产品设计与开发业务

旅行社产品的设计与开发业务是指旅行社在调查研究的基础上,依据市场预测与分析,结合旅行社自身的特点与条件,设计出能吸引旅游者的产品。之后旅行社还要将设计出的产品进行试销,当试销成功后,再将其产品批量投放市场以获取收益,最后旅行社定期对产品进行检查、评估,并不断对产品进行改进和完善。

(二)旅游服务采购业务

旅游服务采购业务是指旅行社为生产旅游产品而向有关旅游服务供应部门或企业购买各种旅游服务要素的一种业务活动。旅行社的采购业务主要涉及交通、住宿、餐馆、景点游览、娱乐和保险等部门。另外,组团旅行社还需要向旅游线路沿途的各地接待旅行社采购接待服务。

(三)旅行社产品销售业务

旅行社通过各种形式推销自己的旅游产品,激发潜在游客对旅游产品的兴趣。旅行社还要采取各种不同的销售策略和销售手段,推广旅游产品以招徕众多的游客,使旅游消费者认识到旅游产品所能带给他们的利益,从而达到激发其购买旅游产品的目的。

(四)旅行社接待服务业务

旅行社通过向旅游者提供接待服务,全权负责旅游者在旅途中和旅游点逗留期间的所有活动,提供导游讲解服务,最终实现旅游产品的实际价值。

(五)中介服务

当今旅行社主要提供以下一些中介服务项目:

(1)办理旅行证件,如护照和签证。

(2)代客购买或预订车、船和机票及各类联运票。

(3)出售特种有价证券,如信用卡,旅游者持有这种证券便可在各游览地逗留期间得到膳宿等服务。

(4)发行和汇总旅行支票、信贷券,组织兑换业务。

(5)为旅游者办理旅行期间的各种保险等。

三、旅行社的分类

世界各国的旅行社,其核心业务是基本一致的,但由于各国各地区的情况不同,旅游发展目标的不同,使旅行社的经营规模、经营范围和方式方法各有特色,旅行社的分类也不尽相同。

(一)西方国家的旅行社

以欧美为代表的西方发达国家的旅行社,大多采用垂直分工体系,因此按照业务范围,旅行社一般分为批发旅游经营商和旅游零售商两类。

1.批发旅游经营商

批发旅游经营商(wholesale tour operator)是指主要从事批发业务的旅行社或旅游公司。它们是通过大批量地购买其他各部门的产品,将这些产品按日程编排为包价旅游产品,然后通过各种零售渠道出售给旅游者。批发旅游经营商一般经济实力雄厚,经营规模较大,且有广泛的社会联系,如美国运通等。

批发旅游经营商又分为旅游经营商(tour operator)和旅游批发商(tour wholesale)。虽然旅游经营商和旅游批发商都是从事批发业务的旅行社或旅游公司,而且两者概念相同,但严格说,两者间是有一定区别的:

(1)旅游批发商是通过中间人(如旅游代理商)出售自己的包价旅游产品,一般不从事零售;而旅游经营商则经常通过其零售机构从事零售,即批发兼零售。

(2)旅游批发商通常通过购买并组合现成的服务,形成新的包价;而旅游经营商通常设计新产品并提供自己的服务。

(3)旅游批发商一般不从事实地接待业务;而旅游经营商则从事接待业务。

2.旅游零售商

旅游零售商(tour retailer)亦称旅游代理商,是指向旅游批发商及各有关旅游企业购买产品,出售给旅游者的商业组织或个人。它是批发旅游经营商与旅游者之间的联系纽带,其具体销售业务包括:

(1)为潜在旅游者提供有关旅游点、客运班次、旅游公司产品及旅游目的地情况的咨询服务。

(2)代客预订交通、食宿及游览等票据。

(3)发售旅行票据和证件。

(4)陈列并散发有关旅游企业的旅游宣传品。

(5)向有关旅游企业反映顾客意见。

旅游零售商提供服务一般是不向顾客收取劳务报酬的,其收入来自被代理企业支付的佣金。在西方旅游发达国家,一般来说旅游零售商的规模较小,其数量则较多。

(二)中国的旅行社

我国的旅行社分类方式经过了不断摸索和改革,1978 年改革开放后,特别是1985 年《旅行社管理暂行条例》颁布后,我国旅行社真正开始市场化进程,旅行社行业才有了法律意义上的分类制度。发展至今,共经历了两个时期。

1. 三类旅行社划分时期(1985—1995 年)

1985 年颁布的《旅行社管理暂行条例》将我国旅行社分成三大类,即一类社、二类社和三类社,其中一类社是指经营对外招徕,并接待外国人、华人、华侨或港澳台同胞来中国或内地旅游业务的旅行社;二类社是指不对外招徕,只经营接待第一类旅行社或其他涉外部门组织的外国人、华人、华侨或港澳台同胞来中国或内地旅游业务的旅行社;三类社是指经营中国公民国内旅游业务的旅行社。

2. 两类旅行社划分时期(1996 年至今)

根据 1996 年制定的《旅行社管理条例》,我国旅行社分为两类:国际旅行社和国内旅行社。其中,国际旅行社是指可经营出境旅游业务、入境旅游业务和国内旅游业务的组织;国内旅行社是指专门经营国内旅游业务的旅行社。值得指出的是,2009 年 5 月 1 日新《旅行社条例》颁布后,这种分类的内涵也相应发生了一些变化,虽然我国旅行社依然分为两大类,但一类是可以经营国内业务和入境业务的旅行社,另一类是可经营国内业务、入境业务和出境业务的旅行社。

这种分类制度的变化,反映了我国旅行社市场化进程正走向不断深入。可以预见,今后我国旅行社的分类方式还将发生变化。

本 章 小 结

旅行社并不是与人们的旅游活动共生的,它是在一定的经济和社会背景下产生的。随着经济的发展、社会的进步,规模化、大众化旅游的发展趋势促使世界旅行社业得到了空前的发展。世界上第一家旅行社是 1845 年在英国创立的托马斯·库克旅行社,中国第一家旅行社是 1923 年在上海创立的上海商业储蓄银行旅行部。

旅行社作为旅游业的龙头,它在旅游业发展中的地位和作用是无可替代的。其职能包括生产职能、销售职能、组织协调职能、分配职能和提供信息职能。

旅行社的设立受到外部因素和内部因素的制约,它必须按一定的程序去操办。

旅行社是为人们旅行提供服务的专门机构,有鲜明的行业特色。

旅行社的基本业务包括产品设计与开发业务、旅游服务采购业务、产品销售业务、接待服务业务和中介服务等五个方面。由于业务范围等的不同,世界上旅行社的分类也不尽相同。

关 键 术 语

旅行社性质　在我国,根据 2009 年颁布的《旅行社条例》,旅行社是指从事招徕、组织、接待旅游者等活动,为旅游者提供相关旅游服务,开展国内旅游业务、入境旅游业务或者出境旅游业务的企业法人。

旅行社地位和作用　旅行社是旅游业的三大支柱之一,联系着旅游者、各旅游服务供应部门和企业以及其他相关部门和行业,是旅游业的龙头。

旅行社经营管理

旅行社职能 旅行社作为为旅游者提供旅行服务的专门机构,一般具有生产、销售、组织协调、分配、提供信息等职能。

旅行社业务 按照旅行社的操作流程,其基本业务主要包括产品设计与开发、旅游服务采购、产品销售、接待服务和中介服务。

旅行社分类 按照经营业务范围,我国的旅行社分为国际旅行社和国内旅行社。国际旅行社是指经营入境旅游业务、出境旅游业务和国内旅游业务的旅行社。国内旅行社是指专门经营国内旅游业务的旅行社。

思 考 与 练 习

1. 旅行社的产生背景是什么?

2. 为什么说托马斯·库克是近代旅游业的鼻祖?

3. 旅行社的性质和行业特点分别是什么?

4. 旅行社在旅游业中的地位主要表现在哪几个方面?

5. 旅行社的作用和职能分别是什么?

6. 影响旅行社设立的外部因素和内部因素分别有哪些?

7. 旅行社的选址应考虑哪些因素?

8. 在我国,对旅行社的注册资本与质量保证金有哪些具体规定?

9. 旅行社的基本业务主要有哪些?

10. 我国的旅行社是如何分类的? 其具体业务有什么不同?

第二章 旅行社的组织管理和经营计划

学习目标

1. 旅行社的组织结构设计
2. 旅行社组织结构的表现形式
3. 旅行社组织的演变及现状
4. 旅行社企业的虚拟经营趋势
5. 旅行社企业的制度管理和类别
6. 旅游集团的管理及运作
7. 旅行社经营计划的意义
8. 旅行社经营计划制订的过程

旅行社经营管理

本章概要

　　旅行社的组织结构设计是旅行社企业经营的基础工作,也是旅行社企业管理的重要职能。组织结构设计不是一劳永逸的,它是由市场变化和企业规模决定的。随着市场经济的深入发展和旅游业的进一步对外开放,我国旅行社企业的体制也将发生重大变革,由此,旅行社企业组织结构再造势在必行。本章在论述组织结构设计的基础上,重点讨论了旅行社的制度管理和制度类别,以强调旅行社企业制度管理的重要性。认真制订旅行社经营计划,是提高企业经营效益、完成企业预定目标的关键。

第一节 旅行社企业的组织设计

　　同其他企业一样,组织设计是旅行社企业经营的基础工作,也是旅行社企业管理的一项重要职能。一方面,组织表现为一定的形式,即为实现企业既定目标而合理配置资源;另一方面,它又再现为一定的过程,即合理配置与运用资源,不断协调企业系统内各方面矛盾,以逐步实现企业既定的目标。由此可见,组织设计为旅行社企业总体战略的制定与实施提供了物质基础和行为框架。

一、旅行社企业的组织结构

组织结构设计,是旅行社企业的一项重要的、基本的组织战略工作,是企业履行其组织职能的基础。这不仅是因为企业组织结构体现了人们工作中的相互关系,而且还反映了企业不同层次、不同部门、不同岗位的职责与权力的规定,同时也为各部门、各环节之间的沟通与协作提供了框架。它反映了企业目标贯彻实施的正式程序,所以组织结构的设计与建立为整个企业管理奠定了基础。

我国旅行社企业的组织结构形式,经历了由简单的、一维的到复杂的、多维的发展过程。

(一)直线制

直线制,顾名思义是按直线垂直领导的组织形式。根据法约尔等级链的原则,每个链条都是一个业务部门。旅行社企业的命令和信息,是从企业的最高层到最低层垂直下达和传递的,各级管理人员集合各种所需要的管理职能于一身,统一指挥,兼顾多种业务。所以,一般直线制,无职能部门或设一个职能部门,其特点是组织结构简单、责权明确、层次分明,互相间的矛盾和摩擦较少,工作效率较高。直线制组织形式比较适合规模较小、业务较单纯的旅行社企业。

(二)直线—职能制

我国旅游企业的组织形式,目前较多采用直线—职能制。这一形式也称"业务区域制"。旅行社把所有的机构和部门分为两大类:一类称业务部门。这类部门可以独立存在,有自身特定的业务内容,如旅行社的接待部、外联部、综合业务部等,它按直线形式组织,结构简单、责权分明、效率高,但不利于横向的多维联系。另一类称职能部门。这类部门不能独立存在,它为业务部门服务,如旅行社的人事部、财务部、办公室等。两类部门按分工和专业化的原则执行某一项管理职能。

这种管理体制的优点是:①既能统一领导,又实行专业化分工协作;②便于组织各方面的力量,实现企业的经营目标。

这种管理体制的缺点是:①不易发挥下级的积极性、主动性;②直线部门与职能部门在经营目标上会发生矛盾,最高领导的协调工作量大;③整个组织适应性较差,对新情况不能及时做出反应。这种组织结构比较适合于中、小型企业或产品品种单一的旅游企业,对于产品种类繁多、多角化经营的大企业不太适用。

(三)事业部制

事业部制有按产品种类划分的,也有按地区划分的。这种结构的特点是"集中决策,分散经营"。董事会掌握总的方针政策的决定权,总裁或首席行政长官(CEO)在董事会授权下,统一领导各个事业部,主要集中控制财务和人事。总裁之下设若干副总裁,每人分管若干事业部。事业部经理在生产经营方面有相当大的自主权,可以在公司总方针规定的范围内,独立经营,独立核算,自负盈亏。公司、事业部、分公司三级都可以设有职能部门,为主管人员当参谋。图 2.1 所示即为事业务部制组织模式。

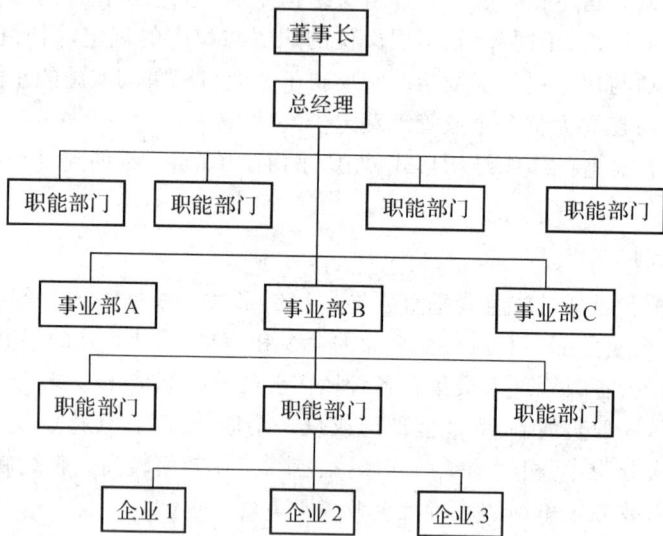

图 2.1　事业部制组织结构形式

这种结构的优点是:①可使最高管理层摆脱日常行政事务,集中精力研究公司的战略方针;②事业部可以发挥主动性,根据实际情况及时调整生产销售,灵活经营,并且可以在事业部范围内协调生产、销售、经营等各方面的力量;③按产品性质划分事业部,有利于业务专业化与协作;④有利于培训全面管理人才。

这种结构的缺点是:①各层次重复,需要相同的资源;②管理人员多,增加管理行政费用;③各事业部容易产生独立倾向,甚至相互竞争,忽视整个公司利益。

二、旅行社组织设计现状分析

在以往,我国大部分旅行社是以内部生产过程导向进行业务部门划分与设立的,其业务经营部门主要包括外联、计调、接待和综合业务部等,并在此基础上根据职能和自身的规模等因素设置办公室、财务和人事培训等管理部门,如图 2.2 所示。

这一旅行社的组织设计方式,形成业界所谓"外联买菜、计调做菜、接待吃菜、总经理洗碗筷"的格局。它存在以下弊端:①人为增加了工作的复杂性,增加了管理中协调的难度;②各业务部门利益分配不均,组织内部冲突增加。

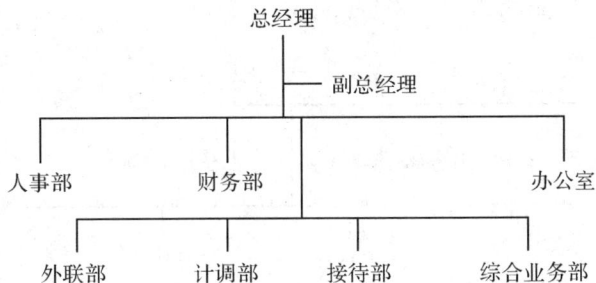

图 2.2　生产过程导向的组织结构形式

管理学原理告诉我们,在组织设计中,为了保证工作效率和减少协调的困难,一般应遵循"宁简勿繁"的原则,即可以由一个人或少数几个人完成的工作,就尽量避免人为地复杂化。

旅行社作为中介机构,大多以低于市场的价格,向宾馆、旅游交通部门、餐馆、游览景点等批量购买旅游者在旅行过程中所需的各种服务要素,经过组合加工后形成完整的旅游产品,直接面对旅游者进行销售。在许多情况下,一个人可同时扮演"采购者"、"组装者"和"销售者"三种角色,换言之,在旅行社工作中,一个人或一个部门负责外联、计调和接待等旅行社产品生产的全过程是可能的。

此外,旅行社工作的繁杂性和联系的广泛性,使得旅行社始终处于与其他部门错综复杂的关系之中,为保证合作关系的稳定与巩固,旅行社采取专人协调的做法具有更大的优势。

通过以上分析我们不难看出,将业务部门按生产过程划分设立的方法基本上不适合旅行社业务的特点,由此,组织的演变成为必然。而按地区分,将相关业务职能集中在每一个地区部门,则更适合现代市场经济形势下旅行社组织的设计。这一种组织机构如图 2.3 所示。

图 2.3 中,旅行社的业务部门采取按地区设置的方式,每一地区部都有外联、计调和接待功能。市场部则是一个虚设机构,供各地区部开拓新市场之用。因为旅行社仅仅依照现有客源市场进行部门划分,容易忽视各机会市场提供的市场机会,而虚设的市场部则可方便和鼓励各地区部不断开拓新的客源市场。

按地区业务划分部门的组织设计方法,将发挥出以下优势:①有利于业务衔接和利益分配;②有利于旅行社对各部实行目标管理;③有利于推行二级核算制;④有利于部门整体业务的开展;⑤有利于各地区业务的稳定与发展;⑥有利于将过去各部门间的内部竞争转化为对外部的竞争;⑦有利于旅行社业务范围的扩展、业务数量的增加与质量的提高;⑧有利于从政策上鼓励开辟新的地区业务。

为使旅行社组织能更好地适应市场的发展,较大规模的旅行社还可对旅行社组织

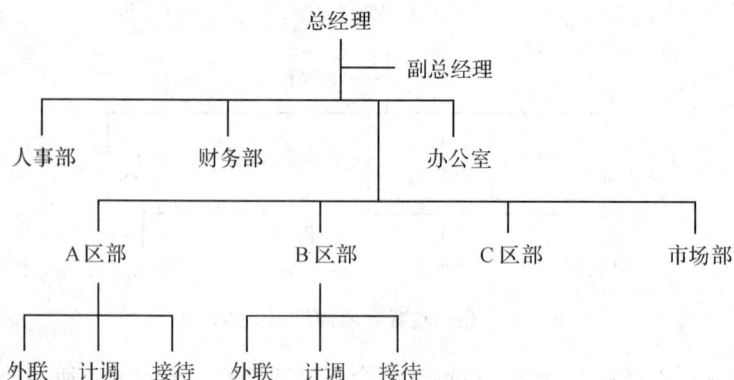

图 2.3 业务职能导向的旅行社组织结构形式

进行再设计。如图 2.4 所示。

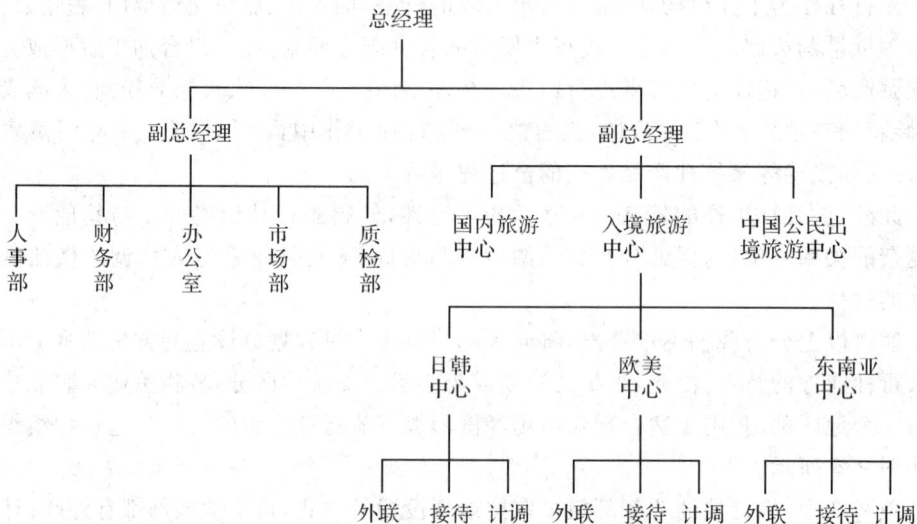

图 2.4 旅行社组织机构再设计

三、旅行社企业组织再造工程的战略创新

(一)企业再造工程的概念和原则

企业再造工程致力于改造企业的组织结构和组织方式,以提高企业的生产效率及协调程度。企业再造工程的其他类似概念有:业务过程重新设计、业务过程创新和组织再造。企业再造是在根本意义上对工作程序进行重新思考与重新设计,以实现在重要的业绩衡量标准——如成本、质量、服务和速度等方面的质的飞跃。企业再造工程

的核心思想是：顾客是变革的着眼点，按照组织目标设计工作程序，整合工作程序，把权利与责任下放，组织重构，以支持一线员工的工作。

企业再造工程出现的根本原因是传统的企业组织模式已不适合现代企业发展的需要。大多数企业，特别是中小型旅行社企业，在过去相当长的一段时间里都是按同一种方式建立它们的组织结构的，即通常所谓的职能性组织。这种企业结构的组织模式的理论基础是"分工带来效率"，从事着相似工作和具有相似技能的人被分配到同一部门。职能性组织存在决策缓慢、跨职能协调困难、整体责任划分不清的问题，它需要从最高层进行职能部门间的协调，它使总经理缺乏对企业的总体认识，导致革新进程缓慢等内在问题。对企业组织结构的研究发现，基于专门化的组织越来越难以适应当今快速变化的市场需要。

（二）旅行社企业再造工程的主要内容

企业再造工程的最根本、最核心的概念，其实就是"工作程序整合"，也就是对工作程序的整理和组合。企业再造工程的理论对亚当·斯密的"分工带来效率"的理论提出了质疑，并认为应该将工作程序的分工、任务和知识进行整合。旅行社企业再造的核心过程包括顾客参与、顾客的招徕、顾客关系的强化。过程整合包括以下内容：

（1）对分工进行整合。把许多详细划分的工作单位组合成几个大的、复杂的工作单元，减少产品和工作程序组成部分的数目。

（2）对任务进行整合。允许员工从事工作程序中多个环节的工作，并允许他们之间进行协调，而不是分工更细。鼓励实行多职能化、工作轮换、非专门化和对组合后的程序进行设计，让人们在独立的团组中互相协调进行工作。

（3）对知识进行整合。员工必须对工作程序的各个环节有着更多的了解，而不是只了解自身所从事的工作，他们还应该能够成功地和在任何环节上工作的员工进行协调。企业不应对员工进行过于专业化的教育和培训，而应进行多种技能的综合教育和培训。基层服务人员兼有多种职能，包括有自查和对一般问题的处理权。服务授权产生于这样的现实：顾客接触的是最基层的一线服务员工，但他们却是最没权的。在服务发生问题时，客人恰恰要求服务员马上做出满意答复。如果基层员工毫无处理问题的权力，必须事事层层汇报，再层层听取指示，这样推诿拖沓，客人是无法忍受的，对服务质量的投诉大多由此而生。因此，现代服务管理强调对基层员工授权，让他们在一定范围内有无须汇报、当场处理问题的权限，以确保顾客的满意度。这种授权的指导思想是对传统的经理居最高层次的金字塔管理体制的挑战，从而推出了倒金字塔体制的管理模式，即把一线员工放在金字塔的顶端，其他各层人员均向他们授权和服务。

当然，各个旅行社在实际的服务接待与管理过程中，应根据每个旅行社的具体情况（员工素质、客源对象、旅行社类别等）提出相应的服务授权的改革措施，应处理好授权与限权的矛盾,把握好向基层员工授权的尺度,考虑采用扁平式组织结构的可能性等因素,既确保旅行社企业一线员工能在客人面前做出迅速、灵活和满意的反应,又应使基层员工在一定的管理制度和规范以内进行操作和处理事项。

四、旅行社企业的虚拟经营趋势

随着市场竞争日益加剧并伴随着信息化时代的到来,作为一种以核心能力为形式的、对企业外部资源进行优化整合的有效手段——虚拟旅行社,将成为旅行社企业的现实选择。虚拟旅行社是网络时代的骄子,是一种新的高度弹性的企业经营模式,它与旅行社经营的高度信息依赖性及产品的无形性和综合性是完全契合的。众所周知,旅行社的主要功能就是收集各种信息并加以整理组合形成产品,然后预售给旅游者。而虚拟企业则是建立在当今发达的信息网络基础上的企业合作。在虚拟企业的运行中,信息共享是关键,而使用现代信息技术和通信手段能使沟通更为便利,同时企业能够共享信息,协调行动,降低风险,实现双赢。旅行社产品是包括吃、住、行、游、购、娱等多项内容的综合产品,因而天然地需要旅行社与其他众多企业的合作。旅行社与具有不同经营优势的多家企业通过组建"虚拟企业",将各项优势集聚在一起,可以充分发挥集体效应,保证旅游者的需要和愿望得到满足,保证联盟目标的实现。因此,从经济学的成本收益角度分析,虚拟旅行社是低成本、高收益的企业经营模式,具有广阔的发展前景。

所谓虚拟企业,是指为实现对某种市场机会的快速反应,通过互联网技术将拥有相关资源的若干独立企业集结起来,以及时地开发、生产、销售多样化与个性化的产品或服务,由此形成的网络化的临时性经济共同体。在这个虚拟企业经济共同体之中,为了取得竞争中的最大优势,合作各方仅保留自身最关键的功能,而将其他的功能通过各种形式借助外界力量进行整合弥补,以最大的效率发挥协同优势。

由于虚拟旅行社是一种有关产品、业务、销售等方面的临时性经济共同体,因此,利益分配是其合作的纽带,其相互之间必须以共同利益的发展来保证合作各方的收益,一旦策略目标改变或利益受损,就会解散或重新组合虚拟企业。为保证虚拟旅行社的有效运行,对于核心企业来说,应意识到与其他企业结盟的重要性,否则,市场机遇转瞬即逝,只能白白错过良好的时机。对于非核心企业来说,应该认识到,积极配合、认真负责地完成相应的任务是其自身生存和发展的基础。

为确保成员之间的相互信任,在虚拟旅行社中应尽可能制订出一份公平、合理、共赢的合同。由于成员均是独立的利益主体,在涉及投资额度、收益分配等问题时,需要通过共同的协商来确定,让所有的成员企业在虚拟旅行社中感觉彼此之间是相互平等的,并在相互理解的基础上,明确各自的责任、权利与利益,而不是核心企业独裁专断,自己说了算。

旅行社经营管理

　　由于虚拟旅行社的形成常常导致多种企业文化的汇聚,因此,各成员企业应努力减少多种文化之间的摩擦,使之相互融合。

　　虚拟经营以合作竞争为基础,它给旅行社带来的好处是显而易见的:

　　(1)增强实力。旅行社可以借助外部力量来改善自身较弱部门的功能,使之与其他企业的优势功能相结合来提高自身的竞争力,避免因局部功能弱化而影响和阻碍企业的快速发展。

　　(2)节约资源。虚拟经营是基于核心能力的企业外部资源整合,可以避免重复投资,可在短时间内形成较强的竞争能力,实现对旅游市场需求的敏捷响应。

　　(3)协同竞争。虚拟经营是两个或者两个以上具有不同经营优势的企业以充分发挥集体竞争优势为目标,将各种优势整合在一起的经营方式。在这种经营方式下,组织成员之间是一种动态组合的关系,虽然也有竞争,但它们更注重于建立一种共赢的合作关系,相互之间以协同竞争为基础,资源和利益共享,风险共担。

　　(4)提高应变能力。虚拟经营具有运作方式高度弹性化的特点,一旦市场发生变化,或者战略目标有所改变,可以通过解散原有虚拟组织,组成新的虚拟企业,创造新的竞争优势。它对于提高企业的应变能力,促进产品快速扩张,发挥竞争优势,具有重要的作用。

　　由于虚拟经营以较低的费用、较短的时间,实现了超越空间约束的经营资源的功能整合,为旅行社创造了多、快、好、省的途径,因此,虚拟经营将成为旅行社企业发展的一个趋势。而在旅行社虚拟经营的四种方式(包括人员虚拟化、功能虚拟化、生产功能虚拟化和虚拟企业)中,虚拟经营的高级形式——虚拟企业组织,将成为旅行社企业的主要演进方向。

第二节　旅行社企业的制度管理

　　旅行社是旅游业的龙头,它销售的是各种与旅游相关的产品;它提供的服务囊括整个旅游行业;它在业务上衔接各个旅游实体;它在资金上是为与旅游相关的各企业先收费,然后再分配;它在财务上的管理与旅游各企业的利益密切相关。旅行社在旅游行业整体中的特殊作用由此而充分体现出来。旅行社企业的这些特点,使得加强其企业的制度管理就显得尤其重要。

一、旅行社企业的基本制度

　　每家旅行社的管理制度都会有所不同,其多寡也不一样。但归根结底,以下三方面的制度是不可少的：一是对操作程序的管理；二是约束人的，合理、公平的人才培养与选拔制度；三是按劳分配、多劳多得、绩效挂钩的分配制度。这些是旅行社企业最基本的制度。

任何一家旅行社虽然都有一些基本管理的规章制度，但为什么有的就能执行得好，有的却执行得不好呢？这其中的关键因素是实施人治还是法治，这两种不同的管理体制带来的是不同的结果。

具体而言，旅行社的基本制度主要包括员工招聘制度、员工考核制度、员工调动制度、员工考勤制度与假期申请制度、业绩与过失记录制度、投诉与投诉处理制度、员工手册、门市工作人员守则、领队合约与管理、导游守则与管理、财务制度、成本核算制度、业务管理制度、业务操作程序、部门职责等。

在上述各项制度中，又分若干具体管理办法，从而形成一套完整的管理体系和业务运行机制。

二、员工的管理

这里着重介绍旅行社员工手册。旅行社对员工的管理应本着既严格又体贴，既有处罚又有奖励，既有指引又有培训的原则。旅行社管理者还应该允许员工对冤屈事件进行申诉，并在手册中以固定的程序予以明确，这是解决员工遇到不公平待遇问题的一种行之有效的办法。

员工手册主要包括公司背景及业务简介、聘用条件、员工福利、假期与休假、公司条例、员工守则、培训与工作机会、员工关系与沟通等。

案例2.1　香港旅行社的员工聘用及员工守则

1. 聘用条件

聘用条件包括使用期、正式受雇和终止雇用合约及工作时间等。

（1）试用期。一般为三个月，如有需要可适当延长。试用期间，员工会有岗前培训，以提高其基本素质。

（2）正式受雇。试用期将届满时，员工所在部门的经理按员工的表现作出评估。如果评估达到要求，则人事部（即行政人事部，下同）将发出正式雇其为合同员工的通知，并与之签署书面合同。

（3）终止雇用合约。试用期内，任何一方如欲终止雇用合约，则须在一个月前书面通知对方或以合同之约定工资作为补偿。合同期满前，双方如欲终止合约，则须预先一个月通知对方，或以一个月薪金作为补偿。如果员工违反公司条例或规则，如欺诈、诈骗、玩忽职守、不服从管理等，则公司有权立即终止雇用合约而无需给予通知或补偿。

2.公司条例

公司条例包括工时记录、请假手续、考勤、更改个人资料等。

(1)工时记录。员工须用其职员证刷过卡钟,以便记录上下班时间。如果人事部发现员工没有在上、下班时刷卡,迟到超过30分钟或早退,那么将在3日内发出一张"出勤备忘表"给该员工。该员工需对此解释原因,经部门主管签署后,3天内送回人事部备案;否则公司将作扣假处理。员工不可以由其他人士在上下班时代为刷卡,如被发现,当受纪律处分;公司有权立即终止其雇用合约而无需给予通知或薪金补偿。

(2)请假手续。请假手续主要有:①年假。员工请年假时须提前一个月向人事部递交经部门主管签署的假期申请表,人事部复核后将申请表副本送交员工。②病假。员工须在当天早上上班后半小时内致电部门主管请假,并于当日填妥假期申请表,并连同医生证明书交到人事部;如未交上述文件,则缺勤当天作扣假论处。③事假。员工须在不少于2天前向人事部递交经部门经理签署的假期申请表。如员工事前没有申请假期,但确实有事需请假,则须于请假当天早晨上班后半小时内致电主管,并须在当日填写假期申请表,经部门主管签署后一并交到人事部。关于婚假、分娩假、丧假,均另有具体规定。原则上按法律规定办理。

(3)考勤与扣假制度。扣假标准:员工一个月内若迟到超过150分钟,则按积累迟到分钟扣假期,同时扣工资。如果员工忘记上、下班时刷卡,超过3次则以扣除一天假期论处。

(4)更改个人资料。员工入职时须申报个人资料,包括地址、电话、婚姻状况、家庭成员及银行账号等资料。如果上述资料有变动,员工须在7日内通知人事部,并填写个人资料变更申请表交人事部备案。

3.员工守则

(1)服从公司决定。员工应服从上级或主管的工作分配及指示,包括负责带领指定的团队或调派至任何部门。

(2)保障公司利益。员工严禁擅自取用公司任何财务或图利。

员工不得将公司任何资料、营业数据、收客人数等商业秘密向任何人士泄漏。

任何员工必须爱护公司之名誉,并应避免自身行为及语言损害公司之声誉。员工对待公司之客人必须有礼貌。倘若员工由于态度而受到客人投诉,均属犯规行为。

任何员工若故意或因疏忽而导致公司损失,公司则可根据实际情况追讨有关赔偿。

(3)防止收受利益。任何员工若利用职权索取或收受利益,即为贿赂;"利益"包括礼物、借贷、费用、报酬、回扣、职位、契约、服务及优惠。

索取利益:公司不容许员工向客户或其他与公司业务有关的人士索取任何私人利益。

利益冲突:员工应避免参与任何与公司利益有冲突的业务、投资或活动。如果员工或其直系亲属在与本公司有业务来往或竞争的任何行业或机构拥有直接的金钱利益或股权，则员工必须向公司申请；申请表可向人事部索取，并由人事部交总经理批核。

（4）员工兼职限制。员工如欲同时兼任外间工作，不论固定或顾问性质，则必须在接受对方雇用前向公司取得书面批准。

（5）制服规定。员工须在办公时间穿整齐的制服。员工于入职时需签收由公司发给的制服。制服如有破烂或残旧，员工可申请更换，但必须先交回旧制服。倘若员工遗失制服，则需要承担遗失之制服费用。

（6）其他守则。员工在办公时间内，禁止吸烟、饮酒、赌博、玩游戏机，禁止看报纸、杂志、小说，禁止打私人电话及写私人信件，亦不准外出办理私事，包括吃早餐、购物、理发等。同时，员工不准在办公时间内高谈阔论、大声谈笑及污言秽语。

每位员工有责任尽快地接听电话，并且态度要和蔼，耐心回答客户的问题。倘若发觉有员工不是因为忙于处理业务，而又全无意愿去接听电话或态度生硬，公司有权对其采取纪律处分。

（7）纪律处分。任何员工如违反公司守则，均会受到内部纪律处分。情况轻微者，会受到直属上级之口头警告或人事部发出之书面警告；而事态严重者，则可能被降级、解雇，而无需给予通知或薪金补偿。

在某些情况下，如员工触犯商业罪案、接受贿赂或因其他刑事罪行，公司将交送有关机构处理。

（8）离职手续。员工于离职当日，应将一切重要文件、锁匙、手提电脑及传呼机交还部门主管。如有现金上交，更应于离职前到会计部结算清楚。同时，离职员工亦应将职员证、领队证、导游资格证、医疗卡、VIP卡及制服交回人事部。此外，离职员工必须填妥一份《离职问卷意见书》交回人事部，该意见书将保密处理。离职员工严禁将公司之任何营业资料及商业秘密向任何机构或人士透露；同时，亦不得煽动公司之现职员工离职或转职。任何员工若触犯上述条例，公司将遵循法律途径追讨有关责任及赔偿。

4.培训及工作机会

（1）新员工培训。所有新到职的员工均被邀请参加由人事部举办的"新员工培训"课程。这个课程将为新员工提供较全面的有关公司历史、业务、管理架构、福利、规则及政策等资料，并提供同一月份到职的员工一个互相认识的机会。

（2）培训课程。为了帮助员工了解工作的要求及清楚公司的目标，人事部将为员工安排入职的培训及实习课程。此外，人事部将按员工的工作需要安排其他有关课程。除了课堂听讲外，员工亦有机会参与不同线路行程的实地学习。

如外界举办相关讲座或培训课程可帮助员工工作或有助于公司发展，经部门主管推荐及人事部审核后，员工便可获公司资助参加。申请手续及细节，可向人事部查询。

当公司认为有需要时,将与参与培训课程的员工签订培训协议。所有培训资料将存入员工个人资料档案中,作为公司安排员工晋升或转调的参考资料。

(3)海外培训。公司将按实际工作需要,派员工往海外考察培训。员工在接受培训前,有关部门必须事先与人事部联络,以便与参加培训的员工签订培训协议。而员工有责任履行协议的内容及规定,否则公司有权对有关的培训支出做出追讨。

(4)工作机会。如有职位空缺,人事部将在通告板上张贴有关空缺的资料。一方面,现职员工如在所属岗位任职超过一年,并遇有合适职位空缺,则可申请内部调职,但必须经部门主管同意及人事部审核,其资格若与公司要求符合,方可调职。另一方面,公司亦欢迎员工推荐合适者申请公司职位空缺。内部转调申请表可向人事部索取。

5.冤屈事件申诉程序

员工如有申诉,可与直属上级商讨。但事件如仍未能解决,则可要求部门主管或人事部经理做进一步调解。事态严重的申诉,可直接与人事部经理面谈,或通过书面形式交给人事部经理予以协助解决。

6.离职问卷意见调查

员工在离职前,人事部将发出一份《离职问卷意见书》,希望员工能给予一些建议,使公司的管理及制度更趋完善。问卷提供的资料将保密处理。

思考题:1.香港旅行社的员工聘用制度有什么特点?哪些方面值得我们借鉴?
　　　　2.对新员工进行培训有什么意义?

三、旅行社企业各部门的职责

通常情况下,中大型旅行社及旅游集团按管理职能和权限可设如下六个部门:行政人事部、业务推广部、营业部、财务部、客运管理部和酒店管理部。旅行社的部门设置要因社制宜,能精则精,能简则简,能并则并,要以提高管理效益为主。如果旅行社没有自己的车队,没有自己的酒店,那么可以将这两个部门的职能并入营业部,统筹管理和运作。现将各部门的主要职责介绍于下:

(一)行政人事部(办公室、人事部)

①选拔业务管理人才、建立员工档案;②培训业务人员,负责员工素质的提升;③负责核定工资、加班费、出差费、奖金、罚款及保险等费用;④负责审核休假、补假和有关假期及考勤;⑤负责工作用品的购置与配发;⑥负责各项行政组织工作;⑦统一负责与合作单位有关费用协议的审核及协议的签订;⑧积极协调并推动各业务部门的工作。

(二)业务推广部

①积极招徕并组织境内居民境外游和境内游;②招徕境外游客到境内旅游;③积极、认真、细致地组织和衔接好国内各省、市和国外到中国香港特别行政区与内地的旅游及各种类型的团队和散客;④负责与境内和境外单位签订协议;⑤价格计算并交财务部审核;⑥广告宣传;⑦做好与各部门的协调、衔接工作;⑧开拓、设计新路线,千方百计满足游客的需要。

(三)营业部

①做好接待工作;②与旅游产品提供单位建立友好的合作关系;③做好安全工作;④做好签证工作;⑤建立导游守则及相关的护照办理;⑥建立领队制,制定领队守则;⑦做好与业务推广部和财务部的业务衔接工作。

(四)财务部

①审核旅游成本,做好财务报表;②及时催收相关费用;③审核各项费用支出;④做好先收账后复核与先复核后支出的工作;⑤管好资金,使资金保值、增值,做好资金安全工作;⑥审核行政费用的支出和工资、奖金、保险的支出,审核无误后核发及上保险;⑦做好财务分析,及时找出经营中与资金有关的问题;⑧与业务推广部和行政人事部协调好关系,相互监督,把好财务关;⑨建立完整的账户系统、审核系统、支出系统的电脑程序;⑩建立完整的财务票据管理制度和操作程序。

(五)客运管理部

①负责各种类型的车辆的调度;②积极协助营业部门做好客运服务;③维护保养好车辆,节约用油;④保障客运安全;⑤应用电脑管理,充分利用好载客量;⑥建立完整的司机管理制度,做好司机的调配工作,详细记录载客量与运载公里数。

(六)酒店管理部

①将系统内的住宿设施纳入统一管理系统,并实行电脑联网;②与未纳入系统的住宿设施签订合作协议,用间接方式进行管理;③对住宿设施员工实施培训;④制定好不同时期的价格,使其具有竞争力;⑤做好内部结算和财务分析;⑥统一组织广告,交由推广部统一对外宣传;⑦招徕客源;⑧与业务推广部和营业部做好衔接工作,保证接待质量。

管理部门的设置是没有固定模式的,可以因单位而宜,根据实际需要合并或增加部门。例如,在营业部内可再设境内部、境外部;如有需要,境外部可设亚太部、欧美部,还可以设机票部等。但机构要简,人员要精。

四、旅游集团的管理

(一)旅游集团的组成

旅游集团一般由旅行社、酒店、娱乐场所、购物商店、车队或船队组成。如中国最大的旅游集团之一的北京旅游集团,其管辖企业有康辉旅行社,几十家酒店、宾馆、娱乐场所,还有几家商场以及一个庞大的车队。这样的旅游集团如果在人、财、物上统一指挥,统一调配,统一任免,那是非常具有竞争力的。在目前中国上市的旅行社中,中青旅是一个在管理上有特色、思路上有创新、运作上有独到之处的旅游集团,是一个很有发展前途的旅游集团。

(二)旅游集团内部的管理

当下,国内有些旅游集团,拥有旅行社、车队、酒店、疗养院、培训中心等,有的甚至在国外也设有办事处、分公司,但却没有把企业经营好,为什么呢?原因虽然有很多,但主要是以下几个方面:第一,管理体制不完善。一个旅游集团,它的旅行社、酒店、培训中心、车队分别归 4 个经理管理,谁也指挥不了谁,谁也奈何不了谁,根本无法形成一个整体、一个有力的拳头来一致对外,内耗成为企业的最大杀手。管理体制上不顺、内部协调不力,成了企业裹足不前的最大障碍。改变方法只有打破条条框框,将与旅游相关的企业和部门统一指挥,建立统一的人、财、物和业务管理整体。也可以建立股份制,把"大锅饭"改为按劳分配、绩效挂钩的机制,充分调动各部门和人员的积极性。第二,旅行社的管理模式僵化。要向市场经济迈进,最重要的是研究市场的变化与发展,克服长官意识。我国自从有"三大假期"即"五一(现已取消)"、"十一"、春节黄金周后,旅游的人数猛增,百姓的旅游意识迅速觉醒,国内旅游和出境旅游的业务发展速度非常惊人。旅行社就要研究这种变化的趋势,围绕新时代大众的需求制定发展战略。第三,群龙要有首。一个旅游集团一旦群龙无首,就难以发挥整体的能力。我们一定要明确旅行社是群龙之首,由旅行社调配一切,就像军队一样,有个司令部。旅行社牵了头,酒店、车队、餐厅、娱乐、购物就能理顺。因为招徕客人是第一环,有了客源,其他问题就能迎刃而解了。

旅游集团的内部协调至关重要,但要有一个前提,那就是集团必须在人、财、物上是统一管理的。也就是说,人是可以任免和调动的,资金是可以通盘调配的,业务是可以统一指挥的。统一指挥对一个大兵团来说是至关重要的。如果形成不了一个"拳头",不能统一步调,看起来很有实力,其实常常是事倍功半,成不了气候。这样的例子在国内是很多的。要想克服这些不足,首先要使旅行社成为一个实体或股份制公司,成为人、财、物和业务都能相对集中管理的指挥中心。在中国加入 WTO 后,更要适应新形势,拿出相应的措施来。在旅游集团内部的管理体制确定后,要确定以谁为龙头。

在旅游集团内部,旅行社的龙头地位是无可争议的,要相对集中人力、财力支持旅行社的发展。旅行社的业务做开了,就能带动与旅游相关的业务,酒店、景点、娱乐场所、商店及客运就可以搞活,因为旅行社的发展可以为这些相关的行业带来长期的、稳定的客源。尤其是在科技发达的今天,旅行社通过互联网可以将业务扩展到全国,扩展到全世界。

案例 2.2　香港的旅游集团

香港的旅游集团规模不小,在人、财、物上统一管理,所以指挥自如,各个部门之间衔接很好,一环扣一环,没有扯皮的现象。如果没有统一指挥,则会出现各自为政、有令不行的情况。例如,有一次一家客户向香港某家旅行社租用一辆大巴,但到点大巴没到,急得客人团团转,于是电话打到旅行社,一问原因是内部在闹别扭,不出车。经请示总经理秘书,结果,一个电话,一辆豪华大巴就开出去了。香港企业灵活果断的做法给客人留下了深刻的印象。

思考题:1.旅游集团为什么要实行人、财、物的统一管理?

2.了解所在地旅游集团的管理模式,并对其进行分析。

(三)旅行社经营目标模式

根据我国旅行社目前的经营管理状况,通过改造、分化、组合以及增设等方式,可以向大型旅行社集团化、中型旅行社专业化和小型旅行社通过代理制形成网络化的目标模式发展。

1.大型旅行社集团化

20 世纪 80 年代后期,以国旅、中旅、青旅为代表的旅行社集团相继成立。它们或以资产为纽带,或以业务网络为核心,或以高效有序的信息采集、加工和传输为渠道,都以集团的统一形象为标识,基本确立了我国三大旅行社在行业的龙头地位;之后,康辉、招商旅行社及上海春秋、华运铁路旅游集团的集团化进程均有了实质性进展。可以说,这种网络化经营和集团化发展为我国旅行社走向国际化、多元化打下了良好的基础。

(1)组建旅行社集团的原则

组建旅行社企业集团应遵循下列基本原则:

①自愿与引导相结合。资本主义社会中的企业集团是自由竞争的产物。在社会主义市场经济条件下,作为商品经济的基本规律——价值规律客观存在,旅游市场上同样存在竞争,而竞争必然会出现企业兼并或企业联合。当然,社会主义市场经济应是有序的经济,需要政府有关部门进行适当的调控。由此,政府的引导性干预是需要的。当然,必要的导向绝不是指令性地搞"拉郎配"。实际上在旅游市场上,更多地表

现为企业为谋求自身的利益，自愿地去结合，从而形成企业集团。

②国家、地方与系统三者相结合。集团不一定是国家级的，只要能达到一定的实力和质量水平，都可建立相应的旅行社企业集团。集团可通过规模型的经营管理取得效益和声誉，在形成一定的社会影响后，再进一步根据企业的职权性，以政策和经济利益为导向，逐步发展更多的企业集团。

③重点与一般相结合。若以纵、横向型为标志来判别集团，那么旅游业中已有不少初具集团性质的企业群体，但这些企业群体的规模及市场影响大小差别很大。在市场经济中，同行的市场经济行为在很大程度上要视领袖型旅行社集团的目标与步调作为参照系而定。

总之，根据我国旅行社集团化过程的实施经验，依据自愿、平等、互利互惠、鼓励竞争和稳定相结合的一般原则，以及符合国家产业政策、坚持公平竞争、禁止行业垄断和地区封锁的总体要求，采取市场力量为主、结合一定的行政力量的方式组建旅行社集团在目前是比较有效的。

（2）以股份制形式组建旅行社集团

股份制是旅行社企业集团比较有效的组织形式，它对于建立起产权清晰、权责明确、政企分开、管理科学的现代企业制度，优化资金和资源配置，规范集团与成员企业行为，增强集团活力诸方面具有重要意义。根据国内外企业集团股份制实施经验，我国旅行社集团可采取如下组织管理模式：

①"一司三制，以公为主"的生产资料所有制形式。"一司"是指旅行社股份集团公司；"三制"是指以国有资产入股的国家所有制、以企业成员自有资金入股的集体所有制和以员工个人入股的个人所有制。其中，国家所有制占据资金结构的主导地位，核心企业可直接改组为国有独资公司，而集体和个人入股作为补充，使集团的全资或控股子公司产权多元化，企业员工收益直接与公司命运挂钩，以激发他们爱岗、敬业、爱司的企业精神。对于不具备组建股东大会的公司，内部可成立职工持股会，代行管理职工股权。

②"一业为主，多角经营"的经营战略核心。"一业"是指作为主业的旅行社企业，它是旅行社集团的经营战略核心；"多角经营"是指为减少经营风险，提高市场适应能力而选择在旅行行业内部或其他产业作为自己的发展领域的企业。一般而言，集团成立初、中期，多角经营的重点应放在旅游行业内部或相关产业上，以内涵式发展为主，外延为辅。为防止资金分散，提高投资回收率和回报率，核心企业高层应在宏观上制定不同发展阶段的多角化经营领域、产品方向和目标市场，同时对紧密层企业的多角经营实行宏观控制、微观搞活，以充分调动员工积极性和创造性。

目前，我国不少大型旅行社集团都采用股份制形式，并在境外和我国港澳地区建立了自己的子（分）公司，这充分说明我国年轻的旅游企业集团具有勃勃生机，它们将成为我国旅游事业发展的生力军和进军境外旅游市场的国家队。可以预言,我国旅游企业集团随着改革的深入进行和国际旅游业的迅猛发展而将大有作为。

2. 中型旅行社专业化

大型旅行社在整个市场内通过重新组合实现集团化之后,市场上一些中等规模的旅行社应相应调整其经营方向,避开其经营标准化产品方面的比较劣势,实现专业化经营,以便最大限度地满足特定细分市场旅游者的需求。中型旅行社的专业化主要体现在所经营的产品上。与旅行社集团凭借自己实力通过经营标准化产品达到规模经济的指导思想不同,中型旅行社应针对某些细分市场,对某些产品进行深度开发,形成特色产品或特色服务。中等规模旅行社的专业化发展是一种必然的理性化选择:专业化经营集成本优势与产品专业化优势于一身,解决了这类旅行社因规模小而形不成规模经济,因而也难以直接与旅行社集团竞争的问题。而就行业来说,专业化特色经营起到拾遗补缺的作用,中型旅行社的专业化开发会使产品更加多样化,从而增强产品的总体吸引力。

分布在不同地区的专业旅行社可以采用连锁经营的方式实现联合。联合以前,各单体连锁社可能规模不大,但连锁经营是把这些中小规模旅行社的力量集中起来,使其可以像旅行社集团那样拥有在产品开发、采购和促销等方面的优势,这实际上是另一种形式的规模经营,它符合利用规模经营提高低利润行业经济效益的原则。当然,由于受单体规模的限制,连锁社所经营的产品类型不可能太多,而只能是专业化和特色化的旅游产品。

3. 小型旅行社网络化

与大型旅行社实现集团化、中型旅行社实现专业化和连锁经营相适应,众多小型旅行社则可在全国范围内实现网络化,成为直接面向旅游者的窗口。旅行社的网络化是由旅游需求的特点所决定的。随着社会经济的发展和人们受教育水平的提高,旅游需求在我国也将日益普及,其结果是旅游需求可能在任何一个地方产生。为了便于消费者购买,旅行社营业的场所必须广泛设立于消费者便于购买的所在地方,即网络化布局。

我国旅行社发展可借鉴国外的经验,通过代理制来实现网络化。代理社可不从事产品开发,也基本不拥有其他接待设施,其业务是专门从事旅游产品的代理销售。因为网络化的意义实际上等同于旅行社把销售触角伸向产生旅游需求的每个角落。而集团化经营方式虽然也可满足这一要求,但是旅行社集团若完全凭借自己的力量实现广泛布点无疑会大幅度提高经营成本,而且会加大控制难度和经营风险。

众多小旅行社如能实现向代理社的转变,就可避免原先"小而全"的建制和业务上面面俱到而又面面不到位的矛盾,使其摆脱举步维艰的局面。与此同时,代理社代理销售旅行社集团和专业社的产品还可以让那些被代理的旅行社集中资源,专心致力于

旅行社经营管理

产品的开发、促销和旅游接待业务,进而达到通过专业化分工和更深层次的合作实现旅行社规模经营的目标。

代理社可以只代理销售某一旅行社集团的产品,但常规的做法是代理社根据自身和市场情况选择销售多个旅行社集团和专业旅行社的多种产品。它实际上是一种旅游超市式的销售方式,目的是旅游者的充分选择和购买。这样,除了在佣金和销售提成的制度下代理社本身具有较高的销售动力之外,还可以有效促进被代理社之间的竞争。

第三节　旅行社的经营计划

一、旅行社经营计划的意义

旅行社的经营计划,就是通过编制计划,以及计划执行过程的控制,来组织、协调旅行社的经营活动,保证完成企业的任务,不断提高企业经济效益。

旅行社实行计划管理,是现代化大生产的要求,是社会主义市场经济竞争的要求,是经济规律的要求,是实行经济责任制的要求,也是旅行社提高经济效益的要求。

加强旅行社企业计划管理,有着重要的意义:

(1)计划管理是现代化大生产的客观要求。现代化大生产是建立在现代科学技术以及由这些技术所决定的客观分工和复杂的社会联系基础之上的,这就要求有一个统一、周密的计划对企业经营活动的各方面、各环节及其相互关系做出合理安排,使经营过程得以顺利进行,人力、物力、财力得到充分利用,以达到预期的经营目标。旅游业是综合性的事业,它关联着航空、铁道、水运、汽车运输、饭店等,而这一切都由旅行社来串联。旅行社的产品在国内外、上下站之间也有个科学、严密的串联和安排。因此,旅行社的经营过程十分复杂,分工精细,协作关系严密。要把这样一个复杂的有机整体科学地组织起来,使各环节、各部门互相协调地进行,就必须要有统一、严密的计划,作为旅行社整体的行动纲领和指南。

(2)计划管理是社会主义市场经济竞争的要求。我国正在逐步建立和完善社会主义市场经济体制,国家对企业的管理转向以间接控制为主,主要运用经济手段和法律手段,并采取必要的行政手段,来控制和调节经济运行。而国家从宏观上加强对经济活动的间接控制,就需要完善微观经营机制。在市场经济体制中,旅行社企业要真正成为完全独立、自主经营和自负盈亏的市场主体,就必须要强化计划管理,只有这样,才能在竞争中取胜,并不断提高企业管理水平。

（3）计划管理是经济规律的要求 。旅行社要搞好经营活动,必须遵照经济规律的要求。社会化大生产要求按计划、按比例的规律发展,市场经济要求以等价的原则即价值规律进行交换,提高企业经济效益则要求企业在经营活动中降低成本,提高利润水平,这就需要按节约劳动时间的规律来进行。而所有这些都要求旅行社自身加强计划管理,企业计划管理搞得越好,就越符合经济规律的要求,其结果可以使旅行社在激烈的市场竞争中站稳脚跟,不断发展壮大。

（4）计划管理是实行经济责任制的要求。经济责任制是责任、权限和利益相结合,而以责任为核心的制度。实行经济责任制,就必须合理规定计划指标及与之相联系的工作要求。旅行社企业内部的经济责任制,都要通过计划形式把一系列任务和措施固定下来,作为考核和检查的依据。

（5）计划管理是旅行社提高经济效益的要求。为了使旅行社经营活动有序地进行,必须事先计划详尽。要细致地确定在一定时期内所要实现的目标以及为实现这一目标所要采取的措施和行动。比如,计划下一年度旅行社要招徕和接待多少旅游者,收入多少。这些旅游者来自哪些地区和国家,各占多少比例,不同种类的旅游者各达到多大规模以及旅行社为实现这一计划目标,需要在销售方式上、价格上、宣传推销上、服务质量的改进上和人员力量的充实上采取哪些相应措施等。这样周详的计划,就能以较低的成本来取得较高的经济效益。

二、旅行社经营计划的内容

旅行社经营计划的内容与计划期限和形式有关。计划期限有长有短,计划形式有单项、有综合。从旅行社经营战略出发,旅行社的经营计划应以中、长期计划为主,并和短期计划相结合,综合计划和单项计划相结合,以便能够统筹安排和协调各方面的活动。

旅行社经营计划按计划期限不同,可划分为长期、年度、季度、月度计划。旅行社经营计划的具体内容并无统一规定,它往往根据市场的需求与旅行社自身的能力及发展的需要来规定具体内容。

（一）长远计划

长远计划的主要内容包括：

（1）旅行社发展目标。它指一定时期内旅行社各项主要指标所要达到的水平,如利润水平、接待人数和人天数、外汇收入等每年增长的幅度,降低成本的程度,以及开发新产品、新线路的指标等。

（2）在计划期内旅行社的投资和发展。如各种设备的改造、更新,旅行社的投资计划及资金来源等。

（3）旅行社计划期内要达到的经营管理水平。如巩固和提高市场占有率，开辟新的客源市场等。

（4）组织结构调整，人员配备，岗位责任制的改善和提高，员工工资奖励制度的完善等。

（二）年度计划

年度计划是具体规定旅行社在本年度内，以利润计划为中心的各方面目标的计划，是旅行社在计划期内行动的纲领和工作依据。这一计划包括两个部分：第一部分是综合部分，提出全社的目标和任务；第二部分是部门分类计划，由各部门自己制定，提出各业务和职能部门为达到全社目标，各自在本业务范围内执行的目标和任务。

综合部分应包括下列内容：①外联计划，或称销售计划。其中包括外联人数、人天数计划指标、接待各国各地人数及比例指标、达到计划指标的途径和措施等。②接待计划，包括计划接待、人天数，应达到的接待质量，为完成计划指标应采取的措施。③财务计划，应包括营业收入和支出计划、固定资产折旧计划、流动资金计划、利润和税金计划、固定资产计划、成本计划等。④劳动工资计划，要确定员工总数、人员构成比例、临时用工人数（包括兼职导游和领队人数）；要制定各部门劳动生产率，可用实物量和价值量来表示；工资计划主要确定工资总额和平均工资额，确定奖金水平和奖惩办法。⑤企业改造计划，其中包括员工培训计划、组织调整计划、设备更新计划等。⑥质量计划，主要是确定旅行社在计划期内要达到的服务水平、标准。质量计划既要有全社的指标，也要有各部门的指标及各岗位的标准。⑦投资计划，主要是确定旅行社在计划期内投资方向、投资数量、投资回报率的指标。⑧开发新产品及新线路计划，主要包括开发新产品（旅游线路、旅游项目等）的数量、开发新产品的期限等。

（三）季度、月度计划

为了保证年度计划的完成，旅行社及各部门还要在年度综合计划基础上编制季、月度计划，具体规定各部门每季、每月日常业务活动的进度。

三、旅行社经营计划的执行

编制旅行社计划的根本目的在于经营好企业，通过计划一步一步落实好旅行社经营的各个环节。通常，执行企业经营计划的主要手段是目标管理。

目标管理的基本原理就是按照目标的要求，分解经营目标，落实到有关部门、单位，从而构成一个体系。目标管理的特点是把自上而下的目标分解与自下而上的目标期望相结合。自下而上的目标期望反映了各部门以及员工个人的积极性与创造性、利益、发展和其他的需要。所以，目标管理可以使企业的经营计划的贯彻执行建立在员工的主动性和积极性的基础上，可以广泛地把员工吸引到企业的经营活动中来。

目标管理可分为下面几个步骤：

(1)明确目标。旅行社经营决策者在旅行社外部环境和旅行社内部条件分析的基础上，初步提出本旅行社在一定时期内所应达到的目标。

(2)落实目标。它包括向下落实和向上落实。向下落实就是要使每个部门经理充分了解总目标的要求，在此基础上各部门确定自己的目标。在目标向下落实之后，各部门在确定部门目标时还要向上落实。这样，最高决策领导可以把部门目标吸收到企业目标中去，同时对部门目标进行修改以便下级目标符合上一级目标的要求。

(3)实施目标。旅行社对企业编制的计划和措施，要具体组织实施和执行。

(4)检查目标。旅行社应把计划执行的结果与预定目标进行对比，检查计划执行情况是否达到预期的效果，明白成功的经验与失败的教训是什么。

(5)处理。它包括总结经验教训，处理差错，把成功的经验积累下来，失败的教训也要加以总结整理。

目标管理可以促使旅行社各部门经理从最终经济效益的角度去考虑计划，还促使各级经理认真考虑如何实现目标。目标管理促使各级经理理顺组织关系、明确岗位责任。目标管理可以最大限度地调动旅行社内部每一个人的积极性。

四、旅行社经营计划的控制

旅行社经营计划的控制是指把计划中的各项指标的执行情况和计划目标相比较，发现差异，分析原因，采取措施，以保证计划顺利完成的一个过程。旅行社计划控制要做好下列工作。

(一)检查计划执行结果

利用统计手段和信息系统，使计划执行和业务进度情况得以随时反映，使各级经理和管理人员能对计划的执行情况有详细的了解。检查的方式有日常检查和定期检查。检查应当形成制度，此外还有专题检查、重点检查等。

(二)反馈、分析偏差

反馈和分析偏差工作是分级分层次进行的。根据计划检查的结果，及时和计划标准比较，以发现偏差。在对偏差进行分析时，对那些在允许范围内的偏差，只分析原因，不予纠正。在完成收益指标、质量指标和成本指标上比计划指标标准更好的，也只分析原因。如果在收益指标、质量指标上达不到标准或成本超标准，那就要分析原因，及时纠正偏差。

(三)建立控制、保证系统

控制可具体分为：

(1)年度计划控制。由中层管理人员检查计划指标的完成情况。

（2）效率控制。由部门经理和财务部门负责检查和改进工作人员的效率及推销宣传的效益。

（3）经济收益控制。由总会计师和财务部门检查企业的收支及盈利状况。

（4）战略控制。由高级管理人员负责检查本企业是否充分利用外部环境，发挥企业优势，充分利用一切条件进行发展。

旅游市场影响计划的各种因素时刻都在变化着，每时每刻产生着新情况、新问题、新要求，并随时作为信息反映出来，它需要计划管理人员及时掌握、分析并采取措施，以控制和协调旅行社的经营活动进程。信息的来源分为社内和社外。社内信息主要来自各种统计报表、接待现场动态、社内员工合理化建议、计划管理的基本要求等。社外信息主要来自协作单位，竞争对手，旅游主管部门，国内、国际旅游市场反映（客户和旅行者反映），以及有关报纸杂志。

旅行社企业要搞好控制必须要设置计划管理机构。计划管理机构是总经理的参谋、助手和办事机构。这一机构及其专业人员的职责应包括：①组织编制各项计划，督促和检查有关部门执行的情况。②统计并公布全社计划指标完成情况，定期组织抽查考核，进行计划完成情况的评价。③协助总经理进行综合性的日常计划管理工作。④进行市场调查，广泛收集市场情报，预测社会的需求变化和发展动向。⑤开展全面计划管理的宣传教育。⑥开展计划管理培训，研究并在全体员工中推广运用科学的计划管理方法。

搞好旅行社企业管理中的有效控制的重要条件是实现旅行社管理业务标准化、程序化。管理业务标准化就是要把重复出现的计划分类归纳，把处理办法制定为标准，纳入规章制度，形成例行规范。

管理业务程序化就是把计划管理过程所经过的各环节、各管理岗位、先后工作顺序、步骤等在科学化的基础上规定下来，并通过图表和文字定为标准的管理程序和方法。这对旅行社企业的计划控制是十分有利的。

为了充分利用接待能力，提高企业经济效益，目前旅行社采用计划控制的重要手段之一是流量平衡。流量是指旅行者的客流量，一般分为月流量、日流量。客流量并不是市场需求量，因为有时受到各种客观条件的限制，需求量不能全部得到满足。但是客流量又是与需求量密切相关的。在旅游行业，市场需求是有季节性的，而一个国家、城市或地区的容量相对来说是稳定的。有时需求大大超过市场容量，而有时却大大低于市场接待能力。这样就造成旅游淡季、旺季的差别。

旅行社从经济效益出发，为充分利用接待能力，对淡季和旺季的客流量要采取相对平衡的办法。其中包括：

（1）线路优化。即对旅游线路进行调整，或提前、错后，或重新排列线路，使之更经济合理，同时错开高峰线。

（2）开发新产品，搞好品种搭配，推出新线路，开展特殊旅游项目。开发新产品主要是解决淡季客流量不足的问题。旅行社为了加强自身竞争力，也应当不断开发新产品，搞好品种搭配。有时可在老产品上进行新包装，使之成为新产品，以吸引更多的新老顾客。

（3）开发新的旅游项目和旅游点。我国具有充足的旅游资源可以开发，而某些旅游点已达到或接近饱和点，因此需要开发新的旅游点和项目，其主要目的是把游客从热点向冷温点疏散。

为了搞好流量平衡，需要建立完整的信息反馈系统。信息中非常重要的一个内容是水分分析。它是旅行社最初收到的预订人数和实际接待旅行者之间的差额。例如，某个团体半年前预订100人于5月分三批访问杭州，但最后在5月只有两批共50人来访杭州，其他50个预订名额没有实现。其原因，一方面是由于组织者的错误估计，另一方面是预订者在预订后又改变决定。我们说这批人的水分为50％，即50％的旅行者取消了，所以有人把水分也叫做取消率。作为一个旅行社，当接受这100人预订时，应当考虑到其中可能有一半人最终将取消。一家饭店如果有1000个订位，在最初接受预订时，可能距旅客最终进店日期有一年到半年的时间，这时这家饭店不应当按1000个订位接受预订，而是应当按1100人以上预订。因为预订中的一部分，至少10％最终会取消预订。

五、旅行社经营计划的调整

旅行社经营计划的变动，特别是长期计划的变动是一种正常的现象，它不取决于人们的主观愿望，也不是经营计划制订得不好，而是因为经营中不稳定因素多，外部环境变化多。面对环境的变化，旅行社企业必须以变应变，搞好计划调整工作。

计划调整有主动调整和被动调整。被动调整损失较大，有时形成事后追认，完全失去计划的指导作用。主动调整损失小，甚至带来更好的收益。所以应当力争主动，使计划调整本身有计划地进行。

计划调整的内容，可以从调整个别措施、策略、进度、项目、方针直至调整计划目标。就是说，有小调整、中调整、大调整，直到制订新的经营计划。

计划的主动调整有两种办法：一是滚动计划法；二是启用备用计划法。滚动计划法就是定期地调整计划，根据一定时期计划执行情况，考虑到企业内、外部环境条件出现的变化，修改原计划，并相应地再将计划期顺延一个时期并确定顺延期的计划内容。计划期可长可短，我国企业中较多的用于年度计划按季滚动。

有些单项性经营计划，如企业改造计划，其变动因素及对计划的冲击影响不是表现为接待人数、营业收入或进度的变动，而是涉及项目、方针甚至目标的变动，这种情况下，滚动计划法就不适用了。如果在编制计划时已有多种方案，而变动范围又在某个备用计划范围之内,则可采取启用备用计划的办法。运用这一办法的关键是确定停止原计划,启用新计划的时机。一旦到了非调整不可时,就必须果断地下决心调整;否则就会丧失时机,造成更大的损失。

案例 2.3　海南旅行社调整企业经营计划求发展

海南是一个远离大陆的海岛省份,旅游资源十分丰富且有浓郁的地方特色,但旅游客源长期依赖省外,本身仅是旅游目的地而已。同时,海南旅游业起步较晚,旅行社行业普遍存在规模小、实力弱的现状,且旅行社没有明确的企业经营计划,无力到省外客源地搞促销,仅充当地接社的角色而已。面对省外客源地组团社采取的"价比三家,各个击破"策略,海南旅行社普遍削价竞争抢客源,地接团费每况愈下,经营环境持续恶化。以环岛三日游的地接价为例,从几年前的 1000 多元,降到目前的两三百元,甚至几十元,大大低于接待成本。为转嫁亏损,旅行社或设立几十个部门对外承包,收取承包金;或降低接待标准;或临时增加消费项目拿回扣;或收取导游人头费;或拖欠房费、车费等。

然而这终究不是长久之计,旅行社要发展,必须实行经营计划管理,这是旅行社提高经济效益的前提。为适应市场,在竞争日趋白热化的环境中,一部分旅行社结合海南这个我国唯一的热带海岛目的地的产品优势,借鉴海内外旅行社行业成功的经营理念,探索出自己独到的经营思维,它们从调整经营计划的实际出发,做了一系列富有成效的创造性工作。

第一,策划、包装海南特色旅游产品,开拓特殊客源市场。如"海南自游人"产品就是一个成功的案例。海南拥有世界一流的热带海岛度假旅游资源,近几年,度假旅游设施建设发展很快,达到五星级标准的度假酒店超过 20 家,度假项目丰富多彩,深受散客和自游人的青睐。有部分旅行社从经营计划入手,专门从事"海南自游人"的产品包装、推广、招徕、接待。海南岛还是开展会议休闲和举办会展的理想目的地,拥有适合举办各档次、各类型会议、会展的设施。无论是博鳌亚洲论坛,还是各类展销会、研究会,在海南办会、参会、参展亦是时尚。因此,有的旅行社调整了经营计划,专做"会议团"、"会展团"。再如"高尔夫团"也是特色产品之一。海南已建成开业的高尔夫球场有 12 家,既有浓郁的热带海岛风情,又各具特色。以所处位置分类,有滨海型、湖畔型、田园型、山地型和城郊型等。一些旅行社调整经营计划后专做"高尔夫团",组织高尔夫球手和高尔夫爱好者打球兼度假,使客人喜悦尽在挥杆中。

第二,适时调整各自旅行社的经营计划,锁定客源市场,走出去组团。这是海南旅行社业的成功之举。近两年,不少旅行社走出省外,选定客源市场,在当地创办旅行社或设办事处,并与客源地大社合作,强强联合、连锁加盟,发挥目的地地接社的优势,把海南旅游产品推广、分销、招徕、地接做成一条龙,业务越做越大。

第三,利用客源优势,联合经营景区、酒店和其他旅游项目。部分接待量大的旅行社或自身、或联合兄弟旅行社共同修改、调整企业经营计划,合作经营海南旅游景区、酒店和旅游项目,寻求新的经济效益增长点。

当今的旅游市场瞬息万变,竞争日趋激烈,市场需求越来越多元化,产品更迭周期越来越短,在这种情况下,旅行社企业更应重视制订、修改、调整本企业的经营计划,使之不断适应市场的变化。通过以变应变,以谋求更广阔的旅行社发展之路。

思考题: 1. 什么是旅行社的"自游人"产品?
2. 你认为地接社在客源地设立办事处,要注意哪些问题?

本 章 小 结

组织结构设计,是旅行社企业的一项重要的、基本的组织战略工作,是企业履行其组织职能的基础。这不仅是因为企业组织结构体现了人们工作中的相互关系,而且还反映了企业不同层次、不同部门、不同岗位的职责与权力的规定,同时也为各部门、各环节之间的沟通与协作提供了框架。目前,我国大部分旅行社将业务部门按生产过程划分设立的方法基本上不适合现代旅行社的发展趋势,由此进行组织的演变成为必然。

旅行社与具有不同经营优势的多家企业通过组建"虚拟企业",将各项优势结合在一起,可以充分发挥集体效应,保证旅游者需要和愿望得到满足,保证联盟目标的实现。因此,从经济学的成本收益角度分析,虚拟旅行社是低成本、高收益的企业经营模式,具有广阔的发展前景。

旅行社是旅游行业中的龙头,它销售的是各种与旅游相关的产品;它提供的服务囊括整个旅游行业;它在业务联系上衔接各个旅游实体;它在资金上是为与旅游相关的各企业先收费,然后再分配;它在财务上的管理与旅游各企业的利益密切相关。旅行社在旅游行业总体中的特殊作用由此而充分体现出来。由于旅行社企业的这些特点,因此加强旅行社企业的制度管理就显得尤其重要。

根据我国旅行社的具体情况以及旅行社行业发展的过程与趋势分析,可以对现有旅行社的改造、分化、组合以及增设等方式实现大型旅行社集团化、中型旅行社专业化和小型旅行社通过代理制形成网络化的目标模式。

旅行社的经营计划,就是通过编制计划,以及计划执行过程的控制,来组织、协调旅行社的经营活动,保证完成企业的任务,不断提高企业经济效益。旅行社经营计划的内容与计划期限和形式有关。计划期限有长有短,计划形式有单项、有综合。从旅行社经营战略出发,旅行社的经营计划应以中、长期为主。旅行社经营计划形式应采取多种形式的结合,以便能够统筹安排和协调各方面的活动。

关 键 术 语

组织结构设计 是旅行社企业的一项重要的、基本的组织战略工作,是企业履行其组织职能的基础。

直线制 是一种按直线垂直领导的组织形式。

事业部制 有按产品种类划分的,也有按地区划分的。这种结构的特点是"集中决策,分散经营"。

企业再造工程 是业务过程重新设计、创新和组织再造。

企业再造 是对工作程序的根本意义上的重新思考与重新设计,以实现在重要的业绩衡量标准(如成本、质量、服务和速度等方面)的质的飞跃。

虚拟企业 是指为实现对某种市场机会的快速反应,通过互联网技术将拥有相关资源的若干独立企业集结起来,以及时地开发、生产、销售多样化、个性化的产品或服务,而形成的一种网络化的临时性经济共同体。

旅游集团 一般由旅行社、酒店、娱乐场所、购物商店、车队或船队组成。

经营计划 就是通过编制计划,以及计划执行过程的控制,来组织、协调旅行社的经营活动,保证完成企业的任务,不断提高企业经济效益。

旅行社的水分分析 是指旅行社最初收到的预订人数和实际接待旅行者之间的差额。

思 考 和 练 习

1.什么是旅行社企业的组织结构?

2.旅行社企业组织结构的表现形式有哪些?

3.简述我国旅行社组织的演变及现状。

4.如何理解旅行社组织调整的原则与组织变革的动力?

5.联系实际谈谈旅行社业组织再造工程的战略创新。

6.展望你理想中的旅行社企业的虚拟经营趋势。

7.旅行社企业的制度管理和类别有哪些?

8.简述旅游集团的管理及运作。

9.如何理解旅行社经营计划的意义?

10.简述旅行社经营计划制订的过程。

11.旅行社经营计划的内容有哪些?

12.如何执行、控制、调整旅行社的经营计划?

第三章　旅行社的市场细分和定位

学习目标

1. 市场细分的概念
2. 旅行社市场细分的作用
3. 旅行社市场细分的原则
4. 旅行社市场细分的方法
5. 细分旅游市场的变量
6. 目标旅游市场选择的原则
7. 旅行社目标市场选择的模式
8. 进入目标市场的营销策略
9. 旅行社市场定位

本章概要

　　旅游消费者的需求是千差万别的。不同细分市场的消费者对旅行社产品的需要和欲望是不一样的,因此,旅行社需要通过市场细分进行产品目标市场定位。旅行社能否在目标市场上为其产品确定有利的竞争地位,是关系到旅行社能否生存和发展的重大战略决策。本章系统阐述了旅行社市场细分的概念、作用、原则、方法、程序,旅行社目标市场的选择以及旅行社市场定位。

第一节　旅行社市场细分

一、市场细分

　　所谓市场细分,就是根据消费者需求、购买行为和购买习惯的差异性,把某一产品的市场整体划分为若干个消费群市场的分类过程。市场细分又称市场分割、市场区分、市场区划等。每一个消费群就是一个细分市场或目标市场，它们具有类似的需求特征、购买行为和消费习惯。

一个企业不可能单凭自己的人力、财力和物力来满足整个市场的所有需求，这不仅是由于企业自身条件所限制，而且从经济效益方面来看也是不可取的。因此，企业应该分辨出它能有效为之服务的最具吸引力的细分市场，扬长避短，而不是四面出击。

案例 3.1　斯航、英航与美国西南航空的做法

斯堪的那维亚航空公司（简称"斯航"）是由挪威、瑞典和丹麦三国合资经营的公司。由于价格竞争、折扣优惠及许多小公司的崛起，斯航在其国内和国际航线上都处于亏损状况。

1982 年初，斯航首先设计了一种新的、单独的商务舱位等级，这种商务舱是根据工商界乘客不喜欢与那些寻欢作乐的旅游者同舱的特点设立的。工商界乘客常常因为一些情况必须改变日程，他们需要灵活性；他们在旅途中关心的是把工作赶出来，这意味着他们需要读、写，为会议或谈判做准备，或睡觉——以便到达目的地后能够精力充沛地投入工作。换句话说，他们不需要分散注意力或娱乐。旅游者却没有这种压力，对他们来说，旅途就是假期的一部分，而机票价格则是一个敏感的决定因素。设置紧凑的座位和长期预备的机票，使航空公司有可能出售打折扣的机票，故而使一些人获得了旅行的机会，这些人则把省下的钱更多地花在异国情调的度假生活中。商务旅行者与此不同，他们最重视的是时间和日程表，在斯航以前，没有一家航空公司懂得怎样在同一架飞机上满足这两类顾客的不同需求。

斯航的商务舱票价低于传统的头等舱，高于大多数的经济舱，但给予顾客更多的方便。在每个机场，斯航都为商务舱的乘客设置了单独的休息室，并免费提供饮料，有的还可看上电影。在旅馆，斯航为他们准备了有会议室、电话和电传设备的专门房间，并提供免费使用的打字机，使他们能够完成自己的工作，他们还可以保留这些房间，而且不受起程时间、时刻表变动及最低住宿时间的限制，所有这些都以经济实惠的价格提供。机场还为商务舱乘客设置了单独的行李检查处，他们不必去和普通乘客一起拥挤地通过安检。在飞机上，他们享有单独的宽大座椅，放腿的空间更为宽敞，还装置了一些传统的头等舱才有的装饰品，比如玻璃器皿、瓷器、台布等，他们还可享用美味佳肴。

斯航开辟了一个独特的市场，并赋予它更多的价值。对工商界乘客来说，头等舱太贵，经济舱又太嘈杂、太不舒服。他们可能与旅游者挤在同一舱内，享受旅游者同等的待遇但却付出较高的价格——因为他们不能像旅游者那样，由于不受日程限制而等

待减价或折扣机票,因此商务舱成为工商界乘客及航空公司双方都很适宜的较好的供需办法。

斯航夺去了竞争者的生意,成为明星。许多竞争者如今也在试图仿效。

英国航空公司(简称"英航")目标市场定位的前提是旅客特点和航线结构,他们认为市场可以划分为四类,即点到点的高收益旅客、联程的高收益旅客、点到点的经济型旅客与联程的经济型旅客。点到点的旅客是英航的直接利润来源,所以其营销市场主要集中在点到点高收益市场及维系联程高收益与点到点经济型市场,而逐渐减少与调整亏损的联程经济型市场。

美国西南航空公司把视线投向价格敏感性的低端目标市场,以低成本、低价格取胜,在其目标市场上采取相适合的竞争对策。例如,产品配套简单、座距较窄等。通过高频率、高正点率的配合,使其在所选的市场上获得了近60%的市场占有率,从而连续数年持续盈利。

思考题:1.总结斯航与英航、美国西南航空的相同与不同之处。

2.分析以上几家航空公司在目标市场定位上的独到之处。

二、旅行社市场细分的概念

旅行社市场细分就是指旅行社将市场上的旅游者或潜在旅游者,依据其需求特点、购买行为和消费习惯特征进行分类,把整体旅游市场细分成两个或两个以上具有类似需求和欲望的消费者群体,分属于同一群体的消费者被称为细分市场。在实际工作中,我们可以明显觉察出来,分属于不同细分市场的消费者的需求和欲望存在着明显的差别。例如,有的旅游消费者喜欢游览城市,有的旅游消费者需要到大自然中去放松自己,有的旅游消费者要求旅途享受高规格的服务,有的旅游消费者则要求经济型的服务标准。

需要指出的是,旅行社市场细分是一个由分散到集中的过程。所谓分散是指对整体旅游市场包含的各种各样的旅游需求分别进行分析认识;所谓集中是指把对某种旅行社产品最易做出同样反应的一类消费者归纳合并,集合成群。这是一个把异质的旅游整体市场分解为诸多同质子市场的过程。在这个过程中,旅行社的经营目标明确了,经营方向准确了,经营方式专门化特点突出了,因而能更有效地满足消费者需要,从而获得销售成功。

市场细分不是由人的主观意志所决定的,而是基于客观存在的需求差异。旅行社市场细分的客观依据包括以下两方面:一是旅游消费者客观上存在差异性。不同的细分市场代表不同的消费群体,他们在需求上有明显的差别,主要是由旅游者收入水平、消费观念、教育背景、兴趣爱好等不同所致。二是旅游消费者客观上存在相似性。在

旅行社经营管理

同一自然地理和社会环境下,个体的旅游消费者在客观上存在大体相同的某一个或几个因素,如价值观念、爱好兴趣等,因而,对某一产品具有大致相同的需求和购买动机。这些客观存在的相似性体现在对旅行社产品的价格、形式的需求和购买时间、购买地点上具有大致相同的行为。这就为旅行社市场细分奠定了基础。

三、旅行社市场细分的作用

随着经济的发展,旅游者的需求日趋个性化和多元化。不同地区的旅游消费者,他们的需求和欲望是千差万别的,而且还随着环境因素的变化而改变。对于这样复杂多变的旅游大市场,任何一个规模巨大的旅行社,无论其资金实力多么雄厚,都不可能满足该市场上全部顾客的所有需求。又由于旅行社所占有的旅游资源、设备、技术、人员等方面的局限性,也不可能全部满足所有顾客的不同需要。因此,旅行社只能根据自身的优势条件,开发某一种或几种产品,针对那些力所能及的、适合本企业产品特点的目标市场展开经营。

旅行社市场细分的作用主要体现在以下几个方面:

(1)旅行社市场细分有利于满足消费者的需求。旅游市场细分后的子市场需求比较集中,旅行社比较容易了解和满足消费者的需求。同时,在细分的市场上,信息更容易了解和反馈。一旦消费者的需求发生变化,旅行社可迅速改变营销策略,制定相应对策来适应市场需求的变化,继续满足消费者的需求。

(2)旅行社市场细分有利于旅行社做出销售决策和开拓新市场。在当前的市场经济中,无差异营销显然已经越来越低效,努力讨好所有人的结果,就是谁也讨好不了,谁也不满意。市场细分就是识别消费者需求的种种差异性,选择适当的销售对象作为自己的目标市场。通过市场细分,旅行社可以对每一个细分市场的购买潜力、满足程度、竞争情况等进行分析对比,探索出有利于本企业的市场机会,以便能够及时做出销售决策,掌握市场主动权,提高企业的应变能力和竞争力。另外,通过市场细分还可以发现新的市场需求,进行新产品的开发,开拓新市场,扩大销售范围。

(3)旅行社市场细分有利于发挥旅行社资源的有效价值。前述提到,任何一个旅行社的人力、物力、资金都是有限的。通过市场细分,旅行社选择了适合自己的细分市场,避免了销售的盲目性,可以把人、财、物等各项资源集中用于某一个细分市场,取得局部市场上的优势,让资源最大限度地发挥作用。对于小旅行社,市场细分更有直接的现实意义。由于市场因素和自身条件的限制,中小旅行社资源有限,融资能力较差,抗风险能力较弱,在整体市场上缺乏与大型旅行社竞争的实力。中小旅行社要基于市场细分,选择那些知名旅行社未曾涉足的子市场,见机行事,集中优势服务于这一特定市场,避免与大旅行社直接竞争,从而确立自己在市场上的地位。

案例 3.2　细分市场如此多娇

——"深圳情旅　阳朔有约"产品介绍

深圳是一个移民城市,单身青年特别多,加之竞争激烈,工作繁忙、紧张,平时许多人无暇顾及个人情感问题。同时,各类婚介机构也良莠不齐。重要的是,旅游是认识一个人的最好方式,在一段轻松愉快的旅途中,一个人的个性、爱好、品质表露无遗。所以有人说,想了解一个人吗?邀他(她)去旅游吧!

2002 年 4 月 9 日的《深圳晚报》用整版图文并茂地作了如下报道:《月亮山下牵牵你的手　漓江水边亲亲你的嘴——像神仙一样谈恋爱》。

"深圳情旅"是《深圳晚报》和深圳国旅新景界旅游俱乐部联合主办的,"阳朔有约"是活动的第一站。此次从 200 名报名者中选出的 18 对男女平均年龄 28 岁,个人大事至今没有解决。因此,听说深圳国旅和《深圳晚报》联合推出的"旅游十交友"全新模式后,他们兴冲冲地来了。

桂林山水甲天下,阳朔山水甲桂林。两天的时间里,"温馨情旅"的团友们在阳朔过上了神仙日子,旖旎的月亮山、清幽的漓江水、古朴的小渔村、浪漫的洋人酒吧。秀丽的风景给他们提供了轻松的氛围,而主办者煞费苦心设计的一连串活动更给他们创造了交往的契机。新颖的"问候语"、趣味的"健身操"、"看家厨艺大赛"、"竹筏山歌对唱"、"榕树下面抛绣球"、"鸳鸯组合"、"按摩椅"等游戏让团友们兴致盎然。

在返程前最后一顿晚饭时,导游给每位团友发了一张小卡片,要求他们在卡片上写出自己的"心上人"。你猜,怎么着?竟然有 6 对速配成功!

思考题:1.该产品在策划上有什么独到之处?

2.假设你是策划人,请策划一个旅游产品。

旅行社经营要想取得成功,必须将资源有效地集中在一点上,在某一个领域中成为专家和权威,充分满足这一部分顾客的需求,不仅做到"顾客满意",而且做到"顾客赞扬",因为前者别人也一般能做到。在取得这个领域的优势和经验后,再向其他细分市场进军,确保所做的领域都是数一数二的。在非垄断性行业中,只有最专业、最具规模、最了解其目标顾客的企业才能很好地生存并发展。

四、旅行社市场细分的原则

对旅游市场进行有效细分并非易事。一个人的旅游愿望是多指向的,反映到整个旅游市场就是多维的和多层次的需求。旅游市场有多种细分方法,但无论哪一种都必须便于旅行社营销活动的开展。在营销实践中,有效的市场细分一般应遵循可衡量性、可进入性、可盈利性、稳定性和发展性原则。

(一)可衡量性

可衡量性是指细分旅游市场需求特征显著,购买行为特殊,可以被明显识别,亦即这一细分市场与其他细分市场有着很大的差异性,并且其市场范围明确,购买力的大小和市场容量能被大致测量。如果不同细分市场对产品需求差异不大,行为上的同质性远大于其异质性,此时,企业就不必费力对市场进行细分。

(二)可进入性

可进入性是指细分出来的旅游市场应是旅行社营销活动能够抵达的,企业的产品通过努力能够进入并对该市场顾客施加影响,产生一定的销售效果。旅行社要保证利用其人力、物力和财力等资源能够比较容易地进入细分市场,并能通过传播媒介把企业产品信息传递给该市场众多的消费者,被消费者所认可,而且消费者还可以通过多种渠道购买到该产品。旅行社考虑细分市场的可进入性实际就是考虑企业营销活动的可行性,因此,旅行社对那些不可能进入的市场进行细分是毫无意义的。

(三)可盈利性

可盈利性是指细分出来的旅游市场,其容量或规模要大到足以使企业获利。进行市场细分时,企业必须考虑细分市场上顾客的数量,以及他们的购买能力和购买频率。如果细分的市场规模过小,市场开发的投入与产出不成比例,旅行社就不值得去细分市场。

(四)稳定性

稳定性是指各细分市场在一段时间内要相对稳定。旅行社产品的生命周期是随市场而定的。如果市场不稳定,旅行社就要不断随市场变换旅游产品,这就加大了企业经营成本,会使企业冒很大的开发风险。不稳定的市场不能作为旅行社的目标市场,因而也无细分的必要。

(五)发展性

发展性是即旅行社选择的目标市场不仅要能为企业当前经营创造利益,而且还要能为旅行社的未来发展带来利益。要做到这一点,细分市场还必须要具有一定的发展潜力。例如,我国目前 60 岁以上老年人口 1.34 亿,占总人口的 10% 以上;到 21 世纪中叶,中国老年人口将突破 4 亿,占总人口的 1/4。因此,一般来说,把老年旅游市场作为一个细分市场开发是有前景的。

五、旅行社市场细分的方法

旅游市场细分的变量是多维的,也是多层次的,单用一种变量来细分市场有时不能将市场描述清楚,必须根据具体产品特征和市场情况采用多种方式、多个变量因素来进行市场细分。下面介绍几种主要的市场细分方法。

(一)单一变量细分法

单一变量细分法也叫一元细分法,即根据影响旅游消费者需求的某一个重要因素进行市场细分的方法。如老年旅游市场、学生旅游市场、日本旅游市场等。

(二)综合变量细分法

综合变量细分法也叫二元或多元细分法,又叫交叉细分法,即根据影响消费者需求的两种或两种以上的因素进行市场细分的方法。如日本的青年旅游市场,是以地域和年龄两个变量来细分的。

(三)系列变量细分法

系列变量细分法是根据旅游市场两种或两种以上的因素,按其覆盖的范围大小,由粗到细进行市场细分的方法。这种方法可使目标市场更加明确而具体,有利于旅行社更好地制订相应的市场营销策略。如海外的华裔青少年回国观光学习旅游市场,是按地理位置(国内、国外)、年龄(儿童、青年、中年、老年)、购买动机(观光、学习、休闲度假、健身、探险等)等系列变量来细分旅游市场的。

六、旅行社市场细分的标准

概括起来,细分旅游市场的变量主要有四类,即地理变量、人口变量、心理变量、行为变量。以这些变量为标准来细分市场就产生出地理细分、人口细分、心理细分和行为细分四种市场细分的基本形式。

(一)按地理变量细分

按照消费者所处的地理位置、自然环境来细分市场,比如,根据国家、地区、城市规模、气候、人口密度、地形地貌等方面的差异将整体市场分为不同的小市场。地理变量之所以作为市场细分的依据,是因为处在不同地理环境下的消费者对于某一类产品往往有不同的需求偏好,他们对旅行社采取的营销策略与措施会有不同的反应。比如,城市居民愿意到高山大海去旅游,而农村消费者多愿意到城市去观光旅游;西方国家游客喜欢东方国家的神秘与民俗风情,东方国家游客又愿到西方国家去了解其文明;等等。

地理变量是细分旅游市场考虑的基本因素。世界旅游组织就将全球分为六大旅游区:欧洲区、美洲区、东亚及太平洋区、南亚区、中东区和非洲区。这六大区域就是全球旅游市场的六大细分市场。我国把旅游消费者分为国内游客和国际游客。但处于同一地理位置的旅游消费者需求仍会有很大差异,还可以按某一地理特征继续细分下去,只是在细分的时候还需结合其他细分变量予以综合考虑。

(二)按人口变量细分

按人口变量细分市场就是按人口统计变量,如以年龄、性别、家庭规模、家庭生命周期、收入、阶层、职业、教育程度、宗教、种族、国籍等为基础来细分旅游市场。消费者需求、偏好与人口统计变量有着很密切的关系。比如,只有收入水平很高的旅游消费者才可能成为高标准的豪华产品的购买者。人口统计变量比较容易衡量,有关数据相对容易获取,因此企业经常以它作为某一地区市场继续细分的标准。

1. 性别

由于生理上的差别,男性游客与女性游客在旅行社产品需求及偏好上有很大不同。一般讲,男性游客独立性较强,倾向于知识性、运动性、刺激性较强的旅游项目,通常还对与事业有关的诸如商贸、经济、政治等问题感兴趣;女性游客注重旅游地的选择,喜欢结伴旅游,对人身和财产安全小心谨慎,偏爱购物,对价格敏感,对服饰、发型、生活必需品等有较大兴趣。虽然上述情况与旅游消费者的个人性格关系密切,有时甚至会出现相反的例子,但并不影响按上述特点去细分市场。

2. 年龄

不同年龄的消费者有不同的旅游需求特点,如青年人爱运动,追求时尚,喜欢探险,求知欲强,偏爱刺激性强而又比较经济的旅游项目;中年人年富力强,往往事业有成,比较讲究食宿条件,喜欢享乐,喜欢与自己事业有关的商务、会议、观光等旅游项目,也比较喜欢带领全家出游;老年人一般都有一定积蓄,日常生活支出节俭而精神生活较为缺乏,多喜欢观光、休养、访友探亲等类型的旅游项目;少年则喜欢知识性、新奇性、玩耍性比较强的旅游项目。

案例 3.3　旅行社抢注商标

这几年,广西的旅游业发展很快,旅游企业的品牌意识也在渐渐提升。"老人游"作为一个细分市场,一直是许多旅行社希望进入的领域。南宁市有一家旅行社打出了"夕阳红"的品牌,针对老年游客特别设计一些适当的产品,得到社会的认同。几年间,"夕阳红"声名鹊起。有一家旅行社也把目光盯上有钱有闲的老年人,专做老年团,并给老年团冠以"爸妈之旅"的招牌,还破天荒地实行"先旅游后交费"。他们的产品一推出就得到"爸妈"和"儿女"的认同,最近的一趟北京"爸妈之旅",竟然来了 600 多名"爸妈"。学生也是近年来旅游市场细分出来的一个市场,拥有相当稳定的客源。每年寒暑假的冬令营、夏令营,学生游客是很多旅行社争夺的对象,但一些旅游企业打出的"2008 科技夏令营"、"2008 英语冬令营"等招牌,没有自己的特点。这两年,就有旅行社抢先一步,申请"小警官"、"好少年"、"童子军"的商标。

思考题：1.银发市场旅游者和青少年市场旅游者的特点分别是什么？

2."好少年"、"童子军"能作为旅行社产品申请商标注册吗？

3.收入

高收入消费者与低收入消费者在产品选择、休闲时间安排、社会交际与交往等方面都会有所不同。比如，同是外出旅游，在交通工具、食宿地点和条件的选择上，高收入者与低收入者会有很大的不同。正因为收入是引起旅游需求差别的一个直接而重要的因素，所以在旅游消费中根据收入细分市场相当普遍。

案例 3.4　旅行社边打价格战边推 VIP 团

据《信息时报》2004 年 8 月 26 日报道：上周继各大旅行社纷纷降价 10%～15% 后，日前，广州又有旅行社宣布再次降价，最高降幅达 35%！旅行社的价格战在旺季打响。而就在旅行社疯狂降价的同时，他们也相继大张旗鼓地推出了比常规线路高出 500 元的高级 VIP 团。这种高级 VIP 团是一种介乎于自游人与参团之间的团队，其最特别之处在于行程安排格外轻松，每天早上可睡到九、十点起床，部分线路还有一两天的自由活动时间，真正告别"赶鸭子"的旅程。这种团全程没有购物的安排，住最好的酒店，吃最正宗的美食，坐最高标准的车，安排最优秀的导游。来自各旅行社的消息显示，这些 VIP 团社会反映之好超出了旅行社的想象。面对旅游市场出现的"怪现象"，业内人士认为，接连挑起的价格战说明旅游市场的竞争日益激烈，而 VIP 团的相继推出说明高端消费同样有市场，高端和低端产品的并存，表明市场已经开始细分。

思考题：1.纯粹的价格战给旅行社业带来的损失是什么？

2.为什么有些旅客喜欢参加 VIP 团？

4.职业与教育

消费者职业的不同，所受教育的程度不同，引起的旅游需求也会有很大不同。因为职业与教育直接影响着一个人的生活习惯、价值取向和兴趣爱好，由此形成不同的细分市场。比如，农民偏好到城市观光、购物，而学生、教师则喜欢到野外体验、感受自然。

5.家庭生命周期

一个家庭在不同阶段其经济承受能力是有区别的。这种区别，导致了家庭成员对旅游产品的兴趣与偏好形成较大差别。家庭按年龄、婚姻和子女状况，大致可划分为 6 个阶段。

(1)单身阶段：年轻，单身，几乎没有经济负担，是新消费观念的带头人，是娱乐、探险、刺激导向型产品的购买主体。

(2)年轻夫妇没小孩阶段：年轻夫妻，无子女，上有父母关爱，下无抚养负担，经济条件处于比较宽裕阶段，购买力强，喜欢外出浪漫旅游。

（3）年轻夫妇有小孩阶段：年轻夫妻，有 6 岁以下子女，不满足现有的经济状况，注意储蓄，注重小孩的成长与教育，有旅游愿望但受子女拖累，注重品位较高的旅游项目以利于子女的教育成长。

（4）中年夫妇有子女阶段：年长的夫妇与尚未独立的成年子女同住，经济状况较好，妻子或子女皆有工作，注重储蓄，购买冷静、理智。由于子女处于心理断乳期，不愿与父母同行外出，喜欢与同学、同事、朋友结伴旅游。

（5）老年夫妇阶段：年长夫妇，子女离家自立。前期收入较高，购买力达到高峰期，娱乐及服务性消费支出增加；后期退休收入减少，多由子女引导消费并安排外出旅游。

（6）独居阶段：单身老人独居，收入锐减。特别注重情感需要及安全保障，愿意到子女所在地探亲旅游。

6.社会阶层

社会阶层决定个人观察世界的心态。社会阶层不同，看问题的角度和思路不同。同一阶层的成员承担的社会义务和担当的社会角色类似，因而价值观、兴趣爱好和行为方式也比较类似；不同阶层的成员则在上述几个方面存在较大的差异。很显然，依据消费者所处社会阶层的不同来细分市场对于旅行社有很大帮助。旅行社一般是瞄准中、高社会阶层开展营销活动。

除了上述方面，经常用于市场细分的人口变量还有家庭规模、国籍、种族、宗教等。实际上，大多数旅行社通常采用两个或两个以上人口统计变量来细分市场。

（三）按心理变量细分

心理行为属于消费者主观心态所导致的结果。按心理变量细分市场主要是从旅游购买者的个性、出游动机、消费特点等因素来进行的。

不同的旅游者对于旅行中各种要素的重视程度是不一样的：有的人重视的是目的地的吸引物（人工的或自然的）；有的人更看中目的地的设施及服务；而在另一部分人眼中，并没有什么特定的景点，发现旅途中的意外更能给他们带来乐趣。以被选择对象的受重视程度划分，可将旅游行为分为住宿优先型、目的地优先型、旅游手段（即交通工具的利用）优先型、旅游目的优先型等。另外，从人们出游的心理需求出发，可将旅游行为分为身心调剂、满足好奇、体育参与、寻找乐趣、精神寄托、商业公务、探亲访友和教育提高等八个方面。

旅游是一种精神消费，每个人的精神价值取向是不同的。消费者购买某种旅行社产品总是为了满足某种精神需要。如有人追求在一定时间内多游览一些景点；有人追求尽情品味每一个景点而不愿受时间限制；有人注重整个旅游过程的感受，一上路就开始享受旅游的快乐；有人则注重景点的游览，急于赶路；有人偏重于显示社会地位和身份,不在乎花钱多少;有人偏重于实惠,尽量少花钱多享受。从消费特点出发,我们将旅游者分为感受型、度假型和观光型三种,他们的主要差别如表 3.1 所示。

表 3.1　感受型、度假型和观光型三种旅游者的主要区别

	感受型	度假型	观光型
出游目的	改变惯常的生活环境,感受各种生活方式	休养生息、解放身心	领略名山大川、奇风异俗
目的地特点	开发程度低,风景或民俗突出	景色优美,接待设施相对现代化	景点(区)名气大,开发成熟
对目的地了解程度	强,吃住行游都需自己打点	较强,选择度假地前了解	基本不了解,有旅行社料理吃喝拉撒睡
行程特点	更重视途中的所见所闻所感,行程不紧不慢,自由调节	通常只停留一地,停留时间长	走马观花,花尽量少的时间游览尽量多的景点,行程安排很满
重视的服务	旅游信息服务	目的地的基础设施,健体娱乐服务	旅行社服务
游客个性及生活方式	喜欢新事物、接受新思想、渴望新感受,希望意外的收获	喜欢相对静态的生活,不愿四处游荡	对外界持怀疑态度,不愿尝试新事物,很重视安全性
对于目的地的影响	小,但对目的地居民思想及生活方式的影响还是比较大	大,游客的殖民地	很大,集中的客流无论是对生态,还是对目的地固有生活均造成冲击
餐饮	与当地人同吃喝,通常都钻到小吃一条街寻觅特色美食	度假村的饭店里	旅游定点餐馆里变了味儿的特色食品
住宿	民居和背包客多的旅店	度假村	星级宾馆
短途交通	公共汽车、长途车、自行车	自行车、包车	旅行社的包车
游览	保留原始风貌的"景点"	度假村周围的海滨、山峰	有名的景点都不能错过
娱乐活动	与旅途中结识的游伴喝酒聊天,同时还有其他	高尔夫、游泳、沙滩浴、打球、泡吧	白天已经很累,晚上睡得早。一些特定的地点还有"夜生活"
购物	当地的人家、菜市场、地摊上发掘	度假地纪念品	旅游定点购物商店

(四)按行为变量细分

根据购买者对产品的了解程度、态度、使用情况及反应等将他们划分成不同的群体,这种划分方式叫做行为细分。许多人认为,行为变量能更直接地反映消费者的需求差异,因而成为市场细分的最佳起点。细分市场的行为变量主要包括以下几个方面。

1.购买时间

旅游消费季节性很强,上班族只能选择节假日外出旅游,学生和教师往往在寒暑假期间出去旅游,老人则挑选春秋天去旅游。

2.消费者状况

消费者状况是根据消费者是否购买过旅行社产品和购买程度来进行市场细分的。通常可分为旅游常客、初次旅游者、潜在旅游者、无旅游需求者。旅行社往往重视将潜在旅游者变为现实旅游者,将初次旅游者变为旅游常客,并设法吸引无旅游需求者的注意力,使其产生旅游欲望,参与旅游购买活动。

3.使用数量

使用数量标准又叫"数量细分",是根据消费者参加某一旅游活动的数量多少来细分的,通常可分为经常旅游者、非经常旅游者和偶尔旅游者。经常旅游者人数可能并不很多,但他们的消费支出在全部旅游消费支出中占很大的比重。比如,五星级酒店的顾客多是常年外出的商贸、会议等公务型旅游者,在每年饭店消费总量中占有很大比例。

4.品牌忠诚程度

旅游者的忠诚程度包括对企业品牌的忠诚度和对本企业产品的忠诚度。旅行社可据此细分市场。有些旅游消费者经常变换品牌,另外一些消费者则在较长时期内专注于某一个或少数几个品牌。通过了解旅游消费者品牌忠诚情况和品牌忠诚者与品牌转换者的各种行为及心理特征,不仅可以为旅行社细分市场提供一个标准,同时也有助于企业了解为什么有些旅游消费者忠诚于本企业产品,而有些消费者则忠诚于竞争对手的产品,从而为企业选择目标市场提供帮助。

5.待购买阶段

消费者购买产品有一个产生需求、寻找信息、选择产品、做出决策及旅游结束后评价的过程。一个产品的推出,往往有的消费者先知晓,而有的消费者后知晓,因而他们对此项产品了解的程度和所处的待购买阶段各不相同。针对处于不同购买阶段的消费者,旅行社可以把他们分为不同的消费群体,并采用不同的营销策略。

旅行社在运用上述细分标准进行市场细分时还要注意一些问题。首先,市场细分的标准是动态的,它随着经济发展及市场状况的改变而不断变化,如收入水平、城乡人口比例、消费时尚等都会随时间的推移而发生变化,因此所用标准要随实际变化而调整。其次,不同的旅行社在市场细分时会采用不同的标准。因为各旅行社的资源、产品特性和所处产业链的位置不同,观察旅游消费群体的角度也不同,因此所采用的标准也会有所不同。

第二节　旅行社目标市场的选择

一、目标市场的含义

目标市场就是某旅游目的地的主要客源市场区域或主要人群。

目标市场是旅行社决定要进入的细分市场。旅行社在对整体旅游市场进行细分之后,要对各细分市场进行评估,然后根据细分市场的市场潜力、竞争状况、本企业资源条件等多种因素决定把哪一个或哪几个细分市场作为目标市场。目标市场就是旅行社的营销对象,选择目标旅游市场就是选择市场机会。

案例 3.5　广之旅《修学旅游产品与服务标准》出台

针对不同目标市场,广之旅国际旅行社把目标市场投向了修学游。该社推出了《修学旅游产品与服务标准》(以下简称《标准》)。从修学游的定义、服务、产品要求、接待要求等方面做出明确规定:修学旅游是以在校学生为旅游主体,利用学校寒暑两假和国家法定假期,以有机融合游与学的内容、从实践中学习、教育观摩为主要特点,以博物馆、红色旅游景点、生态旅游景区等知识含量高的教育基地为主要旅游目的地的旅游活动。《标准》提出,在接待方面,修学游"团队正餐应包含当地特色餐食,餐食应充分考虑学生所需营养,食谱应予公开";"酒店环境应较为清静,治安状况良好,位置距市中心直线距离不超过 20 千米;对于实行家庭住宿计划的修学团,寄住家庭的资质应得到当地有关部门的认可,并纳入产品外包承揽方动态考核管理"。《标准》要求,修学团乘坐的旅游车"车龄不超过 6 年,预留空座位不少于 5 个,驾驶员年龄不超过 55 岁,连续驾驶不超过 4 小时"。在购物方面,《标准》明确了"修学团仅可安排一次小纪念礼品的购物,但不应影响或侵占约定的参观游览时间"等。

《标准》提到的操作指导标准,源于该社多年运作修学游团队的经验和心得。该社针对不同学龄的在校生,推出了出国修学游、夏(冬)令营、科普教育游、农庄一日游、工业体验游等不同主题的线路产品。

该社负责人表示,学生修学旅游已经纳入学生综合实践课程,该社在推出新的修学游线路时,会考虑学校、学生与家长三方的意见,严格按照《修学旅游产品与服务标准》,尽量做到符合家长与学校的意愿,为学生量身定制修学旅游线路。

思考题:结合广之旅修学旅游产品标准的制定,分析其对修学旅游市场需求的把握。

二、旅行社目标市场选择的原则

旅行社选择要进入的目标市场,应考虑以下几个条件。

(一)旅行社选择的目标市场要有一定的规模和发展潜力

旅行社进入选定的细分市场是为了扩大产品的销售、增加企业盈利,这就要求选择的目标市场必须有一定的市场容量和未来发展的潜力,使企业有利可图。如果市场规模狭小或者趋于萎缩,旅行社进入后就难以如愿。旅行社在考虑某一目标市场时,还要考虑其他竞争者是否也在准备进入该市场。因为如果有多家企业同时选定同一市场,尽管该市场具有相当的规模和发展潜力,但由于竞争激烈,自己所能占有的市场份额也是有限的。

(二)旅行社选择的目标市场要有能够获利的市场结构

目标市场可能具备理想的规模和发展特征,然而从企业获利的观点来看,它未必适合作为旅行社营销的对象。这是因为它具有如下 5 种威胁性。

(1)所选目标市场存在激烈竞争的威胁:如果某个目标市场强手如林,那么该市场实际上已被各家瓜分,就失去了作为目标市场的意义。此外,如果该市场处于衰退前的稳定期或者已经进入衰退期,但是,同类产品的供应能力还不断大幅度扩大,那么情况就会更糟。这些情况常常会导致价格战、广告争夺战,而旅行社要进入市场必须参与竞争,这样一来定将付出高昂的代价。

(2)新竞争者的威胁:旅行社选定某个细分市场作为目标市场,如果该市场具有理想的规模和发展空间,而且进入壁垒较低,就会吸引新的竞争者参与进来,其结果是不能使企业获得满意的盈利预期。

(3)替代产品的威胁:如果某个细分市场存在着替代产品或者有潜在替代旅游产品,那么该细分市场的购买力就存在转移的风险,替代产品会抑制细分市场内价格和利润的增长,旅行社应考虑是否有阻断替代产品与目标市场联系的可能。如无可能且这些替代产品还在不断更新发展,那么这个细分市场就不宜作为目标市场。

(4)购买者价格谈判能力增强的威胁:如果某个细分市场中购买者的价格谈判能力很强或期望价格很低,购买者便会设法压低价格,或者对产品质量和服务提出更高的要求,并且导致旅行社之间相互竞争,使旅游销售商的利润大受损失。

(5)供应商价格谈判能力增强的威胁：如果组成旅游服务产品元素的上游供应商价格谈判能力增强，就有可能使旅游服务组成元素的供应价格提高或者降低产品和服务的质量，或减少供应数量，那么该旅行社就会对所在的细分市场失去吸引力。因此，与供应商建立良好关系和开拓多种供应渠道很有必要。

(三)目标市场与旅行社的目标和能力要一致

一方面，某些细分市场虽然市场容量较大，很有吸引力，但与旅行社发展目标不一致，甚至分散旅行社的精力，使之无法完成其主要经营目标，这样的旅游市场应考虑放弃。另一方面，还应考虑旅行社的资源条件是否适合在某一细分旅游市场经营。只有选择那些企业有条件进入、能充分发挥其资源优势的市场作为目标市场，才是明智之举。

三、旅行社目标市场选择的模式

旅行社经过对不同细分市场的评估，就要决定进入哪些细分市场和为多少个细分市场服务。通常有五种模式可供参考。

(一)单一市场集中化模式

旅行社只选择一个细分市场推出一种产品集中营销。这一模式经常被中小旅行社或旅行社成立初期所采用。单一市场集中营销有利于清楚了解细分市场的需求，树立良好的企业和产品形象，易为市场接受。它能在短时间内打入细分市场，但由于企业对该市场的依赖性较强，所以经营风险也较大。

(二)产品专门化模式

旅行社集中推出一种产品，实行专业化经营，然后向各个细分市场销售这种产品。这种模式可以分散市场风险，利于旅行社发挥资源优势，突显企业风格。

(三)市场专门化模式

旅行社针对某一细分市场，为了满足那些特定顾客群的各种需要而提供各种旅游服务。这种模式能与顾客建立良好的互动关系，树立企业信誉，减少经营风险。

(四)有选择的专业化模式

旅行社选择若干个细分市场，哪个细分市场有可能盈利就在哪个细分市场提供旅游服务，各细分市场之间很少有或者根本没有任何联系，但每个细分市场在客观上都有经营价值，并且符合旅行社的目标和资源，这种分散经营的方式叫做有选择的专业化模式。采用这类模式的优点在于可以分散旅行社的风险，即使某个细分市场失去价值，企业仍可继续在其他细分市场获取利润。

(五)市场全面覆盖模式

市场全面覆盖模式就是旅行社推出多种产品去满足各种不同顾客群体的需求。这通常是大企业采用的一种模式,因为大企业占有资源、资金、人才、公关等优势。

四、旅行社目标市场的营销策略

旅行社目标市场确定以后,就要从战略高度考虑采取何种营销策略。旅行社进入目标市场的营销策略主要有三种。

(一)无差异性目标市场营销策略

无差异性目标市场营销策略又称整体目标市场营销策略,是指旅行社将整个旅游市场视为一个目标市场,用一种产品和一套营销方案尽可能多地吸引购买者,即只用一种营销策略去开拓市场的策略。无差异营销策略只考虑旅游消费者在需求上的共同点,而漠视他们在需求上的差异性。在需求广泛、市场同质性高且旅行社掌握大量旅游资源的情况下采用此策略比较合适。

无差异营销的理论基础是成本的经济性。推出单一的产品,可以减少产品开发成本,无差异的广告宣传和其他促销活动还可以节省促销费用。不去进行市场细分,也减少了旅行社在市场调研、制订各种营销组合方案等方面的投入。无差异市场营销策略容易引起模仿跟进者的竞争,也不易吸引顾客多次购买该产品,同时当有其他产品风行时很容易分散顾客的购买方向,而企业又无法有效地予以反击。

(二)差异性目标市场营销策略

差异性目标市场营销策略是将整体旅游市场划分为若干细分旅游市场,针对每一细分旅游市场进行不同的产品组合,并分别制订各自独立的营销方案的策略。采用差异性目标市场营销策略的优点是:产品的批量小、品种多,开发设计机动灵活、针对性强,使消费者的旅游需求能更好地得到满足,从而推进产品的销售。另外,由于旅行社是在多个细分市场上经营,一定程度上可以减少经营风险。一旦企业在几个细分市场上获得成功,有助于树立旅行社的形象并提高对整个旅游市场的占有率。

差异性目标市场营销策略的不足之处主要体现在两个方面:一是由于旅行社必须针对不同的细分市场开展独立的营销计划,因而会增加企业在市场调研、促销和渠道管理等方面的营销成本;二是可能使企业的资源配置不能有效集中,顾此失彼,甚至在企业内部出现彼此争夺资源的现象,使企业在各个细分市场的竞争力受到影响。

(三)集中性目标市场营销策略

所谓集中性目标市场营销策略,是集中力量进入一个或少数几个细分市场,实行专业化产品销售和服务的策略。采取这种市场策略,企业不是追求在整个旅游市场占有较大份额，而是力求在一个或几个子市场占有较大份额。集中性目标市场策略特别适合于资源力量有限的中小企业。由于中小企业实力有限，在整体旅游市场上无力与大企业抗衡，如果集中优势力量在大企业尚未顾及或尚未建立绝对优势的某个或某几个细分市场进行竞争，成功的可能性就比较大。

集中性目标市场策略也有局限性：其一是市场区域相对较小，企业发展受到限制；其二是经营潜伏着较大的风险，一旦目标市场突然发生变化，如消费者购买兴趣发生转移，或有强大竞争对手的挑战和新的更有吸引力的替代品出现，都可能使企业因没有回旋余地而陷入困境。

以上提到的三种目标市场营销策略各有利弊，旅行社在采用时还应综合考虑其他方面因素：

(1)旅行社自身实力和资源占有情况。旅行社在开发、设计、资源、营销、人员、财务等方面具有很大优势时，可以考虑采用差异性或无差异性市场营销策略；相反，资源有限、实力不足时，采用集中性营销策略效果可能更好。

(2)产品的相似性。相似程度高的产品相互替代性强，在消费者眼里其功能差异不大，注意力主要集中在价格上，价格竞争将会激烈，旅行社适合采用无差异性营销策略。如果产品存在较大差别，产品选择性强，相似程度较小，就适合采用差异性或集中性营销策略。

(3)旅游市场的同质性。旅游市场的同质性是指各细分旅游市场顾客需求、购买行为等方面的相似程度。市场同质性高，意味着各细分市场相似程度高，不同顾客对同一营销方案的反应大致相同，此时，旅行社可考虑采取无差异性营销策略；反之，则适宜采用差异性或集中性营销策略。

(4)产品所处生命周期的不同阶段。产品处于投入期，同类竞争产品不多，竞争不激烈，企业可采用无差异性营销策略。当产品进入成长期或成熟期，同类产品增多，竞争日益激烈，为确立竞争优势，企业可考虑采用差异性营销策略。当产品步入衰退期，为保持市场地位，延长产品生命周期，全力对付竞争者，可考虑采用集中性营销策略。

(5)竞争者的市场营销策略。旅行社选择目标市场策略时，一定要充分考虑竞争者尤其是主要竞争对手的营销策略。如果竞争对手采用差异性营销策略，企业应采用差异性或集中性营销策略与之抗衡；若竞争者采用无差异性营销策略，则企业可采用无差异性或差异性营销策略与之对抗。

(6)竞争者的数目。当市场上同类产品的竞争者较少、竞争不激烈时，可采用无差异性营销策略；当竞争者增多、竞争激烈时，可采用差异性营销策略或集中性营销策略。

第三节　旅行社市场定位

一、市场定位

定位的直接解释是确定位置。市场定位是 20 世纪 70 年代由美国学者阿尔·赖斯提出的一个重要的营销学概念。市场定位的概念提出以后，受到企业界的广泛重视，越来越多的企业运用市场定位参与竞争。

市场定位也叫产品定位，是指确定企业在目标市场上的位置，具体地说就是在目标市场上提供具有一定特色的产品或服务，建立起在目标市场即目标顾客心目中的良好的产品形象或市场形象，以区别于竞争者。

案例 3.6　美国西南航空公司的市场定位

产品：民航运输。

市场：自费外出旅游者和小公司的商务旅游者。

目标：减少门到门的时间，提供轻松活泼的旅行生活。

营销措施：飞机型号全部选用波音 737，实现快速电话订票，机上不设置头等舱、不提供行李转机服务、不提供餐饮服务，报姓名登机后可自选座位。

效果：办理登机时间比别人快 2/3，飞机在机场一个起落只需 25 分钟（其他航空公司需要 40 分钟），去掉头等舱 9 个座位，增加 24 个座位。

取消餐饮服务：服务人员配置减少一半，充分利用机上餐饮设备位置，可加 6 个座位，着陆后的 15 分钟清理时间不再需要，增加了航班量，机票售价远远低于其他航空公司。

思考题：1.西南航空公司的市场定位可取吗？为什么？
　　　　　2.请通过网络查询了解该公司的基本情况。

现在，人们对定位的理解已越来越宽泛了。事实上，市场营销组合的其他因素，包括产品、价格、分销渠道、沟通以外的其他促销因素，以及营销的过程都会影响特定的产品或服务在顾客心目中的地位，而且定位也不局限于产品定位。现代市场营销中，定位除了针对某一特定产品或服务定位外，还可以是行业定位（就整个行业来定位）、企业定位（把企业作为一个整体来定位）、产品组合定位（把数个单一产品组合后向市场提供的一组相关产品或服务作为一个整体来定位）等。

二、旅行社市场定位的含义

旅行社市场定位就是根据旅游市场的具体情况,针对消费者对产品的了解重视程度,将产品(或旅行社)包装成具有鲜明的个性和形象的、与众不同的、给人印象深刻的产品(或旅行社),从而使产品(或旅行社)在市场上找到一个有利的、合适的位置的营销方法。从根本上说,产品市场定位强调的是产品特色及其在顾客心中的位置。旅行社在全面地了解、分析旅游市场状况以及竞争者在目标旅游市场上的地位以后,就要确定自己的产品或者企业在市场上的形象,以便让目标顾客接受旅行社的营销活动。

对于旅行社产品来讲,市场定位并不是要对产品本身做些什么,要做的是如何在消费者心目中烙下一个独特的印象。也就是说,你要让产品在消费者的心目中确定一个适当的位置,有一个明确的说法,如服务上乘、品位高雅、经济实惠、安全便捷、舒适豪华等。它产生的结果是让潜在消费者从一个或几个方面认识这种产品,赢得顾客的认同。市场定位通过为自己的产品创立鲜明的个性,从而塑造出独特的、能吸引顾客的市场形象。因为一项产品是多个因素的综合反映,包括主题、旅游项目、线路、档次、价格、品牌等,市场定位就是要强化或放大其中某些因素,来形成与众不同的独特形象。

三、旅行社市场定位的作用

市场定位是旅行社竞争制胜的法宝,在市场营销活动中占据重要位置。

首先,旅行社市场定位突出了特色,强调了差异性,树立了产品的形象,有助于吸引顾客,扩大销售。它是参与现代市场竞争的有力武器。在现代社会中,许多国家和地区都在积极发展旅游业,力争吸引更多旅游者来本地旅游,旅游市场竞争异常激烈。为了使自己经营的产品获得稳定销路,防止被其他企业的产品所替代,企业必须从各方面为产品树立一定的市场形象,以确保数量更多、范围更广的顾客。

其次,旅行社市场定位是企业决策者制定市场营销组合策略的基础。旅行社的市场营销组合要受到企业市场定位的制约。例如,假设某旅行社决定推出优质低价的产品,那么这样的定位就决定了产品的服务质量要高、价格要低,广告宣传的内容要突出强调"实惠的价格,上乘的服务"这一特点,要让目标顾客相信低价也能得到高档享受。

另外,旅行社还要设法降低营销和服务成本,以保证低价出售产品仍能获利。也就是说,旅行社的市场营销组合都要围绕市场定位开展与之相适应的营销活动。

四、旅行社市场定位的方法

旅行社市场定位作为一种战略,可以从不同角度出发由一系列定位策略组成。

(一)从产品市场特点出发定位

常用的定位方法有:价格定位,如以廉价定位、以性价比最优定位;品质定位,如以豪华定位、以大众化定位;项目定位,如以品种多样化定位、以专业化定位;等等。

(二)从顾客利益出发定位

常用的定位方法有:以安全为核心定位、以健康为核心定位、以享受为核心定位、以尊重为核心定位等。

(三)从产品功能出发定位

常用的定位方法有:休闲定位、观光定位、健身定位、文化定位、会议和商务定位等。

(四)从目标市场特点出发定位

常用的定位方法有:海外市场方面,如以寻根敬祖定位、以地理差异定位、以文化差异定位;北方旅行社面对南方市场时,如以冰雪定位、以大漠特色定位、以雄浑豪放定位;南方旅行社面对北方市场时,如以风光秀丽定位、以亚热带气候及动植物特色定位;面对老年"银色市场"时,如以安康体贴定位等。

(五)从竞争需要出发定位

常用的定位方法有:作为市场主导产品时,如以信誉为特色定位、以知名度和美誉度定位;作为市场跟进产品时,如以赶超精神定位、以"新""特"定位;作为市场针对产品时,如以独特性定位、以针对性定位等。

五、旅行社市场定位的重点

旅行社市场定位的方法很多,不管采用什么方法,都要以取悦于顾客、使顾客满意为出发点来制定定位战略。当然,要让消费者从心里记住产品,旅行社还要做好以下三个方面的工作。

(一)确立本企业产品的特色

旅行社市场定位的出发点和基本要素就是要确定本企业产品的特色。旅行社首先要了解市场上竞争者的定位如何,他们要提供的产品或服务有什么特点,以此选择有比较优势的产品来作为定位的基本要素。其次要了解顾客对这一类产品各个属性的重视程度,把重视程度高的属性作为特色来定位。有效的市场定位并不取决于旅行社怎么想,关键在于顾客怎么看。市场定位成功的最直接反映就是顾客对旅行社及其产品所持的态度和看法。

(二)树立本企业产品市场形象

旅行社所确定的产品特色不会自动地在市场上显露出来,需要通过旅行社积极主动而又巧妙地与顾客沟通、吸引顾客的注意与兴趣、求得顾客的认同来充分展示。

(三)巩固本企业产品市场形象

顾客对本企业产品的认识并非一成不变。竞争者的干扰或与顾客沟通不良,会引起市场形象模糊。顾客对产品的误解,会促成其态度的转变。因此,产品市场形象树立后,旅行社还应不断向顾客提供有关产品的新信息,及时矫正与市场定位不一致的行为,巩固和维护市场形象,强化顾客对产品的美好认识。

案例 3.7 捷达假期国旅首推"泰国全程无自费"

泰国是一个风光秀美的国度,有千奇百怪、历史悠久的自然风光和人文古迹,其风光旖旎的海滨度假区令人流连忘返;有独具特色的表演和珍馐佳肴,是四季果香的水果王国;有设施完善、温馨舒适的旅游服务,还有热情好客、温文尔雅的友好人民。泰国的曼谷在 2005 年"世界十大最佳旅游城市"评选中名列第二,是继澳大利亚的悉尼之后最令世界各国游客满意的城市。然而近年来,在中国游客的印象中,提到泰国旅游,首先想到就是"零负团费"、"强迫自费"等负面的内容。泰国旅游经历着旅行社的无序竞争,导致旅游产品质量低劣而带来的信誉危机。一方面,泰国作为旅游目的地对中国旅游者具有极大的吸引力,另一方面,当人们打算出游泰国而选择旅行社时又总是忐忑不安,小心翼翼。在这种情况下,捷达假期国旅打出了它们的一面旗帜:首推"泰国全程无自费"产品。

所谓"泰国全程无自费",是指游客在交纳团费后,在泰国不用再付出多余的费用,客人可在抵达泰国后安心地游玩。在泰国的游览过程中,客人不用再为是否需要自费而担心,捷达假期将把泰国全程无自费以文字的形式,正式写入旅游合同中,在签订旅游合同的同时,也就是签订了一份透明的、无自费陷阱的旅游保障。

捷达假期对报名"泰国全程无自费"行程的客人的五大承诺是:①出行前捷达假期将与客人签订旅游合同,合同内明确标注"泰国全程无自费"(包括日间和夜间);②除合同规定的旅游团费外,在泰国游览过程中无任何自费项目出现;③旅游行程完全按照北京旅游行业协会推荐的诚信旅游产品——"非凡泰国"行程;④全程使用泰国有证专业导游,出团前可确认导游姓名及导游证号;⑤完全按照中国国家旅游局和泰国国家旅游局的价格规定。

捷达假期推出"泰国全程无自费"产品的原因及目的非常明确:一是作为公司"一专多能"经营模式中的"专"——东南亚市场,是其最为关注也极力想维护的市场,市场上出现任何情况的无序竞争,包括低于成本价的恶性价格竞争都是其所不愿意看到和担忧的;二是由于公司在东南亚市场占有份额高,作为批发商又能第一手掌握游客反馈的信息和直接与泰方地接社沟通等多重优势,其有能力和责任以身作则,维护市场的正常运行;三是以真正关心游客和消费者的实际行动来引起消费者的共鸣,使他们自然而然地关注旅游产品品质而不是只关心价格,培养消费者的成熟的消费心理,真正做到"货比三家"而非"价比三家";四是作为对高品质产品和消费理念的宣传,在塑造企业形象的同时,从整体上维护、树立旅行社的正面形象。

思考题:1.捷达假期国旅为什么要首推"泰国全程无自费"产品?
　　　　2.这个产品有哪些鲜明的特色?

六、旅行社市场定位的步骤

旅行社市场定位是一项缜密的工作,需要遵循一定的步骤来进行:

(1)确定本企业产品的定位方向。这是定位工作的第一步。旅行社决策者首先要决定本企业的产品为哪些顾客服务,这些顾客有什么旅游偏好,能否为旅行社带来盈利空间。

(2)列举旅游产品特色。定位的第二步是将本企业产品中不同于其他企业同类型产品的特点,如价格、质量、档次、功能、独特性等全部列出以供比较。

(3)了解竞争对手产品。接着进行竞争对手产品的调查分析,了解他们满足市场需求的程度、产品"包装"和广告宣传的方式、市场定位的准确情况等,避免自己的旅游产品在形式与宣传上与之雷同。

(4)选择本企业产品优势。在对比中挑选出本旅行社产品最突出的特点作为特色来定位,以使自己的旅游产品有一个鲜明的市场形象。

(5)树立本企业产品形象。确定自己产品的突出特色并定位后,就要对产品进行设计、"包装",提出产品的宣传口号,针对目标市场开展宣传攻势。市场定位需要通过各种手段与顾客沟通,如采用广告形式、员工的着装形式等有形展示,以及服务过程中的行为、态度和服务质量等向外界宣传,在目标顾客心中形成特定概念。

七、旅行社市场定位的策略

旅行社在进行市场定位时通常有三种策略。

(一)避强定位策略

避强定位策略是一种避开强有力的竞争对手的市场定位策略,它主要是通过选择市场上的空白点来进行的。旅行社通过增加产品特色,以区别于竞争对手,避开市场经营压力,从而达到占有目标市场的目的。旅行社采用此定位策略的优点是:能够迅速地在市场上站稳脚跟,并能在消费者心目中树立起一种形象,成功率较高。旅行社采用这种定位策略的不利因素是:旅行社进入目标市场的成本较大,并且一旦定位不当,则会给旅行社带来经营风险。

（二）迎头定位策略

迎头定位策略是一种与在市场上占据主导地位的竞争对手对着干的市场定位策略。旅行社采取这种定位策略的主要目的是争夺竞争对手的客源，以便扩大本旅行社的市场占有率。显然，迎头定位有时会是一种危险的策略，但是若本企业有与竞争对手竞争的实力，就可以通过努力达到占有目标市场的目的。

（三）重新定位策略

重新定位策略是一种对销路少、市场需求量小的产品进行重新定位的市场定位策略。由于原来决策上的失误，也可能是市场的发展所致，还可能是竞争对手的原因，其定位已严重影响企业的发展，于是进行重新定位。这样做的目的是为了摆脱困境，重新获得增长与活力。

本 章 小 结

旅行社市场细分的作用：一是有利于满足消费者的需求；二是有利于旅行社做出销售决策和开拓新市场；三是有利于发挥旅行社资源的有效价值。

在营销实践中，有效的市场细分一般应遵循可衡量性、可进入性、可盈利性、稳定性和发展性原则。

主要的市场细分方法有：单一变量细分法（一元细分法）、综合变量细分法（交叉细分法）、系列变量细分法。

细分旅游市场的变量主要有四类，即地理变量、人口变量、心理变量、行为变量。地理变量细分市场指按照消费者所处的地理位置、自然环境来细分市场；人口变量细分市场就是按人口统计变量，如以年龄、性别、家庭规模、家庭生命周期、收入、阶层、职业、教育程度、宗教、种族、国籍等为基础来细分旅游市场；心理变量细分市场主要是从旅游购买者的个性、出游动机、消费特点等心理因素来进行的；行为变量细分市场指根据购买者对产品的了解程度、态度、使用情况及反应等将他们划分成不同的群体。

旅行社选择要进入的目标市场，应考虑以下因素：一是选择的目标市场要有一定的规模和发展潜力；二是要有能够获利的市场结构；三是目标市场与旅行社的经营目标和能力要一致。

旅行社决定进入哪些细分市场通常有五种模式可供参考：单一市场集中化模式、产品专门化模式、市场专门化模式、有选择的专业化模式和市场全面覆盖模式。

旅行社市场定位的方法包括：从产品市场特点出发定位、从顾客利益出发定位、从产品功能出发定位、从目标市场特点出发定位、从竞争需要出发定位。

旅行社在进行市场定位时通常有三种策略：避强定位策略、迎头定位策略和重新定位策略。

关 键 术 语

旅行社市场细分 是指旅行社将旅游市场上的旅游者或潜在旅游者,依据其需求特点、购买行为和消费习惯特征进行分类,把整体旅游市场细分成两个或两个以上具有类似需求和欲望的消费者群体,分属于同一群体的消费者被称为细分市场。

系列变量细分法 是根据旅游市场两种或两种以上的因素,按其覆盖的范围大小,由粗到细进行市场细分的方法。

家庭生命周期 在不同阶段,家庭的经济能力是不一样的,由此,家庭成员对旅行社产品的兴趣与偏好也会有差别。家庭按年龄、婚姻和子女状况,大致可划分为 6 个阶段:年轻的单身阶段、年轻夫妇没小孩阶段、年轻夫妇有小孩阶段、中年夫妇有子女阶段、老年夫妇阶段、独居阶段。

目标市场 指旅行社决定要进入的细分市场,它是旅行社的营销对象。选择目标旅游市场就是选择市场机会。

无差异性目标市场营销策略 又称整体目标市场策略,是指旅行社将整个旅游市场视为一个目标市场,用一种产品和一套营销方案尽可能多地吸引购买者,即只用一种营销策略去开拓市场的策略。

差异性目标市场营销策略 是将整体旅游市场划分为若干细分旅游市场,针对每一细分旅游市场进行不同的产品组合,并分别制订各自独立的营销方案的策略。

集中性目标市场营销策略 是集中力量进入一个或少数几个细分市场,实行专业化产品销售和服务的策略。

旅行社市场定位 指根据旅游市场的具体情况,针对消费者对产品的了解重视程度,将产品(或旅行社)包装成具有鲜明的个性和形象的、与众不同的、给人印象深刻的产品(或旅行社),从而使产品在市场上找到一个有利的、合适的位置的营销方法。

思 考 和 练 习

1. 旅行社市场细分的客观依据是什么?

2. 旅行社市场细分的作用主要体现在哪几个方面?

3. 旅行社市场细分一般应遵循哪些原则?

4. 请谈谈老年旅游市场的特点。

5. 观光型旅游一般有哪些特点?

6. 旅行社细分市场的程序一般包括哪些步骤?

7. 为什么具备理想规模的目标市场未必是适合本旅行社的营销对象?

8. 旅行社进入目标市场的三种主要营销策略以及各自的利弊是什么?

9. 旅行社市场定位的含义和作用是什么?

10. 旅行社市场定位的主要方法有哪些?

第四章　旅行社产品的开发设计

学习目标

1. 旅行社产品的特征
2. 旅行社产品的分类
3. 旅游线路的构成
4. 旅行社新产品的类型
5. 旅行社产品设计原则
6. 旅行社产品的生命周期
7. 旅行社产品的四象限评价法
8. 旅行社新产品开发过程

本章概要

　　在市场营销的4P中,产品位列第一,产品是企业赖以盈利的基础,因此,产品也理所当然成为旅行社经营管理的主体。旅行社的经营管理要紧紧围绕产品更好地满足市场需要这个中心。旅行社产品的形式多种多样,其中以旅游线路的设计最为复杂。无论哪种产品的开发都是在多种因素的制约下进行的,而且都需要经过一个复杂的产品开发过程。本章将着重对旅行社的产品及类型、旅游线路的设计、产品开发应遵循的诸原则、新产品开发设计的过程进行阐述。

第一节　旅行社产品的特征和分类

一、旅行社产品的内涵

从旅游消费者的角度来看,旅行社产品是指旅游者支付了一定的金钱、时间和精力后所获得的满足其旅游欲望的一种经历。旅游者通过对旅行社产品的购买与消费，获得精神上的满足。通俗地说，就是花钱买快乐、买享受。人们参加旅游，在很大程度上，是基于对枯燥的现实生活的不满，需要用旅游所带来的新鲜感、美感冲刷工作中的单调、疲乏。客人从决定参加旅游的那一刻起，就对旅游赋予了美的向往，在心中对旅游的整个经历、旅游目的地充满了丰富的梦一般的想象。而从旅行社角度来说，所谓旅行社产品，是指旅行社凭借一定的旅游资源和旅游设施，向旅游消费者提供的满足其在旅游过程中综合需要的服务之和。旅行社通过这种产品的生产与销售，达到盈利的目的。旅行社产品的要素主要是：目的地的吸引物，目的地的设施和从驻地到目的地的交通以及整个旅游过程中相关人员所提供的服务。如果我们把这些要素比喻成一个"服务包"的话，在这个"包"中，服务是最重要的。

二、旅行社产品的特征

旅行社产品作为一种服务产品，具备了一切服务产品的特征。因此，在讲旅行社产品之前，我们先简单讲讲服务。关于服务，美国市场营销学协会对其所下的定义是："可被区分界定，主要为不可感知，却也可使欲望得到满足的活动，而这种活动并不需要与其他产品和服务的出售联系在一起。生产服务时可能会或不需要利用实物，而且即使需要借助某些实物协助生产服务，这些实物的所有权将不涉及转移的问题。"服务营销方面的知名学者佩恩给服务下的定义是："服务是一种涉及某些核心因素的活动，它包括与顾客和他们拥有的财产的相互活动，它不会造成所有权的更换。条件可能发生变化，服务产出可能或不可能与物质产品紧密相连。"

服务产品具有以下五个方面的基本特征：

(一)无形性

去百货商店购买彩色电视机，购买者可以比较货柜上陈列的所有彩色电视机的款式、式样、造型等，然后可以结合自己对生产厂家的认知和自己的喜好决定是否购买或购买哪一台。然而，购买服务产品则不同，服务是一种"过程产品"，它是一种行为，一种表演。它是抽象的，它和一般的实物商品不一样，它看不到、品味不到、听不到。这就是所谓的服务无形性的特征。正因为如此，人们在购买服务的时候，往往充满了不确定性的结果，具有较大的风险。所以，旅游消费者在购买旅行社产品之前，一般都会努力去寻找旅游服务质量的标志和依据。这些标志和依据，通常表现为旅行社服务人员的礼节礼貌、服务技能、企业形象、服务设施、设备以及亲朋好友的经历（也就是口碑）等，旅游消费者往往根据这些来预测服务质量的好坏。

(二)不可分离性

服务产品的生产和消费是同时进行的，并且消费者同时参与在生产的过程中。这和实物产品的生产是大不一样的。消费者购买一台彩色电视机，这个电视机可以是一年以前或几个月以前生产的。而服务产品如果说在生产的时间里不能销售出去，就不会有经济效益的产生。

(三)差异性

服务产品往往没有界定的标准，可变化的因素比较大。这种变化因人而异，因环境而异，因提供服务者当时的心情而异。例如，同样的一个导游人员，相同的导游服务，但在同一团队不同的旅游者评价就可能不一样，而不同旅游团队的评价可能大相径庭。旅行社虽然有一整套导游服务规范，但是在执行过程中，这样的规范会有很大的"弹性"。一个优秀的导游人员所提供的服务一般来说要好于一个刚出校门的导游人员；一个经过休整的导游人员所提供的服务必然比一个疲惫的导游人员所提供的服务要好。

(四)不可储存性

服务不可能像有形产品那样储存在仓库里。例如，民航飞机起飞以后，没有销售出去的机票就永远失去了再次销售的机会。同样，今天没有销售出去的客房也就永远失去了再次销售的机会。

(五)无权性

无权性是指服务在生产和消费过程中，不涉及所有权的转移。既然服务是无形的和不可储存的，那么服务在交易完成后便消失了，消费者并没有实质性地拥有服务的所有权。考察服务企业，我们可以发现除了服务企业的企业名称可以注册之外，企业的某一个服务产品、某一种服务手段一般都不能注册，即使注册了也不被人们所认可。

以上的五个特征是服务产品共同拥有的，旅行社产品作为服务产品的一个组成部分当然也不例外。所不同的是，旅行社产品还有两个独有的特征，即综合性和敏感性。

综合性是旅行社产品的最基本特征，它表现在两个方面：一是产品构成的综合性，旅行社产品离不开构成旅游业的六大部门；二是除了旅游直接企业的产品提供外，还需要很多其他的部门或者间接的企业提供服务或产品。

敏感性是指旅游活动受人类社会的方方面面的影响，诸如战争、政治动乱、国际关系、政府的政策、经济状况、自然灾害等都会影响到旅游需求的变化，并由此波及旅行社产品的生产和销售。例如，美国的"9·11"事件、2003年的"非典"疫情、2004年末印尼苏门答腊岛的"海啸"事件等，就都直接地影响到了旅行社业。

三、旅行社产品的分类

(一)按旅游动机分

根据世界旅游组织的产品分类方法，旅行社产品可以分为三大类：观光旅游产品、度假旅游产品和专项旅游产品。

1. 观光旅游产品

观光旅游产品是指旅行社利用旅游目的地的自然风光、文物古迹和风俗民情,组织旅游者前往参观游览。它一般又可以分为自然观光产品和人文观光产品。观光旅游产品品种繁多,多采用团体旅游的形式。

2. 度假旅游产品

度假旅游产品包括海滨度假产品、乡村度假产品、森林度假产品、野营度假产品、城市度假产品、湖滨度假产品。度假旅游近年来颇受旅游者青睐,与观光旅游比较,有几点区别:①度假旅游者不像观光者那样到处流动,而往往是选择一个度假地,在那里住上一段时间;②度假旅游者多采用散客旅游的方式,特别是以家庭旅游为主,而不像观光旅游以团队为主;③度假旅游者的消费水平比较高,对旅游度假区的设施要求也往往高于普通的观光旅游者。

3. 专项旅游产品

专项旅游包括商务、会议、奖励、专业、修学、宗教、探险等类别,以下分别作简要的介绍:

(1)商务旅游是指以经商为目的、将商业经营与旅行游览结合起来的一种旅游活动,具有旅游频率高、经济效益好的特点。随着各国经济的不断发展和全球经济一体化,商务旅游者将成为旅游市场客源的重要组成部分。

(2)会议旅游是指以组织、招揽各种会议,提供相应的会议服务,并在会前、会中或会后安排游览活动的一种商务旅游。参加会议的旅游者一般消费水平较高,购买力较强,在旅游目的地停留时间较长。

(3)奖励旅游是企业为奖励员工、代理商、合作伙伴和客户而由公司出资的旅游。这种旅游改变了单纯旅游的形式,将培训与旅游相结合,把业务会议与奖励性活动相结合。

奖励旅游是近几年来发展很快的一种旅游产品。为了奖励为本单位作出较大贡献的员工,单位出资委托旅行社为他们安排旅游活动,由此产生了奖励旅游。

(4)专业旅游是以专业学习、业务交流、观摩考察为主要目的的旅游。

这是一种具有广阔发展前景的旅游产品。它多采用团队的形式,旅游团多由同一职业或具有共同兴趣的人员组成。参加专业旅游的旅游者主要以考察和交流知识为目的。

(5)修学旅游是以外出学习为主要目的的一种旅游活动。其产品的主要购买者是青年学生。它包括书法、绘画、语言等修学内容。

(6)宗教旅游是以宗教活动为目的的旅游活动,一般是指宗教信徒为进行朝拜、求道或参加重大宗教节日而离开居住地的旅游,有时也称朝觐旅游。它是最古老的旅游形式之一。旅游者的主要目的是到宗教目的地进行朝拜活动,同时也在旅途中游览一些景点。

(7)探险旅游是到人迹罕至、充满神秘性或环境险恶的地方,进行带有一定危险性和刺激性的考察旅游。

旅行社利用人们的好奇心理和寻求新鲜事物的欲望而设计和开发的特殊旅游产品,其参加者多为富有冒险精神的年轻人。探险旅游的一个明显特点是路途艰辛,旅行社在接待之前需做好大量准备工作。

(二)按提供的旅游服务内容分

根据旅行社提供的旅游服务内容,旅行社产品可分为包价旅游产品、组合旅游产品、单项服务旅游产品、零包价旅游产品。

1. 包价旅游产品

包价旅游是一种包含房费、综合服务费、交通费以及专项附加费等的全包价旅游,包括旅行社推出的标准产品和由客户指定的定制产品。

包价旅游是指旅行社根据同旅游者达成的协议或合同,在旅行开始前先向旅游者收取部分或全部的旅行费用,然后在旅行期间负责为旅游者安排部分或全部食、住、行、游活动的旅游形式。包价旅游产品根据所包含的内容可分为全包价旅游产品、半包价旅产品和小包价旅游产品。

(1)全包价旅游产品

全包价旅游产品是指旅行社在旅游活动开始之前向旅游者收取全部旅行费用,旅游者在整个旅行过程中规定的吃住行游活动都由旅行社包定的一种旅游产品。根据参加旅游活动的人数,全包价旅游产品又分为团体全包价旅游产品和散客全包价旅游产品。

团体全包价旅游是指由 10 名(含 10 名)以上的旅游者组成的旅游产品。这是目前我国多数旅行社组织海外旅游者来华旅游和组织中国公民出境旅游的主要组团形式。旅游者在旅游活动开始前将全部旅游费用一次性付给旅行社,由旅行社负责安排整个旅游活动并提供旅游活动过程中规定的服务。团体全包价旅游所包括的服务项目一般有:饭店客房;早餐、正餐及饮料;市内游览用车;导游服务;交通集散地接送服务;每人 20 千克的行李服务;游览场所门票;文娱活动入场券等。

就旅游者而言,购买团体全包价旅游产品的优点是:①安全方便。旅游者付清全部旅游费用,就无须自己为旅途中的吃、住、行、游等问题操心。②经济实惠。团体全包价旅游通常可以享受到旅行社采购产品时获得的优惠价格。

就旅行社来说,经营团体全包价旅游产品的优点是:①操作方便。团体全包价旅游的预订期较长,组团、接团的程序程式化,便于旅行社操作。②经营成本较低。由于旅行社在经营团体全包价旅游时能够进行批量操作,因而可以提高工作效率,降低经营成本。③经营收入高。参加团体全包价旅游的旅游团队一般人数较多,对旅行社营业额的提高能起到明显的作用。

然而,团体全包价旅游也存在一些缺点。就旅游者方面而言,团体全包价旅游活动缺乏个性。旅行社在接待团体全包价旅游者的过程中,主要根据旅游者的共性来提供服务,而容易忽略旅游者的个性。例如,就旅游行程来说,每一个旅游者都必须服从相同的旅游活动日程安排,如果要单独安排,就必须再进行经济上的支付,这就给旅游者造成了浪费。

从旅行社方面来看,经营团体全包价旅游产品会造成如下缺点:①直观价格高。由于团体全包价旅游所包含的内容多,各项费用均包括在报价中,所以造成直观价格较高,不利于招徕旅游者。②不易提供个性化的服务,很难做到人人满意。

一般而言,散客是指参加该旅游活动的人数较少,在1~9人(含9人)。参加散客全包价旅游的多为自愿结伴的亲友、同事等。购买散客全包价旅游产品的优点是:安全方便,能保持旅游者的个性。

散客全包价旅游的缺点是:①就旅游者而言,产品价格较高。由于旅游者人数较少,相对而言,旅游者难以享受到旅游服务供应部门的价格优惠。②就旅行社来说,经营成本较高。散客全包价旅游团的旅游者人数少,但旅行社在操作过程中所耗费的成本和团体全包价旅游团却是基本一样的,因此,旅行社的经营成本就比较高。

(2)半包价旅游产品

半包价旅游产品是在包价旅游产品的基础上发展起来的。它与全包价旅游产品的主要区别是产品构成不含两个正餐,即中餐和晚餐。由此,半包价旅游产品的直观价格就降低了。

(3)小包价旅游产品

小包价旅游产品是一种选择性很强的旅游产品,因此也叫可选择性旅游产品。就旅游服务内容的角度而言,小包价旅游产品由非选择性部分和可选择性部分构成。非选择性部分包括住房及早餐、交通集散地(机场、车站、码头)至饭店的接送和城市间的交通服务,这一部分的费用旅游者在旅行前应预付。可选择性部分包括导游服务、午晚餐、风味餐、文艺节目欣赏、游览参观等内容。可选择性部分的旅游费用旅游者既可以预付,也可以现付。小包价旅游产品具有经济实惠、灵活方便的优点。

2.组合旅游产品

组合旅游是指在一些旅游服务设施较完善、交通比较便捷、游览点有较高知名度的旅游目的地地区,当地旅行社为了广泛招徕客源而采取的一种在目的地成团的旅游组织方式。在组合旅游产品的设计过程中,旅游目的地的旅行社根据对客源市场需求的调查了解,设计出一批固定的旅游产品,并在客源市场地区选择一些合作旅行社,与其签订协议,由后者负责向旅游者推销产品,并按时将旅游消费者送到目的地。组合旅游产品的消费者来自不同的旅游客源地,他们在指定日期抵达旅游目的地,然后由旅游目的地的产品生产旅行社把他们集中起来,组成旅游团,进行旅游活动。旅游活动结束后,旅游者各自返回。

组合旅游是一种较灵活的旅行社产品,对于旅游目的地旅行社来说,它能够广纳四方旅游消费者,聚沙成山,积少成多。因此,产品生产旅行社应该尽量广泛地建立销售网络,以保证有充足的客源。同时,还必须做好旅游交通、住宿、餐饮等的采购工作,建立起一个高效率、低成本的采购网络,确保旅游服务的充分供应,保证服务质量。而对于客源市场的旅行社来说,组合旅游能够随时把一些散客旅游者送到目的地,能够为旅行社创造一定的经济效益。

3.单项服务旅游产品

单项服务是旅行社根据旅游者的具体要求为旅游者提供的某一项有偿服务。旅行社单项服务所包含的内容十分广泛,其中常规性的服务项目有:导游服务、交通集散地接送服务、代办交通票据和文娱票据、代订饭店客房、代客联系参观游览项目、代办签证、代办旅游保险等。

单项服务适应了全球性散客旅游的发展趋势,是一种应予以重视的旅游产品。

4.零包价旅游产品

零包价旅游是一种独特的旅游产品。旅游者参加这种形式的旅游时,必须随旅游团前往和离开旅游目的地,到达目的地后,旅游者可以自由活动,不受旅游团的束缚。

零包价旅游的特点是:旅游者可以享受团体交通票的优惠价格;由旅行社统一代办旅游签证手续。

四、旅游线路

对于旅行社来说,不少产品更多地表现为旅游线路。旅游线路包含了旅游者从离家出门旅游到旅游活动结束整个旅游过程中的全部需求,即吃、住、行、游、购、娱等各方面。旅游线路是旅行社根据旅游消费者的需求,将一定区域范围内的旅游吸引物、旅游交通、旅游食宿等多项旅游产品,按照一定的目的、主题与方式联系起来而形成的一种综合产品。旅游线路的设计过程是一个分析市场需求,选择、采购、组合、优化各种旅游产品的过程。旅游线路设计水平的高低直接关系到促销的结果。因此,一些比较大的旅行社往往专门成立了产品设计中心。

在旅游线路的构成中,旅游目的地或旅游吸引物(城市、景区、景点等)和城市间的转移以及旅游者住宿的宾馆、饭店是旅游者最为关心的。旅游目的地(城市、景区、景点等)通常被称为构成线路的节点。如果说整条旅游线路是一条珠链,则节点就是珠链上的粒粒明珠。它反映的是旅游线路的核心内容,体现了旅游线路的等级、类型、特色,表达的是旅游产品的主题,是产品的精华所在。如南京—无锡—苏州—上海—杭州这一旅游线路,其中南京、无锡、苏州、上海、杭州就是这一条线路的节点。城市间的转移是指旅游者由这一节点到另一节点采用的交通方式,如由南京到无锡常采用汽车或火车作为转移的交通工具。广州到北京就比较多地采用飞机作为转移的交通工具。旅游者住宿的宾馆、饭店是旅游者在旅游期间在目的地的一个临时的"家",它的等级、所处位置、交通等是旅游者比较关心的。

由于划分方法不一样,旅游线路的类型也就有多种。

(一)以旅游线路的起止特征为标准划分

以旅游线路的起止特征为标准划分,旅游线路有流线型、环型、辐射型三种形式。流线型旅游线路只有一个起点,一个终点,旅游活动从起点开始,到终点结束。如北京—西安—上海—桂林—香港的旅游线路,以北京为起点,香港为终点。环型旅游线路从起点到终点是一个环型,起点即终点,如广州—桂林—西安—北京—南京—苏州—杭州—广州的旅游线路。在环型旅游线路中有一个节点(经常是出入境口岸城市或一个区域的交通枢纽城市)往往需要二进二出。辐射型旅游线路以一地为起点,而终点有多个选择,因而其旅游线路也有多条可供选择,如北京—南京—无锡—苏州—上海,北京—西安—上海,北京—西安—桂林—广州这三条线路都以北京为起点,旅游路线不一样,终点也不同,这样的旅游线路即为辐射型旅游线。

(二)以旅游活动的天数为标准划分

从时间上来说,旅游线路有一日游、二日游、三日游、四日游……多日游等。用这种方式划分旅游线路在我国的国内游中是比较普遍的。其优点是旅游者一眼便可看出所需旅游时间的长短。对于旅行社来说,可根据时间长短来安排旅游内容,并且比较容易确定价格。从我国旅行社现行的操作情况来看,它的缺点是对旅游主题的表述往往不明确,体现不出旅游线路的特色。如北京—天津包机六日游,昆明—大理—丽江八日游等,旅游消费者很难从其中看出产品的核心利益。

(三)以旅游线路的等级来划分

旅游资源、旅游设施、旅游服务是有等级区分的,如旅游城市就有热、温、冷的差别,旅游景区(景点)有 AAAAA、AAAA、AAA、AA、A 的区别,宾馆、酒店也有白金五星、五星、四星、三星、有限服务酒店等的区别,既然如此,由此构成的旅游线路也就有了等级之分。这种等级分别最直接的体现是在价格上,即往往以价格的高低来表示。级别高则价格高,反之则低。按价格高低,在行业中,一般把旅游线路的等级分为三个级别,即豪华、标准、经济。

第二节 旅行社新产品的开发设计

一、旅行社新产品的类型

在需求发生快速变化的今天,人类对生活方式、生活质量的追求越来越高,对于任何一个企业经营者来说,不断开发新产品已成为企业发展至关重要的手段,已成为企业生存活力的重要标志之一。旅行社作为企业当然也不例外。在这里我们需要指出的是,市场学所指的新产品和科学技术领域的重大发展而推出的新产品在概念上是不一样的,前者无论在内涵上还是外延上都要比后者宽泛得多。

旅行社新产品固然包含那些完全创新的产品,但也包括那些在功能上或形态上和原来产品相比有创新的产品。因此,旅行社新产品包含以下三类:第一类是全新型产品。所谓全新型产品是指市场上不曾有过的产品,是完全创新的旅游产品。如美国宇航企业把亿万富翁蒂托送到太空去旅游,从而创造了太空旅游产品,它就属于全新型产品。第二类是革新型产品或者称之为改良型产品。所谓革新型产品或改良型产品就是产品原本已经存在,只是在产品的内容或服务上做了一些改进或变动的产品。第三类是市场新产品。所谓市场新产品是指产品已经存在,但开辟了新的销售领域的产品。

二、旅行社产品的设计人员

旅行社的产品设计部门是旅行社的神经中枢。好的产品是旅行社生存、发展的重要条件。产品设计是一种生产和创造,好的路线产品是知识、经验、灵感的结晶,是经历和文化的感受。一个好的线路设计者,必须要有丰富的旅游基础知识,例如,我国有哪些重点旅游城市、历史文化名城、世界文化和自然遗产名录、主要的旅游路线和风景名胜区等,都必须清楚。这些是产品设计人员所要掌握的最起码的知识。同时,产品设计人员还需具备旅游行业工作的技巧,敏锐的商业意识,足够的市场、财会方面的知识。好的线路设计者还要懂得顾客的需求和心理,还要了解供给方面的情况。鉴于我国目前旅行社的规模,不可能每家旅行社都成立产品设计部,但是,组成一个产品设计小组还是需要的,也是现实可行的。旅行社的产品设计部门(小组)应该由下列三种人组成:一是精通旅游市场、熟悉产品内容和具有相当产品设计能力者;二是熟悉顾客需求、了解顾客心理特征的一线接待人员;三是具有一定资历的能胜任美工设计的设计人员。

三、旅行社产品设计原则

(一)市场原则

旅行社产品发生交易离不开三个主要因素,即适销对路的产品、合理的价格和质量的保证。这其中产品的适销对路就是市场原则。市场原则要求旅行社在开发新产品前,一定要对市场进行充分的调查研究,预测市场需求的趋势和需求的数量,分析旅游者的旅游动机,然后再做产品的开发和设计。在进行产品的开发和设计过程中,旅行社一定要杜绝闭门造车、想当然、随便拍拍脑袋的现象。

旅行社产品开发和设计的市场原则具体体现在以下两个方面。

1.根据旅游者普遍的消费特征开发设计产品

从市场细分的角度来说,虽然旅游者的需求千差万别、千变万化,但一个消费群体总有某些共同的需求特征。对于产品设计者来说,设计产品时以下因素是应该考虑的:①目的地"新、奇、特",旅游者曾从未到过;②目的地能使旅游者放松身心,从日常的紧张生活中求得短暂的解脱;③尽量有效地利用时间而又不太劳累;④物美价廉。

如以学生市场为例,从我国的独生子女政策以及由此引发的社会对独生子女的关爱角度为基点出发,结合学生的经济来源以及学生的年龄特征等因素,旅行社在开发学生旅游产品时,就必须注意三个方面:安全性、经济性、主题性。而这三点也正是学生市场的消费特征。

2.根据旅游者或中间商的要求开发产品

根据市场营销学的观点,在买方市场转变为卖方市场的供需背景下,产品的生产必须以消费者为中心。一方面,旅行社产品的消费者是旅游者,他们是企业的上帝。因此,旅行社必须根据他们的需求来设计、开发产品,一句话,"市场需要什么,就生产什么"。另一方面,对于拥有众多营业网点、销售点的大旅行社来说,根据旅游者提供的信息来设计产品,也往往是行之有效的。

产品设计是个复杂的"链"。在这里,我们特别提醒,必须根据不同市场的需要来确定相应的旅游目的地。不同的细分市场有不同的消费特征,对旅游目的地的选择也因此有所区别。例如,对南方的年轻旅游者来说,冬天到哈尔滨亚布力滑雪是一件快事,但对老年人来说,即使有此心愿也不大可能付诸行动。而对北方的旅游消费者来说,在三九严寒的冬天,热带雨林的海南则是他们的一个向往之地。因此,在开展产品设计之前,一定要认真研究各个细分市场的特征,明确产品的市场定位。

(二)通畅原则

旅行社在设计旅游线路时,应慎重选择构成旅游线路的各个旅游节点,并对之进行科学的优化组合。具体地讲,在旅游线路设计过程中应注意以下几点:

1. 不走回头路

重复同一旅游点,一是造成时间、金钱上的浪费,二是违背了旅游者满足效应递减的规律,降低了旅游者的猎奇心理。因此,不是迫不得已,一般都应避免重复经过同一旅游点。

2. 择点(目的地数量)适量

就国内旅游来说,五天以内的行程应是中短距离旅游,而五天以上的应属长距离旅游。鉴于国内旅游市场目前的消费特征,在设计产品时,对旅游节点的选择必须要做到适量,以做到降低价格,并使旅游者真正领会轻松旅游的乐趣。

3. 点间距离适中

旅游点间的距离太远,既增加了旅游者的金钱支出,造成产品价格的提高;同时也令旅游者舟车劳顿,降低了产品的吸引力。一般来说,城市间交通耗费的时间不能超过全部旅程时间的 1/3。

4. 特色各异

在产品设计过程中,产品设计人员除了应该把各旅游节点最亮丽、精彩之处组合其中外,还必须注意发掘每个节点的特色。

5. 顺序科学

"顺序"包含两个方面的含义,即空间顺序和时间顺序。大多数的旅游线路是以空间为主要顺序展开的。如"福建主要城市游"就基本上按照由福州—泉州—石狮—厦门自北向南的顺序展开。这种以空间为顺序的安排方式有利于降低成本。

随着旅游线路主题性要求的提高,在国外,一些旅游企业推出了以时间为核心顺序的线路。例如以建筑文化为主题的旅游线路,选择各个历史时期有代表性的建筑,以历史发展的过程为顺序进行组织。虽然,这样的线路主要针对文化层次较高的游客,但对旅游者来说,满足了他们希望通过旅行对某一个自己感兴趣的问题有一个全面了解的愿望。在我国,目前还基本上没有这样的线路产品。

从顺序考虑,对于线路中热、温、冷的节点通常是以下两种方式处理的:第一,起始点和终结点往往选择较热的点,而中间的节点则由各种类型的点交错组织。第二,由一般的旅游点过渡到吸引力较大的点,使游客感觉到高潮迭起。例如,对国际游客而言,广州—桂林—上海—西安—北京一线的组合便优于其逆向组合。时下,旅游者越来越追求休闲,因此,旅游线路设计还应注意不能安排得太紧张,要有张有弛,而非走马观花,疲于奔命。总之,应通过热、温、冷点的调整和各种方式活动内容的比例搭配,增强线路的节奏感。

6. 在有限的时间内多游些景点

这个要求实现的前提是不增加额外的旅行负担和疲劳感,不减少对主要目的地的游览时间。它以延长实质的游览时间为实现该目标的手段。

7.行程最短

行程最短意味着节点之间的交通时间缩短,也即降低了成本,而这对提高旅游者的满意度是大有裨益的。

(三)时效原则

旅游者选择目的地时,很重要的一个心愿是要看到目的地最美的季节和最动人的景观。因此,旅行社在产品设计时,必须对该产品在何种时段投放最为合适进行考虑。遗憾的是,目前的国内旅行社产品中,多数对产品的时效问题有所忽略,往往是摆在柜台上的一种线路产品,从年初卖到年末,以不变应万变。

时效原则的另一个意义,体现在对社会信息的即时采集,即刻推出适应的产品。在迅速把握机会、果断决策、抢占先机方面,产品的主动性得以充分体现,会赢得良好的市场声誉。

案例 4.1 周边游大舞台,旅行社如何舞出精彩

随着清明节、端午节、中秋节等三天小长假推出,面对新假期的调整,旅行社纷纷加大力度开拓周边游市场。不少旅行社将传统的长线游产品缩短为 3~4 天的短途游,三天小长假带给旅行社的最大变化就是产品种类极大丰富。

北京:新产品丰富多彩

北京神舟假日旅行社有限公司推出的"夏季浪漫"产品系列中,河北乐亭、月坨岛、邯郸武灵丛台、黄粱梦吕仙祠、学步桥、回车巷以及本溪水洞、关门山等周边游产品都是首次现身北京暑期市场。

中青旅针对增多的三天小长假,推出了大量短途游产品。新推出的一些周边游产品,像到盘锦看红海滩线路,就很受游客欢迎。

中旅总社则打出了特色牌。周边市场方面,除了一些常规产品外,主动跟密云旅游局合作,推出了"密云农耕节"系列产品,游客走进农田,体验耕犁、播种、收获的乐趣。每位在中旅门市部报名的游客,都会得到一本"旅游护照",享受密云县内景区门票、宾馆饭店的折扣和增值服务,同时还能得到密云旅游景点的相关信息。总之,就是希望借助丰富周边游产品种类,尽可能地满足游客的个性化需求。

上海:加大产品投入和推广力度

上航假期旅行社把精力放在了短线周边游产品开发上,而且取得了可喜的业绩。2010上半年短线游客比去年同期增加了近三成。目前上航假期旅行社的产品名单上苏浙旅游目的地明显增多,线路也比以前丰富了许多。

重庆:"避暑游"继续走俏

清凉避暑是重庆市民外出旅游的一大趋势。由于重庆天气炎热,一些周边区县的

避暑胜地成为游客出行的首选地。避暑这一大旅游市场也继续保持着7月的热度,跟避暑相关的旅游产品销售情况仍然保持着良好的势头。景区大多比较凉快,而且空气质量好,是游客纳凉、避暑的好地方。"很多人都是奔着'凉快'二字去的"。

除了避暑景区外,一些亲水、近水的旅游产品也大受游客欢迎。重庆彭水阿依河景区、万盛铜鼓滩景区推出的自主漂流等项目仍是旅行社重点推介并深受游客喜爱的旅游产品。

广州:结合文化推出特色游

周边游的线路短、时间少,决定了其旅游产品的容量无法与长线游相比;小长假多是我国的一些传统节日,具有深厚的文化底蕴和民俗气息,所以旅行社在开发有关产品的时候,都会特别注重与相关民俗联系在一起,扩充其文化含量。如在清明游的产品中添加凭吊、怀古的元素,将端午游的产品与观龙舟赛、品粽子联系起来,在中秋游的产品中要体现赏月、团圆等传统文化,以此来吸引旅游者的注意,从而更好地开拓周边游市场。

思考题:1.从案例出发,谈谈旅行社产品设计的时效性原则。

2.旅行社产品设计人员如何才能适时推出市场需要的产品?

对于旅行社来说,政府所举办的一些重大的政治、经济、文化活动往往孕育着极好的商机,能为旅行社带来很好的经济效益。把握住时代的脉搏,紧扣住时代发展的步伐,把政府举办的这些重大的政治、经济、文化活动融入旅游产品的设计中来,这是对产品设计人员的一个要求。

(四)主题鲜明原则

写文章要有主题,设计旅游线路也要有主题。可以这样说,旅游线路的主题有时候就是营销者观点的体现,是市场定位的体现。旅游线路主题的确定有两种方法,一种是根据内容来提炼主题,另一种是先确定一个主题,然后根据主题去"发掘"并组合相关内容。如浙江温州民营经济非常发达,旅行社就把一些规模较大的生产日用品的民营企业和温州的山水人文旅游景点组合起来,开发出了"温州民营经济探密游"的旅游产品。又如主题是"中国美食文化旅游"的产品,就可以设计成多条线路。

(五)新颖原则

"人无我有,人有我优,人优我新",是许多企业的产品战略目标。遵循新颖原则,就要求策划者既要客观冷静,又能热情洋溢,在对客观现实认真分析之后,努力寻找产品的亮点。新颖原则应贯穿整个产品的设计制作过程。与产品相关的所有因素,几乎都可用新颖原则进行新的架构。无论是产品名称、广告语、线路产品宣传单,还是产品的销售场地、销售手段、范围营造等方面,均能在新颖原则的整体贯穿中,产生出奇制胜的效果。

(六)差异原则

产品的差异,最初是被市场逼出来的。在许多同类产品竞相杀价的时候,一些企业开始想到了生产差异化产品。差异化产品在市场经济中有很强的存在需求,为市场细分奠定了基础。有了差异化产品,就给了市场更大的选择空间,给了企业以生存的天地。产品差异化的最根本目的,就是要避免或干扰客人进行不同企业间同类产品的简单的价格类比。差异化产品的大量出现,也为客人的选择和购买提供了便利。企业形象的塑造、目标市场的明确、产品的更新换代等都与差异化产品有着密切的联系。

案例 4.2　今年的夏令营有些"另类"

"少年巴菲特"、"学刘谦变魔术"、"小鬼当家全能拓展"、"当一回电视主持人"等,五花八门的特色夏令营越来越吸引孩子。

1. 杭州疯狂英语夏令营:英语也疯狂　夏令营里首先要快乐

"寓教于乐"是不少家长看中"疯狂英语"的主要原因,家长们在挑选夏令营时特意比较了一下项目的趣味性。例如,排练一部英语剧,借用场景、服装拍摄成 DV 片,给喜欢摄影的孩子提供动手的机会,对于调动孩子的学习积极性起到了很大的作用,借助这个项目学习一些剧本、拍摄时用到的英语。

2. 在军营里当队长,培养"领袖素质"

五天四夜的"未来领袖"杰出少年夏令营,培训所包括的人际交往能力、脑力激荡、肢体放松训练等内容深受青睐。当队长、指挥官激发潜能,培养积极上进、勇于竞争的领袖人物的优秀品质,为走向社会奠定基础。"训练营希望让每一个具备领袖潜质的少年散发他所独有的人格特性和才干。"活动主办方认为,领袖素质绝非一蹴而就,通过训练营想取得立竿见影的效果绝不可能,但少年时的这份记忆会对他们将来的发展带来帮助。

3. 少年巴菲特学炒股,玩得酷才能学得酷

少年巴菲特财商训练营和小鬼当家全能拓展训练营,让孩子们一边玩一边长本事。除了常见的军事培训、农家乐游戏外,还出现了以培养孩子财经理念的"少年巴菲特"夏令营和玩乐的"哈利波特魔法"夏令营。在整个过程中,"少年巴菲特"夏令营设计了各种团体游戏竞赛,比如货币奇幻之旅、大富翁剧场、冒险奇兵大搜索等,少年巴菲特可从中学习分工合作、互助互信,懂得经营人际关系,扮演好在一个团体中的角色。这些创意夏令营是"酷学酷玩"的体现,它倡导一种高效健康的学习方式和自信乐观的人生态度。

4. 课堂外寻求全面发展,"另类"夏令营获家长认可

有剧本、有导演、有摄像,让孩子在扮演不同角色拍电视的过程中,体会不同角色

的责任和内心感受。孩子们除可以观赏知名景点、游伟人故居外,还将参与知名电视综艺节目的录制。"北京央视夏令营"由中国广播电影电视国际夏令营主办,走进清华北大、鸟巢、水立方,与央视少儿节目主持人互动。而在"快乐之旅"夏令营线路中,主要活动范围是在各类强势节目的录制现场,孩子们可以参与其中。

5. 孩子的地盘,还是让孩子做主

每个孩子的情况不一样,暑期的需求也大相径庭,简单的旅游等已不能满足孩子和家长的需求。特色夏令营开始走向前台,除了辅以文化知识外,家长更注重对孩子综合素质和性格能力的培养。

思考题:1. 夏令营旅游产品有什么特点?
　　　　　2. 案例中的产品设计给我们什么启发?

(七)经济可靠原则

所谓经济,是指以相对低的消耗获得相对高的效益。在目前竞争日趋激烈的市场中,在产品获利日趋下降的今天,产品设计必须考虑成本核算。降低成本支出,最主要的是加强采购,建立完整的、经济的供应链。产品设计者必须要有很强的成本意识。以交通服务采购为例,如在我国目前航空市场供应渐趋过剩的情况下,同一个目的地但选择哪一家航空公司、哪一个航班就很值得业务人员去研究。航空交通服务的采购对从产品设计到产品销售的整个过程至关重要。产品设计者一定要把票价作为"学问"来研究。是选择中国民航的航班,还是选择中国联航的航班?是选择包机,还是选择切位?是选择正常航班还是红眼航班?是选择这一家航空公司的航班,还是选择另外一家航空公司的航班?以上的问题直接关系到产品的盈利率。

所谓可靠,表现为服务设施确有保障。客源地城市到游览目的地之间的交通,目的地的住宿、餐饮等都是旅游者极为关心和敏感的问题。交通的衡量标准是进得去,出得来,散得开;并且要有较大把握的安全保障。市内交通工具要求舒适、快捷。住宿和餐饮也一定要满足顾客的基本要求。由此,在设计路线时,就要把虽具很大潜力但目前不具备基本要求的景点、景区排除在常规线路之外。如几年前,有一家旅行社推出云南昆明—大理—丽江—中甸的线路,但因为其时丽江到中甸的交通不畅,结果,行程结束后,不少旅游消费者感到身心俱疲。有的旅游消费者还为此把组团旅行社告到当地的旅游质量监督管理所。

案例 4.3　超规模接待的苦果

"世博会"(世界园艺博览会)昆明专列游产品推出后,在短短的两个星期收客量达到 1300 多人,产品销售大获成功。由于是专列旅游,团队人数超规模,旅行社随即开始物色昆明当地有能力接待的地接社。最后选中目的地城市一家知名度相对较高的国际社的国内旅游中心,由他们全权负责该专列旅游者在昆明、大理、丽江、西双版纳等旅游目的地的游览事项(该专列旅游者的旅游线路共分三条,分别是昆明一地,昆明一大理一丽江,昆明一西双版纳)。1999年7月27日,第一趟专列700多人出发。在该专列中,参加昆明一大理一丽江游的人数最多,有425人。由于地接社是第一次接待如此庞大的旅游团队,又由于正值昆明吃、住、行、游、导游等都是最难安排的时期,结果虽然地接社想尽办法,但仍然造成许多旅游服务缺陷的发生:有的导游人员(原本是该单位的财务人员)没有受过导游技能的训练,根本不知道如何进行导游工作;旅游车不符合旅游协议约定。甚至发生了因400多人在同一个餐馆用餐而"抢"菜"抢"饭的事件。总之,接待工作非常不理想,最后引发了多起投诉。

思考题: 1.该团接待工作失败的原因是什么?组团社有责任吗?为什么?

2."专列旅游"产品的销售方式有哪些?

四、旅行社现有产品的筛选

(一)旅游产品生命周期

"世上没有常青树",任何事物都存在着一个由兴盛到衰落的发展过程,旅游产品也是如此,它有一个"从生到死"的生命阶段。产品生命周期是指一个产品从试制成功,经过批发生产投放市场到市场饱和到最后被淘汰出局的全部变化过程。

1. 生命周期的组成阶段

从实用的观点来看,旅游产品的生命周期一般可分为初创期、发展期、成熟期和衰退期四个阶段。

(1)初创期,也称引入期。由于旅游产品尚处于开发阶段,处于试销阶段,因此,产品还不甚完美。旅游消费者对产品了解比较少,产品在市场上也没有什么知名度,只有少数消费者购买使用。对于旅行社来说,它是投入阶段。这一时期产品的市场特征是:成本大,产量低;销量少,渠道少;促销成本高,销售成本大;竞争者少,企业风险大。

(2)发展期,也叫成长期。产品渐为广大旅游消费者熟悉,旅游消费者大大增加。对于旅行社来说,产品基本定型,服务日趋规范,经营技术日臻完善,生产成本大幅降低,旅行社开始产生利润。这一时期产品的市场特征是:产品知名度提高,销售量明显增长;产品销售渠道愈来愈多;产品竞争加剧,假冒伪劣产品出现。

(3)成熟期。产品销售进入稳定阶段,成本降至最低点,利润相对稳定,销售量缓慢增长,产品在市场中处于基本饱和状态。这一时期的市场特征是:产品销量呈下降趋势;竞争者增多,竞争程度更趋激烈。

(4)衰退期。由于产品在市场上存在时间较长,旅游消费者对其渐渐失去兴趣,由此造成购买量大幅下降,企业利润越来越薄,甚至无利可图。这一时期的市场特征是:

产品不得不以低于成本的价格出售;各种促销的刺激效果不明显;竞争者变少,竞争程度趋于平缓;企业获利减少。

2.不同阶段的相应对策

对于旅行社来说,当产品处于不同阶段时,应分别采取不同的对策。

(1)初创期,旅行社应该采取的主要策略是:加强广告的力度,努力拓展产品的知名度;以优惠的措施给予中间商一系列好处,营造一个良好的营销网络,为产品的进一步发展打下基础;要以"质量第一,服务第一"作为竞争制胜的法宝。

(2)发展期,旅行社应该采取的主要策略是:格外注重维护产品的质量,发展并不断完善旅游产品。降低产品成本,调整产品价格,以增强产品的市场竞争能力,阻止竞争对手的加入;塑造产品形象,在品牌上下工夫。对市场进行进一步的细分,开发潜在的需求,扩大产品的市场占有率。这一时期的经营重点是通过各种手段竭力扩大市场占有率。

(3)成熟期,旅行社应该采取的主要策略是:把经营重点放在稳固原有的客源市场上,同时致力于开辟新的客源市场。不断改进产品质量,增加新的服务内容;不断改进现有产品,推出新的产品;适当降低产品价格,疏通销售渠道。

(4)衰退期,旅行社应该采取的主要策略是:致力于提高效率,降低产品成本;抓住竞争者退出的有利时机,重点做好销售工作;努力延长产品的市场寿命,使产品形成一个新的发展期或成熟期。

(二)四象限评价法

四象限评价法也叫"市场增长率—市场占有率"矩阵分析法。一般可按产品在市场上受欢迎的程度和为旅行社带来经济效益的多寡将旅行社的全部产品分为明星产品、问号产品、金牛产品和金钱陷阱产品四个类型,并对不同类型的产品分别采取发展、培养、利用或淘汰的策略。

1.明星产品

明星产品是指在市场上十分受旅游者欢迎,而且能够为旅行社带来较高经济效益的产品。这些产品在投放市场后,旅游消费者非常喜爱,竞相购买,旅游者对该产品的售价不甚在意,产品价格的变化对旅游者购买该产品的数量所产生的影响很小。

2.问号产品

问号产品是指眼下在旅游市场上旅游消费者的欢迎程度较低,但是盈利水平却较高的产品。问号产品在旅游市场上受欢迎程度低的原因很多,有的问号产品可能因刚刚投放市场,尚未被旅游消费者认识;有的产品可能因产品本身存在某些缺陷,需要加以改进;还有的产品需要在价格上做适当的调整。

3.金牛产品

金牛产品的特点是产品的利润率比较低,但是却很受旅游消费者的欢迎。金牛产品多为投放市场时间较长的产品,已被公众所熟悉。此外,产品的质量一般比较稳定,价格也为旅游消费者所接受。金牛产品的利润往往较少,但是目前旅行社的主要收入来源。

4. 金钱陷阱产品

金钱陷阱产品是指既不受旅游消费者的欢迎,所创造的利润又少的产品。此类产品只有少量的消费者,而旅行社为了满足这些人的需要,却必须耗用较多的人力,结果往往是得不偿失。

四象限评价法是一种将市场导向和经济效益紧密结合的客观分析方法,是旅行社分析和筛选现有产品的一个十分有用的工具,在旅行社的经营中值得大力推广。

第三节　旅行社新产品开发过程

产品生命周期理论要求旅行社不断开发新产品。一般而言,当一种产品投放市场时,企业就应当着手设计新产品,使企业在任何时期都有不同的产品处在周期的各个阶段,从而保证旅行社盈利的稳定增长。在我国旅行社业已经开放并逐步融入国际市场的今天,在竞争愈来愈激烈的环境下,开发新产品是维护企业生存与长期发展的重要保证。

新产品开发过程由产品策划、产品制作和市场试销三个阶段构成:

一、产品策划阶段

(一)寻求创意

新产品开发过程是从寻求创意开始的。所谓创意,就是开发新产品的设想。虽然并不是所有的设想或创意都可变成产品,寻求尽可能多的创意却可为开发新产品提供更多的机会。因此,大凡企业都非常重视创意的发掘。旅行社新产品创意的主要途径有以下几种。

1. 投诉问题分析法

旅游消费者是产品信息的最好来源,而产品若被旅游者投诉或招至不满则说明了产品肯定存在问题,需要改进。分析这些投诉或不满,进行综合整理,最后则可转化为创意。例如,2000 年国庆节期间,一家旅行社推出北京双飞四日游产品。在促销期间,一些旅游消费者要求旅行社在行程中增加观看天安门升国旗的项目。产品设计部人员经过进一步调查后,采纳了这个建议。结果,产品受到了旅游消费者的高度认同。

2. 内部人员会议法

召集旅行社相关人员，如导游、组团部工作人员等围绕某个问题，各抒己见，从中激发灵感，激发创意。

3. 旅游中间代理商提供法

旅游中间商、代理商与旅游消费者直接接触，他们最了解旅游消费者的行为与心理，同时对竞争对手的经营也比较了解，来源于他们的创意往往是最佳的。

4. 头脑反向风暴法

头脑反向风暴法就是把不同岗位、不同职务、不同部门甚至完全不相关的行业的专家或人员召集起来，如媒体工作人员、学校教师等，大家聚在一起，围绕某一个主题没有限制地各抒己见，在思想的相互激荡中，寻求新产品设计的灵感。头脑反向风暴法要求主持者要有高度的会议把握能力，他不允许相互之间的批评，更多的只是表达自己的观点。而产品设计者的任务是通过听取他人的发言，遴选出对产品设计有价值的建议。

好的产品需要好的策划，而好的策划离不开大胆的畅想。创造性的思维，在产品策划中的重要性，无论如何强调都不过分。来自各方面的社会讯息，都能给我们提供许多畅想的机会。旅行社的视野，应该在缤纷的世界中展得更开。许多政府活动及企业活动，在跳动的思维和精确的筹划下都有可能构成良好的商机。

案例 4.4 "快乐儿童嘉年华"——旅游活动设计中少儿元素的植入和运用

随着独生子女政策的实施，孩子在家庭中的中心地位得到空前强化。因此，研究旅游活动设计中少儿元素的植入和运用，以吸引广大少儿参与到旅游活动当中，进而带动整个家庭的参与，对于扩大旅游市场规模具有积极的现实意义。

2006年"快乐儿童嘉年华"在杭州花圃莳花广场火爆登场，开业当天花圃人流量约为3万人次，迎来"小玩家"4000多人，而且游客量一直有增无减。随后，"快乐儿童嘉年华"迅速在全国很多大中型城市登场。

"快乐儿童嘉年华"为小朋友们精心打造了20余个各式各样的节目。活动现场设置了非常K歌王、抬花轿、爬爬乐、小小红军过草地、探险寻宝、放飞天地、快乐转转转等游戏点；设立了饮料和童装专卖点；开辟了"漂亮宝贝"摄影天地；专门设立了一个产品品尝点——"小小品尝家"，让孩子们免费品尝了近7个品种的娃哈哈新产品；设计了"想写就写，想画就画"板块，让孩子们自由发挥，尽情写、画；此外，还邀请了城区少年宫娃哈哈艺术团的小演员们进行模特表演，展示获国际大奖的舞蹈《水乡童谣》……

"快乐儿童嘉年华"的成功秘诀就在于它对少儿元素的植入和运用，整个场景的布置都能对少儿构成巨大的视觉冲击，不仅仅使小朋友进入亢奋状态，同时让整个家庭

旅行社经营管理

也参与其中,在整个体验中家庭成员之间的互动次数很多,而且是自然的。如何才能成功地将少儿元素植入和运用到旅游活动中,需要做到以下几个方面。

1. 理念:"一米的天空"

旅游活动设计中少儿元素的植入和运用,首先要树立尊重孩子的理念。尊重首先表现为放低姿态,改换成人的视角,去实现与儿童的平等交流。"快乐儿童嘉年华"有这样一个理念:"一米的天空"。"一米",是4~6岁孩子的身高高度,所谓"一米的天空"就是要以孩子的视角来看待世界,在这个视角的基础上再用旅游体验思维去组织旅游活动,给孩子最大的"尊重"。在幼儿园、在父母身边的宝宝们说话可能还有所顾忌,但到了"快乐儿童嘉年华",他们可以最大限度地展现出自己的个性,还原真我。

2. 具象:细节逼近真实

心理学家研究发现,儿童认知发展的起点是感知,主要是通过感觉动作图式来和外界取得平衡,处理主客体的关系。相对于成人来说,少儿更注重感官的刺激,他们是按照形状、颜色、声音和形象来思维的。因此,旅游活动的形式直接关系到少儿在旅游体验时的心态。在场景设计、活动道具运用以及"加油!宝贝!"真人秀的环节设计上,将每个细节通过形象化手段诉诸人的视觉,从而使旅游活动内容直观易受,适应儿童的认知能力,将现代化的形象细节及时穿插到旅游活动当中去,化抽象为具象,是"快乐儿童嘉年华"的一个重要着力点。

3. 活动组织者:孩子们心目中的"英雄"

儿童,特别是学龄前儿童,往往希望自己喜爱的活动的组织者能够成为心目中的"英雄",这个"英雄"还要具备善良、美丽、聪明、可爱、勇敢等令人称道的特点。"快乐儿童嘉年华"的活动组织者在穿针引线的同时,不仅与宝宝们实现了真正意义上的互动,还依靠自己对现场的把握能力,实现了与家长的有效互动。作为一个旅游活动的组织者,他的话语不一定太多,但一定是准确、合乎时宜并对小朋友充满尊重的,这样,他才有可能成为小朋友心目中的"英雄"。

当然,"英雄"也应该是多样的。个性化的要求决定了具有少儿元素的旅游活动的组织者的定位的多面性:姐姐型、同龄型、卡通型、朋友型、长辈型、老师型、英雄型等,这就要求组织者瞄准不同年龄段的儿童的需求,扮演自身不同的角色。如4~6岁的儿童属于学龄前期,思维由具体形象性向抽象思维性过渡,同龄型、英雄型的主持人可以满足这个年龄段儿童自我意识逐渐形成的需要。在确定好角色类型后,组织者就应该按照角色定位,全力以赴融入到自己所定位的角色中,这其中自然少不了组织者自身素质的自我提高以及综合培养。

总之,少儿元素的植入和运用在表现形式上要更加注重可视性、易受性和趣味性的结合,在活动组织和内容选择、结构设置、编排方式、场景布置、音响和有声语言等方面,要突出强化个性风格,使其能与成人旅游活动区别开来,从而真正让少儿游客通过一系列的活动获得美的享受,也受到潜移默化的教育。

思考题:1."快乐儿童嘉年华"旅游产品为什么能受到市场的推崇?

2."快乐儿童嘉年华"产品设计值得借鉴的地方有哪些?

案例4.5 海外的特色旅游

日本的体验文化旅游

日本在50多个城市开辟了1000多个可供外国人自由出入的居民家庭,以便请外国游客直接接触日本人,了解其生活方式和民族传统文化。这项活动的内容包括研修花道、茶道、剑道、柔道、空手道等民族文化体育活动,还有学习传统的纺织、印染、酿酒、园艺、雕刻等工艺技术活动。

德国的小说旅游

德国人哲科隆贝尔主办的这种旅游是由导游带着旅游者,沿小说主人公的足迹,游历书中描写的各个地方。由于所有的都是喜爱这些小说的读者,因此,游客一旦"身临其境",便能"进入角色",体会到书中人物的感受。

芬兰的"圣诞老人村"旅游

从1907年起,芬兰就在其北部圣诞老人诞生地罗瓦涅米市建立了圣诞老人村。这里既有专门发行圣诞老人邮票的邮局,又有木屋教堂、圣诞老人咖啡馆,纪念品商店还出售普兰帽和驯鹿皮。村里的导游个个身着圣诞老人服,身背圣诞礼物,笑迎游客,并与客人共进圣诞餐。每年约有100多万游客来到这里探访"圣诞老人"。

德国的戒烟旅游

德国医疗中心创办了一项别具特色的戒烟旅游。游客在乘坐豪华客轮遨游于地中海、观赏沿岸风光的途中,接受中国传统的针灸疗法,并辅以特制药物,以根除吸烟恶习。

欧美的怀古旅游

为迎合一些人怀古恋旧的心理,欧美一些国家的旅游组织把人类老祖宗的一套生活方式引进到现代旅游业中来,用以招徕游客。譬如野外求生旅游,让游客经历野外觅食、捕兽、取皮、煮食等过程,遍尝近百种野生植物,夜晚还能体验到露宿的滋味,既刺激又可锻炼人的意志,颇受欢迎。

思考题:1.上述几个产品有什么共同特征?

2.在2004年末,杭州市旅游委员会把经过筛选的一些原来与百姓日常生活密切相关的设施开辟了入境游的旅游场所,如菜场、居民点等,这一举措和案例中的"日本的体验文化旅游"有哪些相似之处?

旅行社经营管理

(二)市场分析

产品的策划阶段既需要富有激情的畅想,也绝对少不得冷静的市场分析。市场分析要求我们能以理性的态度对拟定的产品进行剖析。产品设计人员取得足够创意之后,要对这些创意加以评估,研究其可行性,并挑选出可行性较高的创意,这就是创意甄别。创意甄别的目的就是淘汰那些不可行或可行性较低的创意,使旅行社有限的资源集中于成功机会较大的创意上。它一般要考虑两个因素:一是该创意是否与旅游企业的战略发展目标相适应。指标主要是利润目标、销售目标、旅游形象目标等。二是旅游企业有无足够的能力开发这种创意。这些能力表现为融资能力、开发所需要的技术能力、资源供给能力、市场营销能力等。

事实上,这样的产品分析,就应该是一份详尽的产品的可行性报告。它不仅包括市场状况、市场需求、游客承受心理等外部因素,也要对产品本身的特点、构成、落脚点等因素进行分析。缺少了这样的分析,产品就很可能是出于臆想,成为建立在沙漠中的大楼。

案例 4.6　去德国看章鱼哥保罗

世界杯结束了,窝在家看了一个多月球的驴友们开始出动。在沪上各大旅游网站的论坛板块中,记者发现,"德国"、"章鱼保罗"、"世界杯"成了热门词。一则"章鱼保罗,10月1日我来看你了"的帖子在新浪论坛上一经出现,就引来了诸多网友的跟帖热议。为了抢占商机,沪上不少旅行社借世界杯契机推出各种各样的新产品,而其中"去德国看章鱼保罗"无疑是最有噱头的。一些旅行社正在酝酿在现有的一些欧洲线路中,加入看"章鱼保罗"的项目,以满足广大球迷的好奇心。上海的旅行社正在跟德国方面的地接旅行社沟通,希望把拜访"章鱼保罗"之家——奥伯豪森水族馆融入旅游线路中。

(资料来源:中国新闻网)

思考题:1."章鱼保罗"参观项目的卖点是什么?

2.该创意转化为产品的可能性和阻碍分别是什么?

(三)形成产品概念

经过甄别后保留下来的产品创意还要进一步发展成为产品概念。在这里,首先应当明确产品创意、产品概念和产品形象之间的区别。所谓产品创意,是指旅行社从本企业角度考虑的它能够向市场提供的可能产品的构想。所谓产品概念,是指企业从消费者的角度对这种创意所作的详尽的描述。而产品形象,则是消费者对某种现实产品或潜在产品所形成的特定形象。为了更好地说明这三个概念,我们以实物产品——手表为例。从企业角度来看，一块手表主要是这样一些因素：齿轮、轴心、表壳、制造过程、管理方法(市场、人事方面的条件)及成本(财务情况)等。但在消费者的心目中，并不会出现上述因素，他们只考虑手表的外形、价格、准确性、是否保修、适合什么样的人使用等。企业必须根据消费者在上述几个方面的要求把产品创意发展为产品概念。在确定最佳产品概念，进行产品和品牌的市场定位后，就应当对产品概念进行试验。所谓产品概念试验，就是用文字、图画描述或者用实物将产品概念展示于目标顾客面前，观察他们的反应。

二、产品制作阶段

在产品的策划创意作出后，就进入到具体的线路的编排、制作阶段。旅行社产品开发设计程序的第一阶段所确定的产品策划及创意，只是一个粗略的、轮廓化的产品速写。而产品的制作、线路编排要进行的，则是让产品有血有肉、鲜活起来。

(一)收集相关资料

线路编排的具体实施阶段的首要步骤是相关资料的收集。目的地概括、各类介绍及评价文章等，都可以作为产品设计的有用的参考资料。其他旅行社的现成产品的资料也十分有用，但仅仅用作参考。因为对其他旅行社的现成产品的全面抄袭借用，会有很大的风险隐含其中。这种风险表现为：①无法了解线路的最初编创意图；②无法完美体现原有产品的特色；③受原创产品旅行社的局限和束缚。

(二)实地考察

对于设计新的产品，尤其是涉及一个新的目的地、新的线路、新的特色时，实地考察不是可有可无，而是必须要有。在考察中所发现的问题，在办公室里是无论如何也想不到的。为达到考察的真正目的，考察人员要做好先期的资料准备和草拟的考察提纲。实地考察期间，要求参加考察的人员要时时以旅行社与游客的双重身份，以两种角度审视周围的一切。考察报告，是考察人员归来后一定要提交的工作总结。考察报告应包含这次考察的详细记录，包括产品构想、考察的详细日程、考察笔记及相关的全部材料。在实地考察的评价表中，要至少包含这样一些内容：城市评价、城市区间交通状况评价、景点评价、接待社评价等。

(三)分析取舍

产品制作过程中之所以存在分析取舍，原因非常简单，因为线路作为产品的体现必须面对现实，面对市场。在进行分析取舍时，一定要理清头绪，做到思路清晰，这要应注重以下三点：①要符合产品名称并突出主题。因为产品名称的确立，即为产品的生产竖立了一块基石，产品的主题、形式无不与产品的名称有着重要的关联。②要从购买者主体的欣赏角度出发。尤其在一些文化旅游产品中，所蕴涵的内容是否满足游客的心理需求,要重点考虑。③在产品制作中,应极力避免的是,有意无意之间对景点选择的不慎重,以及由此可能给客人带来的误导及隐性的伤害。

(四)线路编排

线路编排就像工厂中的总线装配,面对产品名称、交通状况、城市、景点的纷杂内容等资料,都需要在这道工作环节中进行组合装配。编排的过程是一种理性组合,是运用科学头脑进行追求尽量完美的过程。经过合理编排的线路,才能变成一个完整成型的产品,走下流水线,走上销售柜台,与消费者谋面。在线路编排中,除"探险旅游"及廉价产品外,各类产品的设计,无一例外都要考虑行程的舒适和游客的舒适,要尽量避免回头线路,做到有效合理。

(五)制定市场营销战略

线路编排之后,有关人员还需要制定市场营销战略,同时还要拟定一个将新产品投放市场的初步的市场营销战略报告书。这个报告书由三个部分组成:①描述目标市场的规模、结构、行为、产品在目标市场上的定位;开始几年的销售额、市场占有率、利润目标等。②略述新产品的计划价格、分销战略以及第一年的市场营销预算。③阐述计划长期销售额和目标利润以及不同时期的市场营销组合。在这一阶段,旅行社市场营销管理者要复查新产品将来的销售额、成本和利润的估计,看看它们是否符合企业的目标。如果符合,就可以进行新产品开发。

三、市场试销阶段

如果旅行社的最高管理者对某种新产品开发设计结果感到满意,就可以着手用品牌名称、包装和初步市场营销方案把这种新产品装扮起来,把产品推向真正的旅游消费者舞台进行试验。这一阶段应当搞清楚的问题是,产品概念能否变为技术上和商业上可行的产品。如果不能,除在前面过程中取得一些副产品即信息情报外,其他所耗费的资金将全部付诸东流。

市场试验的规模决定于两个方面:一是投资费用和风险大小,二是市场试验费用和时间。投资费用和风险越高的新产品,试验的规模应越大一些;反之,投资费用和风险较低的新产品,试验就可小一些。从市场试验费用和时间来讲,所需市场试验费用越多、时间越长的新产品,市场试验规模应越小一些;反之,则可大一些。不过,总的来说,市场试验费用不宜在新产品开发投资总额中占太大比例。

经过市场试验,旅行社高层管理者已经占有了足够的信息资料。如果决定向市场推出,则在根据市场销售反馈的信息对旅游新产品加以修整、改进后,即可以最佳市场组合形式将产品正式推向市场。

本 章 小 结

所谓旅行社产品，可以从旅行社角度下定义，也可以从旅游者角度下定义，这是一个概念的两个方面，这样的理解有利于我们加深对产品的认识。就旅行社角度而言，旅行社产品是指旅行社凭借一定的旅游资源和旅游设施，向旅游消费者提供的满足其在旅游过程中综合需要的服务之和。旅行社通过这种产品的生产与销售，达到盈利的目的。

旅行社产品具有服务产品所共有的五个基本特征：无形性、不可分离性、差异性、不可储存性和无权性。另外还有两个独有的特征，即综合性和敏感性。

按旅游动机分，旅行社产品可以分为三大类，即观光旅游产品、度假旅游产品和专项旅游产品。专项旅游产品包括商务、会议、奖励、专业、修学、宗教、探险旅游等类别。根据旅行社提供的旅游服务内容，旅行社产品又可分为包价旅游产品、组合旅游产品、单项服务旅游产品、零包价旅游产品。

旅行社新产品包含以下三类：第一类是全新型产品；第二类是革新型产品（改良型产品）；第三类是市场新产品。

本章的一个重点是旅行社产品的设计原则，包括市场原则、通畅原则、时效原则、主题鲜明原则、新颖原则、差异原则、经济可靠原则。

旅游产品的生命周期一般可分为初创期、发展期、成熟期、衰退期四个阶段。四象限法是按产品在市场上受欢迎的程度和为旅行社带来经济效益的多寡将旅行社的全部产品分为明星产品、问号产品、金牛产品和金钱陷阱产品四个类型。

新产品开发过程由产品策划、产品制作和市场试销三个阶段构成。在产品策划阶段的工作有寻求创意、市场分析和形成产品概念；在产品制作阶段的工作包括收集相关资料、实地考察、分析取舍、线路编排和制定市场营销战略五个方面。

关 键 术 语

商务旅游　是指以经商为目的、将商业经营与旅行游览结合起来的一种旅游活动，具有旅游频率高、经济效益好的特点。

奖励旅游　是近几年来发展很快的一种旅游产品。为了奖励为本单位作出较大贡献的员工，单位出资委托旅行社为他们安排旅游活动，由此产生了奖励旅游。

包价旅游　是指旅行社根据同旅游者达成的协议，在旅行开始前先向旅游者收取部分或全部的旅行费用，然后在旅行期间负责为旅游者安排部分或全部食、住、行、游活动的旅游形式。

组合旅游　是指在一些旅游服务设施较完善、交通比较便捷、游览点有较高知名度的旅游目的地地区，当地旅行社为了广泛招徕客源而采取的一种在目的地成团的旅游组织形式。

　　旅游线路　是旅行社根据旅游消费者的需求,将一定区域范围内的旅游吸引物、旅游交通、旅游食宿等多项旅游要素,按照一定的目的、主题与方式联系起来而形成的一种旅游产品。

　　创意甄别　产品设计人员取得足够创意之后,相应地对这些创意进行评估,研究其可行性,并挑选出可行性较高的创意,其目的是淘汰那些不可行或可行性较低的创意。

思 考 和 练 习

1. 旅行社产品有哪些特征?
2. 按旅行社提供的旅游服务内容,旅行社产品可怎样划分?
3. 旅游线路主要由哪些方面构成?
4. 旅行社产品开发和设计的市场原则具体体现在哪几个方面?
5. 旅行社产品设计应当遵循哪些原则?
6. 旅行社产品的生命周期一般可分为哪几个阶段?
7. 什么是旅行社产品的四象限评价法?
8. 在旅行社新产品开发过程中,寻求新产品创意的主要途径有哪些?
9. 在旅行社新产品开发过程中,应如何做好实地考察工作?
10. 团体全包价旅游的优缺点是什么?
11. 设定几个旅游消费群体,并为他们设计旅游线路。
12. 收集一些旅游产品宣传资料,并对它们进行评价。

第五章　旅行社的采购业务

学习目标

1. 旅行社采购的概念
2. 旅行社采购的三个原则
3. 旅行社采购的主要策略
4. 旅游交通采购业务的内容
5. 定期航班飞机票的采购业务
6. 旅游包机的采购
7. 住宿服务设施的选择
8. 饭店预订渠道的选择
9. 选择地接旅行社的原则
10. 旅行社采购业务的管理

本章概要

旅行社产品的组合性,决定了构成其产品的多个部分并不为旅行社所直接拥有,它是由诸多相关企业和部门提供的。可见,旅行社采购业务是在替旅游者预先采购这些系列服务项目的使用权。本章主要阐述旅行社采购的原则和方式,并分别论述交通、住宿、餐饮、景点及娱乐等项目的采购程序和方法。

第一节　旅行社采购概述

一、旅行社采购的概念

什么是采购?采购是指在需要的时间和地点,以最低成本、最高效率获得最适当数量和品质的物资或服务,并及时交付需要部门使用的一门科学。它反映出了企业的综合能力,并被视为与市场直接相关的一系列价值增值过程。

众所周知,旅行社作为一个中介组织,它销售的旅游产品大部分不是自己生产而是由其他旅游服务企业供应的。或者说,旅行社向其他旅游服务企业采购产品,经过组合加工之后,再转手销售出去。所以,旅行社在其产品设计完成后,应立即根据产品内容的构成,向相关企业或部门采购其所需的各种服务,保证该旅行社产品及时投放到相应的目标市场进行销售,从而使旅行社的基本业务顺序进行,以实现旅行社既定的利益。

因此,旅行社采购是指旅行社为组合旅游产品而以一定的价格向其他旅游企业及相关的行业和部门购买相关服务项目的行为。目前旅行社采购的项目主要有交通服务、住宿服务、餐饮服务、景点游览服务、娱乐服务、保险、入出境手续等内容。

旅行社所采购的并非是具体的商品或实物,而是某种设施或服务在特定时间内的使用权。对于旅行社采购这一概念,我们应从旅行社与有关部门交易的实质中去理解。要把它和有形的产品等同起来,均视为具有一定效用的出售物,这样就比较容易理解并接受旅行社采购这一概念了。因此,在现代旅行社业务中人们开始逐渐用"采购"这一概念取代传统旅行社业务中"计调"的概念。

二、旅游服务采购的原则

(一)供给保证原则

前面已说过,旅行社产品是一项综合性产品,它主要由采购自其他企业的旅游服务项目构成。如果采购不能保证供给,旅行社产品就会存在先天性的服务缺陷,从而对旅行社的整个旅游服务链的服务质量产生致命的影响,最终导致旅游者的投诉,影响旅行社的经营工作。2000年夏季,某市一家旅行社在事先未对青岛夏季的住宿供给市场做周密调查的情况下,开发了一个以青岛为目的地的特低价自助游产品,并且在产品开发出来后,迅即投放市场。由于产品价位低,加之广告投入较大,旅行社在短短几天时间里就接到了900多人的报名。然而,正是因为一开始的盲目,为后面的操作埋下了恶果。到了成行之时,旅行社仍未能解决相当一部分已经缴了费用的旅游者的住宿问题,在导致众多报名者不能成行后引起了强烈的投诉。这一事件不但给旅行社造成了重大的经济损失,而且严重影响了其在该市公众中的声誉。由此可以看出,旅行社在推出一个新产品前,对各种服务供给必须做到心中有数,否则,如果采购不得力,不能保证旅行社产品中所需旅游服务项目的供给,不但不能产生经济效益,反而可能适得其反,造成"赔了夫人又折兵"的局面。

(二)质量保证原则

旅行社在采购各项旅游服务时,不仅要保证需求的量的满足,还要保证其购买的旅游服务具备理想的质量。如果旅行社只是关心其所购买旅游服务项目的数量,而忽视这些项目的质量,将同样会招致旅游者的不满和投诉。1999年昆明世界园艺博览会期间,某市一家旅行社组织了700多人的包列团赴昆明旅游。由于此时住房极其紧张,旅行社在事先未对住房做实地察看了解的情况下,就采购了某运动员训练基地的61个房间。由于训练基地长久未有人入住,待团队抵达昆明后,才发觉该训练基地不但离市区路途较远,而且住房设施、设备严重不符合团队协议要求,服务质量也有明显差距,结果导致团队罢住。虽然,随团的组团社总经理当即做出在经济上给予补偿的决定,但旅游者回到目的地城市后,还是向媒体进行了投诉。其结果直接导致了第二趟包列120人的退团,给旅行社造成严重损失。该例子说明,旅行社在采购各种旅游服务项目时,必须按照保证质量的原则,采购符合与旅游者签订的合同中规定质量的产品。

案例 5.1 企业的"生命线"

某旅行社组织了一个会议旅游团,由全陪陪同入住一度假山庄。这天中午用餐时,一位游客发现菜里有只苍蝇,很生气,要求服务员换菜。服务员不答应,还和客人吵了起来。客人将全陪叫了来,要求其处理这件事。全陪说服了餐厅管理者同意换菜,这时客人却不答应,原因是服务员态度极差,客人要求赔偿经济损失及精神损失。餐厅管理员却不同意,说:"我们这儿就这样。"这一下再次激怒了客人,最后,客人不仅房费、餐费拒付,会开了一半,提前"撤退"了。

思考题:1. 餐馆的餐饮质量和旅行社有关系吗?为什么?

2. 作为连接旅游产品各供应部门"链"的旅行社,如何才能更好地保护自己的权益不受或少受损害?

(三)成本领先原则

在目前我国的国内旅游市场,旅行社的竞争,最重要的表现是在价格的竞争上。在这种情况下,旅行社若不能做到低成本的采购,即实现成本领先的原则,就会大大降低旅行社的竞争力。因此,旅行社在保证供应和确保服务质量的前提下,想方设法降低成本,是件重要的事情。

三、旅游服务采购的策略

旅行社与其他旅游服务供应部门或企业之间的关系是一种商品交换的关系。一方面,在市场经济条件下,购买方和供应方都应该按照市场规律办事,在互利双赢的基础上完成双方的供求合作。而另一方面,在市场经济条件下,旅行社竭尽全力为自己谋求最大的经济效益,讨价还价、斤斤计较同样也是正常的行为。

在采购活动中,采购人员应该根据具体情况灵活运用采购策略。淡季和旺季,采购的策略就应该不一样;热点城市和冷点城市,采购的策略也应该不一样。总之,旅行社应想方设法以最低的价格和最小的采购成本从其他旅游服务供应部门或企业获得各种旅游服务。下面介绍各种采购技巧。

(一)集中采购

集中采购是旅行社以最大的采购量去争取最大的优惠价格的一种采购方法。它包括三个方面:第一,旅行社把各个部门的采购活动集中于一个部门,统一对外采购;第二,旅行社把一个时期内所需的某种旅游服务集中起来,全部或大部分投向经过精心挑选的一个或少数几个旅游供应企业,以最大的购买量获得最优惠的价格;第三,几家旅行社联合,把一个时期内所需的某种旅游服务集中起来,统一投向经过精心挑选的一个或少数几个旅游供应企业。

集中采购的主要目的是通过扩大采购批量,减少采购批次,从而降低采购价格和采购成本。集中采购策略主要适用于旅游温、冷点地区和旅游淡季。

(二)分散采购

分散采购也是旅行社采购活动中经常使用的一种采购策略。分散采购主要适用于两种情况。一种是在旅游市场上供过于求十分严重的情况下,旅行社采取近期分散采购的策略。所谓近期分散采购,是指旅行社在旅游团队或旅游消费者即将抵达本地时,利用旅游服务供应部门或企业无法在近期内通过其他渠道获得大量的购买者,而旅游服务又不能够加以储存或转移,迫切需要将其大量空闲的旅游服务项目售出以获得急需的现金收入的处境而采取的一团一购的采购方式。近期分散采购能尽量将采购的价格压低,以最小的代价获得所需的旅游服务供给。另一种是当旅游服务因旅游旺季的到来而出现供不应求的情况时,旅行社无法从一个或少数几个旅游服务供应部门或企业获得其所需的大量旅游服务供应,在这种形势下,旅行社应该采取分散采购的采购策略。所谓分散采购,就是旅行社设法从许多同类型旅游服务供应部门或企业获得所需的旅游服务的一种采购方法。

(三)建立采购协作网络

建立采购协作网络是旅行社在采购活动中采用的第三种策略。旅行社为了达到保证供应和降低采购价格及采购成功的目的,应该通过与其他旅游服务供应部门或企业的联系与协作,建立起广泛而且相对稳定的协作网络。旅行社在建立采购协作网络的过程中,必须坚持三个原则:第一,协作网络必须比较广泛,覆盖面比较广。当一个地区存在大量的旅游服务供应部门和企业时,旅行社应该根据自身的需要和经营实力,尽量同各种旅游服务供应部门和企业加强联系,设法获得它们的合作。这样,旅行社就能够获得比较理想的供应渠道,保证旅行社能够以比较合理的价格获得所需的旅游服务。第二,运用经济规律,在互利互惠的基础上长期合作。旅行社建立采购协作网络的目的,是发展同相关部门和企业的长期合作关系。因此,旅行社在与这些部门或企业的交往过程中,必须坚持互利互惠的原则,因为只有合作的双方都能够获得利益,这种合作关系才能够长期保持下去。旅行社在采购活动中,应该从长远利益着眼,不应急功近利,为图一时的利益而伤害对方的利益;也不应该乘人之危,利用对方的不利处境迫使对方牺牲过多的经济利益。第三,加强公关活动,建立良好的人际关系。旅行社的采购工作要靠本旅行社的采购人员与旅游服务供应部门或企业的销售人员及其他相关人员的通力合作才能够完成。因此,旅行社的有关部门领导和相关人员应该加强公关活动,设法与对方的相关领导和部门建立起良好的人际关系,使旅行社的采购协作网络能够不断加强和发展。

第二节　旅行社采购的内容

由上节所述我们知道,旅行社采购的主要内容是交通、酒店、景点、旅游购物商店、娱乐以及地接服务等。采购是旅行社经营的一个重要特征,是旅行社经营过程中一个极其重要的环节,采购的质量、数量、价格直接决定着旅行社的经营。本节主要介绍采购的程序和方法。

一、交通服务

解剖任何一个旅游产品,都能看出,在其构成中,交通服务所占的比重最大。事实上,在旅行社产品设计中,设计人员首要考虑的问题也是交通。旅行社的旅游交通服务采购业务主要包括航空、铁路、公路和水运交通服务采购。

(一)航空交通服务采购

航空交通服务采购是指旅行社根据旅游团队的旅行计划或散客旅游消费者的委托,为旅游消费者和旅游团队的领队及全程陪同代购旅游途中所需的飞机票。采购航空交通服务,必须掌握有关航空交通服务的知识,它们包括航空公司使用的各种设施设备、提供的各种服务项目、各条线路的机票价格、国家关于民航运输的有关法律和规定以及航空公司的各种相关规定等。在此基础上,旅行社采购人员才能够开展航空交通服务的采购。

旅行社无论是有航空运输销售代理业务资格,还是直接向机票销售代理或航空公司销售点进行团队预订和采购,航空机票的采购均分为两种形式,即定期航班飞机票的采购和旅游包机的预订。

1. 定期航班飞机票的采购

定期航班飞机票的采购业务包括飞机票的预订、购买、确认、变更和退票五项内容。

(1)预订

无论是团体还是散客旅游者,旅行社采购人员在预订其飞机票之前,必须了解两个方面的信息:旅游消费者方面的信息有乘坐飞机者的信息,包括旅游者姓名的全称、同行人的有关信息、旅游者的联系电话、旅游目的地、日期、支付方式、特殊要求等;航空公司方面的信息有飞机设施设备方面的信息、机票价格方面的信息等。

(2)购买

根据旅行社的经营业务,旅行社采购的飞机票主要为团体机票和散客机票、国内段机票和国际段机票。

团体机票的购买:团体游客机票的购票一般是指同一日期同一航班且乘机人数等于或者大于 10 人才可以进行团体票的折扣申请。团体机票申请需提前询价且提供初步名单,票价折扣以实际订妥座位为准。团体机票出票后旅客不得进行签转或者改期,航班起飞前如需退票,需按规定收取退票手续费,航班起飞后不能退票,只退税。

国内客票:是指旅游者乘坐国内航班飞机旅行的客票,有效期为一年。

国际客票:包括国际间旅行的单程客票、来回程客票和环程客票,有效期均为一年。

(3)确认

有些旅游者事先已自行购买了飞机票,对于这类旅游者,旅行社提供的服务是为旅游者确认机位。

(4)变更

在旅游过程中,因为各种原因,会发生机票丢失的情况。按照规定,每张机票只能变更一次。

自愿变更,除航空公司具体产品另有规定外,团体旅客只允许整团变更,不允许个别旅客变更。

非自愿变更,团体旅客非自愿变更,按照非自愿变更规定处理。

团体旅客中部分成员因病要求变更,应要求旅客最迟在航班规定起飞前提出并出示县级(含)以上医疗单位的证明原件(包括诊断书原件、病历和旅客不能乘机的证明)。按非自愿退票处理,免收手续费。

因团体旅客中部分成员因病变更,而造成继续旅行的旅客不足 10 人或不符合航空公司具体产品最低成团人数,则继续旅行的旅客应补付当时开放的散客最低票价(所采用的散客最低票价须高于原客票列明的团体票价)和原付团体票价的差额,重新填开新客票。

(5)退票

旅行社采购人员在为旅游团队或旅游者预订或购买飞机票后,有时会遇到因旅游计划变更造成旅游团队的人数减少或旅游者(团队)取消旅行计划等情况。

团体旅客购票后自愿要求退票,除航空公司具体产品另有规定外,按下列规定收取退票费:

在航班规定离站时间 72 小时(含)以前,收取客票价 10％的退票费。

在航班规定离站时间 72 小时以内至规定离站时间前一天中午 12 点(含)以前,收取客票价 30％的退票费。

在航班规定离站时间前一天中午 12 点以后至航班规定离站时间以前,收取客票价 50％的退票费。

在航班规定离站时间以后,客票作废,票款不退。

持联程、来回程客票的团体旅客要求退票,分别按上述规定收取退票航段的退票费。

团体客票的退票手续均在原出票地点办理。

团体旅客中部分成员自愿要求退票,除航空公司具体产品另有规定外,按下列规定处理:

如乘机的旅客人数不少于该票价规定的最低团体人数时,自愿退票的部分团体旅客按上述规定处理,其他旅客可继续旅行。

如乘机的旅客人数少于该票价规定的最低团体人数时,分别按下列规定办理:

如客票全部未使用,应将团体旅客原付折扣票价总金额扣除乘机旅客按当时开放的散客最低票价(所采用的散客最低票价须高于原客票列明的团体票价)计算的票价总金额,再扣除上述规定的退票旅客所需支付的退票手续费,差额多退少补,并为继续乘机的旅客重新填开客票。

如客票部分未使用,应将团体旅客原实付票价总金额扣除该团体已使用航段的票款后,再扣除乘机旅客按当时开放的散客最低票价(所采用的散客最低票价须高于原客票列明的团体票价)计算的未使用航段票款总金额及扣除上述规定的退票旅客所需支付的退票手续费,差额多退少补,并为继续旅行的旅客重新填开客票。

团体旅客或团体旅客中部分成员非自愿退票,按照上述的规定办理。

团体旅客中部分成员因病要求退票,按照航空公司对因病旅客的规定办理,免收退票费。因团体旅客中部分成员因病退票,而造成继续旅行的旅客不足十人或不符合航空公司具体产品最低成团人数,则继续旅行的旅客应补付当时开放的散客最低票价(所采用的散客最低票价须高于原客票列明的团体票价)和原付团体票价的差额,重新填开新客票。

在实际工作过程中,因各种原因,会发生误机的情况。

团体旅客如果误机,按下列规定办理:

误机发生在航班规定离站时间以前,收取客票价50%的误机费。

误机发生在航班规定离站时间以后,客票作废,票款不退。

飞机票是航空公司和乘坐该航空公司航班乘客之间的法律性文件。航空公司同意按照飞机票上规定的条件向乘客提供航空交通服务,而乘客则以购买该航空公司飞机票的方式接受飞机票上所规定的各项条件。飞机票上应该完整地记录飞行的路线、所付的金额、飞机票价格的构成以及各种相关的特殊要求和规定。因此,旅行社采购人员在购买飞机票时必须十分细致,应仔细检查飞机票上的各项内容。任何看上去微不足道的马虎或失误,都可能给旅游消费者的旅行带来严重麻烦,并可能给旅行社造成重大的经济和声誉损失。

案例5.2　不确认机票的后果

2004年8月,上海导游许先生送一个20多人的美国旅游团前往香港。由于那几天航空客运紧张,许先生多次提醒领队要确认机票。但自负的美国领队却不以为然,说在美国只要在上飞机前一刻确认即可,所以连一个联系电话都没打。果不其然,那天抵达机场后,由于没有确认机票,这批客人的机票已被机场售出。而按照行程,客人一定要当天赶到香港,乘次日上午的航班飞回美国。这样一来,团队的旅游行程就被耽搁了。

思考题:1.哪一类机票要确认?怎样确认?

2.航空旅行的团队,因导游人员主观原因造成的误机将产生哪些重大后果?

2.旅游包机的预订

旅游包机是旅行社因无法满足旅游者乘坐正常航班抵达目的地的要求而采取的一种采购方法。这种情况多发生在旅游旺季的旅游热点地区或正常航班较少的地区。另外,旅行社在接待过程中发生误机事故后,也会采取包机的方式将旅游者尽快送达目的地。

(1)包机的手续

凡需要包机的旅行社应事先与民航联系,填写包机申请书,说明任务的性质、游客的人数和身份、包用机型和架次、使用日期及航程等事项。

旅行社的包机申请经民航同意后,应签订包机合同。民航和包机的旅行社应严格履行合同所规定的各自应承担的责任。民航凭包机合同,按飞行架次填写客票,以此作为乘坐飞机原始凭证。包机可乘坐的人数和可利用的载运量,应以包机合同上填写的座位数和吨位数为限。包机如有剩余座位和吨位,包机旅行社不得载运其他人员和货物;民航如需利用时,需征得包机旅行社同意。

（2）包机变更

包机合同签订后,如包机的旅行社要求取消包机,需按规定交付退包费。包机的旅行社在提出变更或取消包机前,如民航已发生调机等费用,应由包机的旅行社承担。

（3）包机费用

按民航规定,包机费用根据包用机型的每千米费率和计费里程或包用机型的每小时费率和飞行时间计收。

(二)铁路交通服务采购

旅行社采购铁路交通服务的主要内容是各种火车票。近几年来,随着我国铁路运输发生的巨大变化,在一般情况下,火车票的采购已经不再是旅行社交通采购中的突出问题。

1. 火车票的种类

火车票分为客票和附加票两个类型,对旅行社来说,相关的是客票中的软卧、软座、硬卧、硬座。儿童乘火车时按照其身高购买相应的火车票,身高超过 1.4 米时,须购买全价票。身高在 1.1 米至 1.4 米之间的,可随同成年人购买座别相同的半价客票,但其行程不得超过随同的成年人的到站。每位成年旅客可免费携带一名身高在1.1 米以下的儿童。超过一名时,超过的人数应购买小孩票。身高不足 1.1 米的儿童占用卧铺时,要买全价卧铺票。

2. 火车票的采购业务

旅行社火车票的采购业务主要是火车票的预订与购买、退票。

（1）火车票的预订与购买

旅行社采购人员在采购铁路交通服务时应首先向铁路售票处提出预订计划,包括订购火车票的数量、种类、抵达车站名称、车次等。然后采购人员持现金或支票到售票处购票。

（2）退票

旅游者的旅行计划变更或取消时,旅行社采购人员应根据铁路部门的下列规定办理退票手续,并交纳退票费。

旅客要求退票时,按下列规定办理,核收退票费:

①在发站开车前,特殊情况也可在开车后 2 小时内,退还全部票价。团体旅客必须在开车 48 小时以前办理。

②旅客开始旅行后不能退票。但如因伤、病不能继续旅行时,经站、车证实,可退还已收票价与已乘区间票价差额;已乘区间不足起码里程时,按起码里程计算;同行人同样办理。

③退还带有"行"字戳迹的车票时,应先办理行李变更手续。

④站台票售出不退。

因承运人责任致使旅客退票时按下列规定办理,不收退票费:

①在发站,退还全部票价。

②在中途站,退还已收票价与已乘区间票价差额,已乘区间不足起码里程时,退还全部票价。

③在到站,退还已收票价与已使用部分票价差额;未使用部分不足起码里程时,按起码里程计算。

④空调列车因空调设备故障在运行过程中不能修复时,应退还未使用区间的空调票价。

发生线路中断旅客要求退票时,在发站(包括中断运输站返回发站的)退还全部票价;在中途站退还已收票价与已乘区间票价差额,不收退票费,但因违章加收的部分和已使用至到站的车票不退。如线路中断系承运人责任时,按以上处理。

(三)公路交通服务采购

在我国沿海经济发达地区,旅行社采购公路交通服务主要是用于市内游览和近距离旅游目的地之间的旅行。而在内陆航空交通服务和铁路交通服务欠发达的地区,公路交通服务则是主要的旅游交通方式。旅行社采购人员在采购公路交通服务时,除了价格之外,应对旅游用车单位的一些情况做必要的了解,这些情况是:所拥有的车辆数目、车型、性能、驾驶员的技术水平和服务水准、公司的管理状况等。在综合了解了上述情况并经过谈判后,才可以同用车单位签订用车协议。

旅行社采购人员在每次接到旅游者或旅游团队用车计划之后,应根据旅游者的人数及收费标准向提供公路交通服务的汽车公司提出用车要求,并通报旅游者或旅游团队的旅游活动日程,以便汽车公司在车型、驾驶员配备等方面做好准备。为了避免差错,采购人员应在旅游者或旅游团队抵达前的2~3天内,再次与汽车公司联系,核实车辆落实情况,并将所用汽车的车型、驾驶员的姓名等情况通报旅行社的接待部门。

(四)水运交通服务

旅行社采购人员在采购水运交通服务时,应根据旅游者或旅游团队的旅行计划和要求,向轮船公司等水运交通部门预订船票,并将填写好的船票订票单在规定日期内送交船票预订处。采购人员在取票时,应根据旅行计划逐项核对船票的日期、离港时间、航次、航向、乘客名单、船票数量及船票金额等内容。购票后,如因旅行计划变更造成乘船人数增加、减少、旅行计划取消等情况时,采购人员应及时办理增购或退票手续,保证旅游者能够按计划乘船,同时减少旅行社的经济损失。

二、住宿服务

在前面的旅行社价格构成的分解中,我们已经知道,旅游住宿服务的费用在旅行社产品总费用中位居第二。也就是说,住宿服务是旅行社采购中又一重要内容。在遵循经济原则的前提下,旅行社能否采购到令旅游消费者满意的住宿服务,是旅行社综合实力的一个重要反映。住宿服务的采购业务主要包括选择住宿服务设施、选择预订渠道、确定客房租住价格和办理住宿服务预订手续四项内容。

(一)住宿服务设施的选择

选择住宿服务设施是保证住宿服务质量的重要手段之一。旅行社采购人员必须严格考察饭店、旅馆、客栈等住宿服务设施,并从中遴选出一批质量好、价格公道、愿意为旅游消费者提供优质服务的住宿服务设施,以便能够确保旅游消费者在旅游过程中的住宿需要。旅行社采购人员应该从以下几个方面考察住宿服务设施。

1.饭店位置

对于旅行社来说,饭店所处的位置有这样两方面的意义:所处地段不同,饭店的价格往往大不一样,即使同属一个档次、一个星级;不同类型旅游者对于饭店的位置有着不同的要求和偏好。饭店的采购必须兼顾以上两方面。

2.市场定位

在卖方市场下,许多饭店都有自己的经营定位。采购人员在采购住宿服务时,应该针对不同旅游消费者的住宿要求做到有针对性地采购。也就是说,必须考虑将要采购的饭店所接待的对象主要是哪类旅游消费者,是散客旅游者为主还是会议旅游者为主或者是以旅游团队为主等。

3.饭店设备

饭店的设施设备情况是旅行社采购人员需要考虑的第三个问题。采购时必须考虑旅游消费者对这些方面的需求。如饭店是否配备会议室、商务中心、多功能厅、宴会厅、健身设施等。

4.服务水平

采购饭店的服务水平和整个产品也甚密切。例如,接待入境旅游团体,饭店必须提供行李服务。接待一些国内旅游团队,饭店的棋牌室等娱乐活动场所不可或缺。

案例5.3　卫生间漏水无人问津

张小姐参加某旅行社组织的"天柱山五日游",合同写明住房条件为2～3人房,独立卫生间。到宾馆后,因房源有限,住房标准被降为四人房。张小姐不同意,后被安排在附近某疗养院,住进单人间,但设施很差,卫生间漏水也无人问津。本想晚上好好休息,但却天天要"扫水"。张小姐找到服务员要求解决,但直到旅行结束也无人问津,更不用说来人修理,几天的旅游就在这样的住宿条件下度过。

思考题:1.张小姐将怎样评价这次旅游经历?她可能会采取什么行动?

2.旅行社如果知道了张小姐的遭遇,应做出什么反应?

5.泊车场地

对于团队旅游来说,饭店是否拥有一定面积的泊车场地,采购时也需考虑。因为团体旅游者多乘大型旅行客车,饭店拥有较大面积的停车场显然就方便很多。

(二)饭店预订渠道的选择

旅行社主要通过组团旅行社、饭店预订中心、饭店销售代表和地方接待社四个渠道预订饭店。

1.直接预订

直接预订也称自订,它是指组团旅行社直接向旅游目的地饭店提出预订要求,因此也叫组团旅行社预订。直接预订的优点是:①能够直接从饭店获得客房信息,及时掌握饭店客房的出租情况;②能直接同饭店达成预订协议,既能保证旅游者的住宿需要,又能免去中间环节所需的费用,降低采购成本;③直接订房能够不断地加强和饭店的联系,可以与之建立起密切的合作关系,可以为采购业务的进一步开展打下一个坚实的基础。例如,21世纪90年代初期旅游饭店比较紧张的时候,杭州一般的国际旅行社采购杭州本地一家最好的四星级饭店,需要59美元/间,但是,南京的一家国际旅行社直接预订却只需要57美元/间。这其中的原因就是南京的这家国际旅行社和饭店建立了很紧密的合作关系。

直接预订的缺点是:①采购人员必须同所要预订的各家饭店逐一打交道,不仅在预订时要同它们联系,还要在随后寄送预订申请、确认住房人数及名单、付房费等,占用大量时间和人力;②有时,外地的饭店未必了解组团旅行社,因而不愿意向组团旅行社提供最优惠的价格,并可能在交纳租房预订金、付款期限、客房保留截止日期等方面不给予优惠。

2.代订

代订就是组团旅行社委托旅游目的地的地接社预订饭店,所以也叫委托预订。代订的好处是:①相对来说,地接社比较熟悉该地区旅游住宿服务供应状况,且容易同当地饭店建立起良好的合作关系,所以,它们往往能够根据旅游者的要求安排饭店,让人比较称心;②地接社能够比较早地了解、洞察当地旅游住宿设施销售的真实情报,并且往往能拿到组团社心理范围能接受的价格;③有些时候,地处异地的组团旅行社只能通过当地的旅行社才能预订到该地区的饭店客房。

然而,组团旅行社委托当地接待社预订饭店客房,也有一些缺点,主要是:①地接社往往截留饭店给予的一部分折扣,作为其代订的佣金;②如果组团旅行社不是选择具有一定经济实力和信誉的接待社或者选错了地接社,容易造成代订失约,从而导致组团社工作的失误,尤其在旺季的时候,这种失误带来的损失是非常严重的;③为了获得更多的折扣,一些接待社可能会设法迫使组团社接受一家它并不喜欢的饭店作为旅游消费者下榻之所,这有可能导致接待工作中服务缺陷的产生。

3. 委托饭店预订中心预订

一些知名的国际连锁饭店,拥有一个共享的客房预订中心。旅行社采购这类饭店,就可以采取向预订中心预订的方法。如香格里拉、希尔顿、凯悦、喜来登等都有饭店预订中心。委托饭店集团预订中心预订的优点是:①方便。旅行社可以就近预订,获得所需的客房。②可靠。这些国际知名的饭店拥有很高的声誉,操作严谨,服务周到。但它也有缺点:①选择手段单一。旅行社通过连锁饭店预订中心预订,也就只能选择该"系统"下的饭店,这就放弃了选择其他饭店的机会。②多次操作。尽管旅行社最初的预订是通过预订中心进行的,但是在预订被确认之后,旅行社仍然必须同所要采购的饭店联系,并向该饭店办理客房预订状况报告、预交订房预订金等手续。

任何一种预订渠道都有它的优点,也有它的缺点。在选择预订时,组团旅行社必须分析自己的长处、短处,做到扬长避短,选择最恰当的渠道进行预订,从而把双赢和利润最大化完美地结合在一起。

(三)客房价格的确定

饭店客房的价格种类很多,采购人员熟悉这些价格的内涵,对采购饭店的各种价格烂熟于胸,是谈判中"知彼"的表现。另外,采购之前还需要获取将要采购的饭店给予同行的价位。只有这样,在与饭店进行谈判时,才能获得主动权,拿到理想的优惠价格。

饭店客房的价格主要包括下面几种。

1. 门市价格

门市价格是饭店对外公布的价格,主要适用于事先未预订的临时住店客人。

2. 团体价格

团体价格是饭店对接待团体提供的优惠价格,它一般有较大的折扣,明显低于门市价格。

3. 协商价格

协商价格是同饭店经过谈判达成协议后的房价。

4. 净价格

净价格是指扣除饭店给予旅行社一定的折扣,并加上税收和服务费的客房出租价格。

(四)饭店客房预订程序

1.提出租房申请

旅行社的租房申请一般提交给饭店的预订部门,如销售部或市场部、营销部、团队部等。申请时,采购人员应提供下列信息:

(1)旅行社名称、客房数量和类型、入住时间、离店退房时间、结算方式。

(2)旅游者国籍(海外旅游者)或居住地(国内旅游者)、旅游者姓名或旅游团队代号、旅游者性别、夫妇人数、随行儿童人数及年龄。

(3)旅游消费者的特殊要求,如楼层、客房朝向等。

多年来,旅行社与饭店之间租房申请的提交一般采用传真的形式,这已经成为惯例。饭店在接到旅行社租房申请的传真后,通常会向旅行社发出确认传真。确认传真中注明饭店发出的确认号码,即旅行社的预订号码。旅行社导游人员凭确认传真带领团队入住饭店。

2.交纳预订金

每个饭店都有关于预订金交纳的时间、交纳预订金的比例、取消预订的退款比例等事项的规定。旅行社和饭店也有这方面的协议。采购人员必须熟悉这些规定协议。如果旅行社未能按规定协议执行,则饭店有权取消预订。

3.办理入住手续

旅游团(者)在预定时间抵达饭店后,凭团号、确认函等办理入住手续。

三、餐饮服务

旅行社采购人员在采购餐饮服务时应根据旅游者的口味、生活习惯、接待标准等因素,安排旅游者到卫生条件好、饮食质量高、服务规范、价格公道的餐馆或酒店就餐。

目前,国内旅行社在采购餐饮服务时,一般采用定点的办法。所谓定点,是指旅行社经过对采购的餐馆、酒店进行综合考察筛选后,和被选择的餐馆、酒店进行谈判,就旅行社的送客人数、各类旅游者、旅游团队的就餐标准、付款方式等达成协议。

四、游览景点和参观单位服务

游览和参观是旅游者在旅游目的地进行的最基本和最重要的旅游活动。做好游览景点和参观单位服务的采购工作,对于保证旅游计划的顺利完成具有举足轻重的作用。就目前旅行社旅游团队的操作来说,绝大多数的游览和参观景点服务的采购工作是由地接社承担的。旅行社采购人员应该对本地区的重要游览景点和参观单位进行考察和比较,并根据不同景点和单位的特点,分别同这些景点、单位进行联系,保证旅游者的正常游览参观。如有可能,旅行社应在双方自愿的基础上,同它们建立互惠的长期合作协议,争取获得价格上的优惠。

五、购物和娱乐服务

购物和娱乐是旅游活动的两个要素,好的购物和娱乐能使整个旅游活动锦上添花。在购物和娱乐的采购中,旅行社采购人员一定要树立正确的观念,全面认识购物、娱乐和旅游产品之间的关系。在对旅游商店的采购中,要对商店的规模、装潢、风格,商品的种类、质量、数量、价格,服务人员的服务水平等进行综合考量。在对娱乐服务的采购中,首先应该考虑我国的国情,考察其是否涉及毒、赌、黄等政府严格禁止的项目;除此之外,还要考虑经营的特色、价格、规模等。

案例 5.4　"珠宝"价值几何

某电脑公司一行 17 人参加某海岛五日游,一路上十分愉快。在旅途即将结束时,导游带团员去了一家规模不大,但服务非常热情的珠宝商店。经服务小姐的推荐和介绍,团员纷纷解囊,总共买了不同类型的珠宝合计 5 万多元。但是返回居住地后,有团友拿了购买的珠宝到权威机构检验,结果证明 5 万多元的"珠宝"最多只值 1 万元。客人们十分气愤。

思考题:1.什么叫功亏一篑?
　　　　　2.旅行社应如何认识旅游购物?

六、地接服务

地接服务采购是指组团旅行社向旅游目的地旅行社采购接待服务的一种业务,在行业内通常称之为选择地接社。对于组团旅行社来说,遴选一家优秀的地接社是一项重要的工作。因为在旅游接待链上,地接社所提供的服务往往不是某个单项,而是一项综合服务。它除导游服务外,常常包括当地的住宿服务、餐饮服务、旅游车服务等。在目前的国内旅游市场,因地接社的原因导致组团社被投诉的事例并不鲜见。因此,组团社必须根据自身的情况审慎地物色地接社。选择地接社可以从以下几个方面着手。

(一)诚信

地接社作为提供接待服务的合作伙伴,要有与组团旅行社真诚合作的愿望,要具备良好的信誉。地接社必须根据与组团社达成的合作协议,不折不扣执行接待协议,向旅游者提供优良的接待服务。地接社如因特殊原因无法落实旅游接待计划所要求的活动内容时,必须及时通知组团旅行社,并在征得组团旅行社的同意后,方可改变原先的接待计划。若没有履行合作协议引起旅游者投诉,组团社可以根据协议与其交涉并要求赔偿,并视情况重新物色地接社。

(二)较强的接待能力

地接社必须具有较强的接待能力,能够采购到组团旅行社委托其采购的各项旅游服务,并提供优质的导游服务。

案例 5.5　组团社应慎选地接社

2002 年国庆节期间,上海一旅行社组织某公司 15 人到九寨沟旅游,委托成都一家地接社接待。游客按时到达成都机场后,却不见地陪来接站。全陪联系地接社后被告知旅游车发生故障,已派出临时车辆来机场接客。过了两个半小时,地接社汽车才到达。第三天游九寨沟,途中突遇大雨。部分游客坚持要游完全程,但导游郭小姐以自己身体不适为由陪同部分客人返回宾馆。在继续旅游的过程中,一游客不小心滑倒,背部扭伤。该团回上海后,游客向组团社投诉,要求赔偿。

思考题:1.本团发生投诉的主要原因在哪里?组团社应如何处理?

2.如果旅游质检所判定要旅行社赔偿,组团社应如何处理?

(三)收费合理

"双赢"是地接社和组团社长期合作的基础,合理的报价是组团社物色地接社的最重要因素之一。因此,地接社的报价要以市场为依据,不能超过旅游者和组团旅行社的承受能力。接待社不能擅自提高收费标准或增加收费项目,也不能随意降低接待服务的标准,损害旅游者和组团旅行社的合法利益。

组团旅行社通过一段时间的考察与合作后,应该设法同那些在上述三个方面均有上乘表现的旅行社签订合作协议,建立长期的合作关系。

总之,旅行社的采购业务涉及许多方面和许多企业、部门。旅行社应在确保服务质量的前提下,同相关的旅游服务供应企业和部门建立起互利互惠的协作关系,正确处理旅游服务采购中的各种关系,为旅行社的经营和发展建立起一个高效率、低成本、优质的旅游服务采购网络。

第三节　旅行社采购业务管理

根据我国旅游业的现状,旅行社采购业务的管理应当注重以下几个方面。

(一)建立广泛的采购协作网络

既然旅行社产品的的构成大部分采自其他企业或部门,为了达到保证旅行社产品供应的目的,旅行社就应该和有关的旅游服务供应企业,如饭店、餐馆、车船公司等建立广泛的相对稳定的协作关系。当旅游服务供不应求时,协作网越广泛,旅行社取得这些紧缺服务的能力就越强;供过于求时,采购工作的重点是转向取得优惠的价格,而这也同样需要有一个广泛的协作网才能获取更多信息以达到目的。旅行社要建立和维持广泛的协作网络,一要善于运用经济规律,与协作企业建立起互利的协作关系;二要善于开展公关工作,促使企业领导之间及有关购销人员之间建立起良好的人际关系,尤其要注重私人关系的建立。

(二)正确处理"保证供应"和"降低成本"的关系

保证供应和降低成本是旅行社采购工作同等重要的两大任务,但在实际工作中,这两者常常是矛盾的。旅行社要视不同情况在这两者之间选择不同的重点,或者说采取不同的策略。当某种旅游服务供不应求时,谁能获得它,谁就能在市场上具有更强的竞争力。例如当航空运力不足、机票十分紧张时,许多旅行社都无法采购到足够的机票,如果哪家旅行社能够得到比别家更多的机票,它就可以接待更多的旅游者,从而获得更多的利润。在此情况下,为了获得紧缺的服务,即使比别人支付更高的价格也是值得的。由此我们可以得知,在供应紧张时,旅行社采购工作应该以保证供应作为主要的采购策略。反之,某种服务出现供过于求时,保证供应已经不成问题,旅行社就应致力于获得最便宜的价格,通过降低成本来增加自己的竞争力和获得更多的利润。也就是说,在供应充足时,应该以降低成本作为主要的采购策略。

(三)处理好"集中采购"与"分散采购"的关系

旅行社是旅游中介组织,它把旅游者的需求集中起来向旅游服务供应企业采购,这是批发典型行为。按照商业惯例,特别是在买方市场的条件下,批发价格应低于零售价格,而且批发量越大,价格也就越低。因此旅行社应集中自己的购买力以增强自己在采购方面的还价能力。所谓集中购买力有两个方面的含义:一是把本旅行社各部门和全体销售人员接到的全部订单集中起来,通过一个渠道对外采购;二是把集中起来的订单投向一家或尽可能少的供应商进行采购,用最大的购买力获得最优惠的价格,这是采购工作的一般规律。但是在供不应求的情况下,分散采购可能更容易获得旅游者所需的服务。另外,在供过于求十分严重的情况下,分散采购又反而能够得到便宜的价格。这是因为集中采购数量虽大,但远期预订较多,而远期预订具有较大的不确定性。例如,当旅行社和供应单位谈判第二年的采购合同时,旅行社可能提出一个很大的采购计划,但到了来年,可能由于种种原因使实际采购量比计划采购量减少很多。也就是说,计划量大,"水分"(即取消率)可能也高,卖方会因此对买方计划的可靠性缺乏信心,也就不一定愿意把价格定得很低。反之,分散采购多是近期预订,预订时旅行社一般已有确定的客源,卖方迫于供过于求的压力,常常愿意以低价出售。对于这个问题,旅行社可以采取两种策略:其一,和卖方商定适当的数量折扣,采用这种办法后,不论今后的实际采购量如何,对买卖双方都有利;其二,如果旅行社判定来年将出现严重的供过于求,则也可以用分散采购的策略,用近期预订的办法获得优惠的价格。但是,不论卖方采取集中还是分散的采购策略,旅行社都应该把内部的购买力集中起来统一对外。因此,旅行社应建立统一的采购机构专司其职。

在供过于求的情况下,采购量大小是决定价格高低的一个重要因素,这对于中小旅行社来说自然是不利的。为改变这种状况,中小旅行社可考虑在自愿的基础上组织起来成立某种形式的"采购联盟",把分散的购买力集中起来,以增强讨价还价的能力。如上海的旅游集散地就是最初由上海八家中小旅行社倡议组建的,以此来和西藏路上的旅游一条街中有实力的大旅行社相抗衡。

(四)正确处理预订和退订的关系

旅行社产品的销售是一种预约性的交易。与其他商品不同,旅游者只有在购买了该种旅游产品之后,随旅游团前往目的地实地消费,才能实现价值与使用价值之间的转换。而在这样一个时间差里,由于旅游团(者)自身的原因或其他一些人为或非人为的因素而导致取消原来预订的旅游线路。同时,在实际经营过程中,由于旅游行业目前法规尚不健全,旅游从业人员的法律意识不强,旅游客源地的旅行社因各种原因和理由要求临时增加或取消旅游计划的现象屡见不鲜。旅游产品的销售具有预约性的特点,所以旅行社一般在年底根据其制定的计划采购量与旅游服务供应企业洽谈来年的业务合作事宜。计划采购量一般是由旅行社参照前几年的实际客流量,并根据来年的市场预测来确定的。这样一旦出现临时增加旅游计划或临时取消旅游计划,旅行社就必须向有关的旅游服务供应部门或企业提出临时增订或退订旅游服务项目的要求。而这种临时的增订或退订会给这些企业或部门造成一定的压力或产生一定的经济损失,所以他们往往制定一个增订或退订的时间限制,超越这一时间限制将受到一定的罚款,有时罚款额高达售价的100%。因此买卖双方的增、退要求截然相反,这就要求双方通过协商,达成一致意见。双方协商的结果一般受市场供求状况和旅行社采购信誉的影响。无论如何,增订或退订对旅行社都有损失,旅行社应该设法通过友好的协商尽量使对方降低提价的幅度或减少退订损失费用。

(五)加强对采购合同的管理

旅行社为购买各种旅游服务项目而与旅游企业或相关部门订立的各种购买契约叫做旅游服务采购合同。它以一定的价格向其他旅游企业及与旅游业相关的其他行业和部门购买相关的服务行为,是一种预约性的批发交易,是一次谈判多次成交的业务,谈判和成交之间既有时间间隔又有数量差距。这种旅游采购特点决定了旅行社同采购企业或部门签订经济合同的重要性,以避免和正确处理可能发生的各种纠纷。但是，由于目前旅游业竞争激烈，加之我国的法制还不够健全，旅行社一般没有相对固定的采购协作网络，因此也就很少使用采购合同，这也是目前买卖双方经济纠纷很多的一个原因。随着我国旅游业的不断发展，旅行社与其他旅游企业都应积极推行合同制，以利于我国旅游业走上更加健康发展的道路。

采购合同的基本内容包括以下几个方面。

（1）合同标的。所谓标的是指法律行为所要达到的目的。合同标的就是指合同双方当事人权利指向的事物，即合同的客体。旅游采购合同的标的就是旅行社向旅游企业或相关部门购买的服务项目，如客房、餐饮、汽车、航空等服务。

（2）数量和质量。数量是指买卖双方商定的计划采购量，由于旅游采购的预约性，这一计划采购量是双方商定的，或者说是规定的一个采购和供应幅度。质量则是由双方商定的一个最低的质量要求。

（3）价格和付款办法。采购价格是合同中所要规定的一个重要内容。由于价格常常随采购量的大小而变动，而合同中又没有确定的采购量，因此双方可商定一个随采购量变动的定价办法，以及在合同期内价格变动情况。在国际旅游业中还要规定交易所用的货币以及在汇率变动时价格的变动办法，还要规定优惠折扣条件、结算方式及付款时间等。

（4）合同期限。合同期限是指签订合同后开始和终止买卖行为的时间，一般是一年签一次合同，也有的每年按淡、旺季签两次合同。

（5）违约责任。违约责任是指当事人不履行或不完全履行合同所列条款时应负的法律责任。按照我国《经济合同法》规定，违约方要承担支付违约金和赔偿金的义务。

综上所述，旅行社的采购业务涉及若干企业、部门。选择信誉良好、价格合理的相关企业和部门作为采购对象、并建立互利互惠的协作关系，为旅行社的经营和发展建立起一个高效、优质、低成本的旅游服务采购网络是很重要的。

本 章 小 结

旅行社采购是指旅行社为组合其产品而以一定的价格向旅游企业及与旅游业相关的其他行业和部门购买相关服务项目的行为。

旅行社采购应遵循以下的原则：保证供应原则、保证质量原则、降低成本原则。

旅行社采购采用的方式主要有集中采购、分散采购和建立采购协作网络三种主要策略。

旅行社采购的项目主要有交通服务、住宿服务、餐饮服务、景点游览服务、购物和娱乐服务、地接服务、旅游保险等内容。

旅游交通采购业务主要包括航空交通服务采购、铁路交通服务采购、公路交通服务采购和水路交通服务采购。

定期航班飞机票的采购业务包括机票预订、购买、确认、退订与退购、补购与变更五项内容。

　　旅行社采购人员应该从坐落地点、经营方向、设施设备、服务类型等方面考查住宿服务设施。

　　组团社为安排旅游团在各地的旅程，应选择信誉良好、接待能力强、收费合理并且不拖欠团款的地接社作为合作伙伴。

　　根据我国旅游业的现状，旅行社采购业务的管理应当注重以下五个方面：①建立广泛的采购协作网络；②正确处理"保证供应"和"降低成本"的关系；③处理好"集中采购"与"分散采购"的关系；④正确处理预订和退订的关系；⑤加强对采购合同的管理。

关 键 术 语

　　采购　是指在需要的时间和地点，以最低成本、最高效率获得最适当数量和品质的物资或服务，并及时交付需要部门使用的一门科学。

　　集中采购　旅行社以最大的采购量去争取最大的优惠价格的一种采购方法。

　　分散采购　即采取一团一购甚至一团多购的分散式采购方法。

　　建立采购协作网络　即通过与其他旅游服务供应部门或企业洽谈合作内容与合作方式，签订经济合同或协议，明确双方权利义务及违约责任，建立起广泛而且相对稳定的旅游服务供应系统。

　　旅游服务采购合同　旅行社为购买各种旅游服务项目而与旅游企业或相关部门订立的各种购买契约。

思 考 和 练 习

　　1.什么是旅行社采购？

　　2.如何理解旅行社采购的三个原则？

　　3.集中采购包含了哪三个方面的含义？

　　4.分散采购适用于哪些情况？

　　5.旅行社在建立采购协作网络的过程中，必须坚持哪三个原则？

　　6.旅行社采购的内容主要有哪些？

　　7.如何采购定期航班机票？

　　8.一般来说，在哪几种情况下可采用旅游包机？

　　9.旅游住宿服务采购业务的主要内容有哪些？

　　10.采购旅游购物和娱乐服务时分别应注意哪些情况？

　　11.为什么组团社应慎选地接社？

　　12.旅行社应如何正确处理"保证供应"和"降低成本"的关系？

　　13.旅行社应如何正确处理预订和退订的关系？

　　14.采购合同的基本内容应包括哪几个方面？

第六章 旅行社产品的定价、促销和销售

学习目标

1. 旅行社产品价格制定的原则
2. 旅行社经营目标对产品价格制定的影响
3. 定价策略的选择
4. 旅行社产品定价的方法
5. 旅行社广告促销
6. 旅行社人员推销
7. 旅行社产品的销售渠道
8. 销售渠道的选择
9. 旅游中间商的选择和分销策略
10. 旅游中间商的管理

本章概要

本章主要介绍旅行社产品在市场营销过程中应注意的几个问题。旅行社经营过程中产品价格的制定是一项策略性很强的工作,它关系到旅行社市场营销目标的实现。促销能够把旅行社的产品和服务通过一定的手段及时地传递给消费者,它作为旅行社与市场联系的主要手段,包括广告、销售促进、人员推销、公共关系等。旅行社销售渠道包括直接销售渠道、间接销售渠道。在旅行社经营过程中,对中间商的选择与管理同样至关重要。

旅行社经营管理

第一节　旅行社产品价格

一、旅行社产品价格制定的原则

在旅行社的各项决策中,最灵活的一个变量就是价格。在某些情况下,它甚至可以成为营销组合中最重要的一个因素。旅行社在经营过程中,要制定出合理的产品价格,必须遵循行业的原则。

(一)市场原则

市场原则就是旅行社在制定价格时以市场需求为导向,根据市场需求的变化制定和调整产品的价格。市场往往处于两个维度,或者是卖方市场即供不应求,或者是买方市场即供过于求。当处于卖方市场时,则可以把产品的价格适当地提高,以求得尽快回收投入成本。当处于买方市场时,则应该把产品的价格适当地下调,通过薄利多销来拓展市场,提高产品的竞争能力。

(二)质量原则

没有质并不会有量,没有量则没有效益。旅行社制定产品价格的另一个杠杆应该是质价相符,或者叫性价比相当。换言之,在拥有市场的前提下,以质论价,优质优价。质价相符的含义包含两个方面:一方面,不应把价格定得过高而脱离旅游者的期望,造成产品质次价高的印象;另一方面,又不应把产品价格定得过低,使旅行社造成不应有的损失。

(三)稳定性原则

稳定性原则是指旅行社在制定产品价格时,必须保持其价格在一定时期内的稳定。由于旅行社产品的需求弹性系数较大,因此旅游者对于旅行社产品价格的变化相当敏感。旅行社产品价格频繁的变化会给旅游市场带来一定程度的波动,也会使旅游消费者产生不信任感,从而影响旅行社产品在市场上的需求,削弱其在市场上的竞争力。

(四)灵活性原则

旅行社产品是由众多采购的"零部件"组成的,采购的时间、季节以及供应单位不一样,其产品价格也不一样。又由于旅行社产品的不可储存性,所以,旅行社在制定产品价格时,必须见机行事,灵活把握,随条件的变化而变化。

对于以上四个原则,旅行社价格制定者必须学会灵活运用。例如,稳定性原则和灵活性原则有时可能就是矛与盾的关系,需要灵活的时候如果还是追求稳定,那么就陷入了教条;反之,则又可能会自乱阵脚。

二、旅行社经营目标对产品价格制定的影响

一个企业,往往会在不同的时期确定不同的经营目标,而这种既定的经营目标对产品价格的制定常常产生重大影响。

(一)利润最大化

当企业把利润最大化作为主要经营目标时,对产品往往会采用高价策略。如果说,在一种新产品刚投放市场时或者说企业的产品已经成为一种名牌产品时,这是一种可取的策略的话,那么在产品被模仿或者失去了经营优势的时候,就不一定是行之有效的或者说正确的定价策略了。因此,在追求利润最大化的进程中,旅行社必须处理好短期和长期、此时和彼时的关系。

(二)投资回报最大化

有些旅行社把投资回报最大化作为产品定价目标,它们希望在一个预定的时期内就收回所投入的资金,获得预期水平的投资报酬。为了能够实现这个目标,旅行社在为产品定价时往往采用在产品成本的基础上加入预期水平的投资报酬的定价方法,这种定价方法的最终目的是保护和增加投资者的权益。

(三)保持价格稳定

当旅游市场供求关系与旅行社产品价格经常发生波动时,旅行社往往采取稳健的产品价格为定价目标。为了保证旅游市场的稳定,在当地旅行社行业中具有较高威信或影响力较大的旅行社往往先制定一个价格(这称为领袖价格),而其他旅行社则根据这个价格并对照本企业的实际情况制定自己产品的价格。其他旅行社制定的价格一般略低于领袖价格。旅行社行业采用这种定价方法可以在一定时间和范围内使多数旅行社的产品价格稳定在一定的水平上,避免不必要的价格竞争或价格大起大落而导致的风险,保证各家旅行社均能获得比较稳定的利润。

(四)维持企业生存

当旅行社处在因旅游淡季、市场竞争激烈、市场竞争态势不利、宏观经济衰退等原因造成的对旅行社产品需求大幅度减退并威胁旅行社生存的困难时刻,可以将维持企业生存作为定价目标。例如,在旅游淡季里,旅行社推出价格低廉的换季包价旅游产品就是这种定价目标的具体体现。

(五)保持现状

有些旅行社采取保持现状的产品定价目标,主要是为了应付或避免竞争,保持现有的市场份额。采取这种产品定价目标的旅行社一般以对旅游市场有决定影响的竞争对手的同类产品价格为基础,确定自己的产品价格。这类旅行社往往更加重视非价格竞争,强调以产品促销和开拓销售渠道等方式同其他旅行社竞争,而尽量避免与竞争对手展开直接的价格竞争。

(六)扩大产品销售量

扩大产品销售量是一种以牺牲眼前利益换取长远利益的定价目标。旅行社在采取这种定价方法时,往往把产品的售价定得低于甚至大大低于同行,其目的是在短时期内迅速扩大产品的销售量,提高旅行社产品在旅游市场上的占有率。当然,必须注意的是,价格的降低是有一定限度的,并不是越低越好。因为这不仅涉及收回成本的问题,还涉及旅游者对旅游产品质量的看法。总之,低价不能低质,只有高质量的低价位才能达到目的。

在价格制定的过程中,旅行社认真分析、研究价格对于旅游者的作用,对旅行社经营有着现实的意义。旅游者在旅游消费过程中,不仅把交通、住宿、餐饮、景点门票等看作旅游成本的一部分,旅游者还会考虑时间成本、精力成本等多种成本。另外,旅游者也常把价格作为判断产品质量的依据之一。有时旅游者会对定价过低的产品持怀疑态度。

三、定价策略的选择

在确定了定价目标后,旅行社还应该考虑选择恰当的定价策略。旅行社基本的定价策略有成本导向型、竞争导向型、需求导向型等。

(一)成本导向型定价策略

成本导向型定价策略是指价格的决定很大程度上依赖边际成本或总成本。在成本容易确定,且对旅游消费者和旅行社双方都公平的情况下,成本导向型定价是较受欢迎的定价策略。使用这一策略时,旅行社不会因需求增加而把价格抬高,而是始终坚持一个与成本相关的价格。这种定价策略易于管理,且较合理公平,不会过度造成企业间的恶性竞争。

(二)竞争导向型定价策略

竞争导向型定价策略是指旅行社定价时,其主要依据是竞争者的价格。旅行社采用竞争导向型定价策略时,应该考虑以下问题:①竞争者这样定价的依据是什么? ②在本旅行社所拥有的市场中,最直接的竞争对手或者说对本旅行社将构成竞争的对手是谁?

对于旅行社产品的定价无论是高于还是低于竞争者的价格，或者是与竞争者的价格相同，只要它采用的是竞争导向型的定价，它的价格必定是与其竞争者的价格相关的。

(三)需求导向型定价策略

需求导向型定价策略是指定价的依据不是成本而是需求维度。旅行社通过确定旅行社产品在旅游者眼中的价值而制定相应的价格。旅游产品的特征决定了旅行社产品的价值是一个主观的、相对的概念，是由旅游者感知而得出的。同样的旅游线路，不同的旅行社价格就可能完全不一样。需求导向定价的前提是价格能反映旅游产品在游客心目中的价值。专家认为，旅行社经营者应选择旅游消费者愿意支付的最高价格。因为旅游者关心的是经营者的价格而不是经营者的成本，关心的是自己要付出的成本，而非旅游产品本身的价格。

在实际的经营过程中，以上几种定价策略并不是孤立的，它们可以综合在一起运用。

四、旅行社新产品的定价策略

旅行社新产品的定价有两种比较主要的策略：市场取脂定价策略和市场渗透定价策略。

(一)市场取脂定价策略

市场取脂定价策略是指产品刚刚进入市场，趁需求尚缺乏价格弹性时通过高价以获得高额利润的定价方法。当产品适合采用这种策略定价的时候，盲目的低价会使企业失掉应有的利益。但是，短期内的高额利润会将竞争者引入市场，从而增加市场内的总供给量，最终引起价格的下降。这种定价策略在研发费用高的企业中被普遍采用，如制药企业和计算机厂商等，它们高额的研发费用使其他垂涎于高额利润的企业望而却步。但是，旅游市场的可进入性极强，旅行社不可能在一较长时期内维持较高的价格，因此这种定价策略一般只宜在短期内采用。

市场取脂定价策略通常在以下情况中使用：①有足够多的旅游者，且他们对旅游需求的价格弹性不明显；②由于其可观的利润导致了一些"模仿者"的产生，这些竞争者的出现不会带来过度的竞争，不会造成真正的威胁；③高价格会促使高质产品印象的形成。

(二)市场渗透定价策略

与取脂定价策略不同的是，有些旅行社在产品刚刚进入市场时把价格调低，以进行快速而深入的市场渗透，争取吸引大量的顾客，赢得较大的市场份额，这种定价策略即为市场渗透定价策略。如果旅行社有实力使成本降低到竞争者无法抗衡的水平，那么旅行社便可采用这种策略。采用市场渗透定价策略应具备以下几个条件：①市场对价格是高度敏感的，低价格可以促进市场迅速成长；②随着销售量的上升，应该能使平均成本有所下降；③所制定的价格能够防止竞争者的进入。

无论是为现有的产品还是新开发的产品进行定价，旅行社都必须避免单个产品的独立定价。换句话说，旅行社通过对所有产品价格的通盘考虑，通过价格策略的有效协调，为目标市场提供一个协调的价格，树立市场上本社产品价格的整体形象。

（三）其他定价策略

1. 心理定价策略

心理定价策略要求营销人员在制定价格时不仅只考虑旅游消费者的理性分析，而且应更加重视其情绪上对价格的反应。因此，心理定价策略常用于一般消费品和价值较小的旅行社产品的价格制定。心理定价策略主要有尾数定价策略、习惯定价策略、声望定价策略以及价格线定价策略。

（1）尾数定价策略。尾数定价策略分奇数定价和整数定价策略。奇数定价策略是基于消费者在心理上总是乐于接受尾数的价格而不喜欢比其稍高的整数价格的假定前提，如定价为99元的商品可能比定价100元的商品有更好的销路。购买前者时，消费者会认为这项产品不到100元，是90多元的概念，从而产生一种便宜的感觉。整数定价法则相反，它是基于消费者认为整数价格是高质量高档次表现的假定前提。

（2）习惯定价策略。某些产品可能在市场上已经形成了一个习惯价格，购买该产品的顾客也已经习惯于这种价格，不愿再接受其他价格。对于这类产品的定价，一般按习惯进行，不宜随便更改。如果要变化，则可通过增减产品的数量或质量来弥补由于成本变动带来的企业利润的得失。在旅游产品定价中，这种情况并不多见。但中间商的佣金，即中间商要求的价格，在很多情况下也有一个习惯的比例。

（3）声望定价策略。声望定价策略适用于那些经营时间长，在行业中居于领导地位而且名声极好的企业。由于该企业在本行业中具有极高的声望，因此旅游者也会认定其产品一定会质量突出、有独特之处。在这种情况下，旅行社就可依据旅游消费者的信任而制定较高的价格。声望定价策略尤其适用于产品质量不易鉴别，购买风险较大的旅行社产品，但仅限于为公众认可的企业采用。

（4）价格线定价策略。旅行社的产品并非只是一种单一的产品，而往往存在一系列功能相近但档次不同的产品，从而形成一条产品线。如豪华游、标准游、经济游等。旅行社就可以制定几个不同的价格水平，使价格水平的差异符合目标市场的认知。由于价格线非常明确地向目标市场表达了产品档次的差别，因此，制定价格线时应充分考虑几种价格水平之间的配合。不同的价格水平应反映顾客需要的差异和产品差异。而价格差别过大和过小则都将不利于销售。

2.促销定价策略

促销定价策略是指旅行社在为产品制定价格时因考虑企业促销活动的需要，而采取的一种特别手段，其目的使与促销活动相互协调。旅行社常用的促销定价策略有价格领袖策略和专门事件定价策略。

(1)价格领袖策略。价格领袖策略是指旅行社为了对新推产品进行更好的促销，在促销期内把产品的价格定位在成本线以下的一种方法。价格领袖策略的目的是为了鼓励旅游者更多地购买产品，迅速提高新产品的知名度。但这种策略也容易使顾客对产品的品质产生怀疑，进而形成一个低档产品的印象。另外，由于旅行社产品的缺乏专利性，消费市场一旦正式形成，众多同行进入，有可能导致亏损的局面。

(2)专门事件定价策略。专门事件定价策略是旅行社在一些公众节日或与旅行社有关的日子，为了造生势扩大影响而对某些产品作特别的定价。采用专门事件定价促销时，应保证有充足的服务设备设施和服务人员。专门事件定价策略的"事件"策划极其重要，如果"事件"不能引起公众的注意，则效果不明显；"事件"过于隆重，则旅行社需要付出较多的人力、财力资源。

五、旅行社产品定价的方法

旅行社的定价策略有三种选择，相应地，定价方法也可以分为三类，即以成本为中心的定价法、以需求为中心的定价法和以竞争为中心的定价法。

(一)以成本为中心的定价法

以成本为中心的定价法包含成本加成定价法和目标收益定价法两类。在我国，采用较多的是成本加成定价法。所谓成本加成定价法，是指按照单位成本加上一定百分比的加成来制定产品的销售价格的方法。加成就是一定比率的利润。成本加成定价法公式为：

单位产品售价＝单位产品成本×(1＋加成率)

在国内，旅行社采用成本加成定价法来制定产品售价的情况是比较多的。成本加成定价法之所以受到旅行社企业的欢迎，主要是因为：第一，旅行社产品成本的不确定性相对而言较少，将价格盯住单位产品成本，就可以大大简化旅行社企业的定价程序，而不必根据需求情况的瞬息万变作调整；第二，只要行业中所有企业都采取这种定价方法，则价格在成本与加成相似的情况下也大致相似，价格竞争也会因此减至最低限度；第三，许多人感到成本加成法对买方和卖方都比较公平，当买方需求强烈时，卖方不会利用它以谋取额外利益。

(二)以需求为中心的定价法

与以成本为中心的定价方法不同，以需求为中心的定价方法强调应依据消费者对产品价值的认知和对产品的需求来确定价格,而不是以生产成本为中心制定价格。以需求为中心的定价方法主要有理解价值定价法和差别定价法。

1. 理解价值定价法

理解价值定价法是一种把顾客对产品的感知价值和旅行社或产品知名度、美誉度等综合在一起最后确定产品价格的方法。旅游者在购买某一产品之前,基于从媒体获得的信息及自身的经验、感知,对产品的价值往往有自己的认知或者说有一个心理价位。当产品的价格和旅游者的心理价位吻合、贴近时,他们就有可能接受这一价格;否则,就有可能不会购买。

案例 6.1　"全市最高价"的效果

2001 年暑期期间,某市旅行社界展开了一场海南游的价格战,"海南双飞三晚四天"最低的卖 1580 元,大多数旅行社则在 1680~1880 元。而该市一家做国内游的有相当知名度的旅行社却反其道而行之,打出了 2180 元的超高价格。在该产品中,这家旅行社针对海南旅游市场的一些问题,对吃、住、行、游进行特别的包装,如住宿全为四星级以上宾馆,规定只进两家旅游购物商店,且购物自愿,绝不强迫。为配合该产品,旅行社在宣传上做足文章,打出了"至尊豪华,超值享受,全市最高价"的广告。由于广告宣传得力,促销得法,加之该旅行社在市场上拥有较好的美誉度,因此,虽然价格比市场上同类产品高出一大截,但却取得了极好的销售效果。

思考题:1. 在市场上没有知名度的旅行社是否也可以采用理解价值定价法为产品定位?
　　　　2. 用理解价值定价法为产品定价时,促销过程中要注意什么?

运用理解价值定价法时,除旅行社的知名度外,宣传促销活动至关重要。另外,在促销过程中,促销人员对产品的档次、风格、质量以及与市场上同类产品的区别应有充分了解,只有这样,才会有理想的效益。

2. 差别定价法

差别定价法是指旅行社依据旅游者消费水准、消费时间、旅游者消费地点的不同而对某个产品确定不同的价格的一种定价方法。差别定价法不是基于成本的变化来确定价格,而是基于不同的旅游者在不同时间、地点情况下的需求偏好和需求强度来确定价格。也就是说,在旅游者需求强度高的时间和地点可以制定高价格,对偏好强烈的旅游者制定高价格,反之,只有制定低价格以保持市场。实施差别定价法的前提是市场必须是能够按需求强度、偏好和价格敏感性进行细分的,否则可能会引起目标市场的不良反应,损害旅行社的形象。

差别定价法可以分为以顾客为基础的差别定价、以时间为基础的差别定价和以位置为基础的差别定价等三种。在旅行社,前两者的使用比较多。以顾客为基础的差别定价是指对不同的旅游者制定不同的价格,如儿童与成人、长期顾客与短期顾客的价格就可以有区别。以时间为基础的差别定价是指由于季节的不同,同一产品的价格不一样,如淡季价格和旺季价格,黄金旅游周和平常日价格不一样。

(三)以竞争为中心的定价法

以竞争为中心的定价就是以企业的竞争对手的同类产品的定价作为参照依据的定价方法。在旅行社经营竞争日趋激烈的今天,旅行社的定价常常不得不以应付竞争为目标,尤其是新加入行业的或者是一些缺少开发新产品能力的依靠模仿其他旅行社产品为生的小旅行社,更是如此。竞争迫使各个旅行社制订同样的或相近的价格。如果一家旅行社制订的价格明显高出其他旅行社,那么就有可能在激烈的竞争中失去部分市场。反之,如果一家旅行社将产品价格降至竞争者的价格之下,就必须保证有更多的销售量来弥补由于降价而减少的利润。如果发生一家旅行社率先降价而其他企业尾随降价的情况,则首先降价的旅行社就很快失去了价格优势。因此,正如前面所说,成本领先是旅行社竞争的利器。只有拥有成本领先优势或大投入的旅行社才敢于率先降低价格,否则由此引发的价格大战将对行业产生极为不利的影响。

在我国,由于大多数旅行社规模小,抗竞争能力比较差,因此,旅行社之间的竞争更多地表现为价格之争。尤其是在一些常规旅游线路上,一些比较大型的旅行社起着价格领袖的作用,小旅行社为了争取到一定的客源,维护生存,往往尾随其后,依据这些大的旅行社的价格来确定本旅行社产品的价格。

第二节　旅行社产品的促销方法

所谓促销,就是促进销售的意思,是指旅行社将本企业的形象或产品的信息通过各种方式传递给旅游消费者,促进其了解、信赖并购买本企业的产品,以达到扩大销售的目的。产品促销是旅行社经营工作中极其重要的一个环节,其实质是加强旅行社、旅游消费者和潜在旅游消费者之间的信息沟通。

旅行社常用的促销方法有广告、人员推销、公共关系、销售促进四种类型。

一、旅行社广告促销

广告就是广而告之的意思。广告的特点可以简单归纳为以下几点:传播速度快;传播范围广;可利用的手段、方法多,具有较强的吸引力;无需人员与消费者直接沟通。

旅行社广告是广告在旅游业中的运用,它是通过一定的媒体,把旅行社产品传递给潜在旅游者,使之产生旅游的愿望,从而促进旅行社产品的销售,实现旅行社经济效益增加的目的。广告是旅行社促销中使用最频繁、最广泛的一种促销手段。

(一)广告的媒体选择

广告的媒体有很多种,传统的如户外广告牌、报纸、杂志、电视、电台和广播、招贴画、宣传手册、旅游手册、活页宣传品、网络广告等。广告投入往往需要不菲的资金,因此旅行社不论采用何种媒体做广告,首先应该对这一种媒体所能产生的宣传效应做认真的分析,以期以最少的或较少的投入产生最大的或较大的产出。

下面介绍旅行社采用较多的广告媒体的特点。

1. 报纸

报纸分为全国性报纸、地方性报纸和专业性报纸三种。报纸广告的优点是灵活、及时、易被消费者接受、可信度高、覆盖面大。其缺点是时效短、转阅读者少。不同的报纸,其拥有的读者群往往很不一样。因此,旅行社应根据自己的目标市场,选择不同类型的报纸做广告。

2. 电视

电视是一种综合视听的广告媒体,其优点是形象、生动、活泼、传播范围广、传送及时、重复率高、信息送达率高,是一种能引起受众高度注意的广告媒体。其缺点是广告展露瞬间即逝,成本高,干扰多,可选择性差。电视广告投入的高成本使得只能是一些有实力的旅行社才敢问津。

3. 杂志

杂志是一种针对一定阶层读者为宣传对象的广告媒体,具有针对性强、保存期长、制作质量好、转阅读者多和读者层稳定的优点。尤其是旅游专业杂志,旅游者往往对其介绍的信息信赖程度较高,是旅行社针对具体目标市场开展广告促销宣传的理想工具。杂志的缺点是出版周期长、费用较大和传播范围受限制。

4. 广播和电台

广播和电台是一种以地方性市场为主要宣传目标的广告媒体,具有价格低、重复率高、信息传播及时等优点。其缺点是仅有音响效果,不能产生生动的形象效果和瞬间即逝,难以使信息在听众头脑中长时间保留。并且随着其他传播媒体的普及,广播电台的听众有减少的趋势。广播电台是我国一些县、乡、镇的旅行社经常采用的一种广告媒体。

5. 活页宣传品

广告传单有单页传单、折叠式传单等形式,由旅行社雇人在公共场所散发、在公共广告栏张贴或置于旅行社门市供来往行人任意拿取。广告传单具有能够较详细地介绍旅行社及其产品和制作、散发的成本比较低等优点。

6. 邮寄广告

邮寄广告是旅行社通过邮递网络将旅行社的有关产品或其他信息寄往旅游者手中的一种广告手段。邮寄广告的优点是针对性强，个性化程度高，在同一媒体内没有竞争，适宜于阅读和保存。缺点是成本比较高。邮寄广告比较适合旅行社的老顾客。

7. 网络广告

网络广告是一种以高科技手段进行促销的广告媒体，其优点是：针对性强，可以根据更精细的个人差别将顾客进行分类，传递不同的信息；互动性强，形式新颖，能利用最先进的虚拟现实界面设计来达到身临其境的感觉，能给受众带来全新的体验。其缺点是：覆盖范围窄，因为在我国大多数旅游者仍然通过传统的广告形式获得有关旅游产品的信息；价格较高，其费用要超过广播、杂志和报纸等。

8. 馈赠广告

馈赠广告是指旅行社把小巧价廉的物品，如日历、钥匙圈、旅游帽、旅行包、雨伞、T 恤衫等加工印上广告图文，赠送给旅游者或分发给公众。馈赠广告往往制作精良，图文并茂，具有一定的艺术或使用价值，以便能让旅游者作长久的保存。缺点是成本比较高。

9. 旅游小册子

旅游小册子有三种：第一种是信息性小册子，它主要提供各种旅游信息，如简单介绍各种设施和服务的目录式样页，旅行指南等；第二种是促销性小册子，它是为促进销售而制作的含有较多销售信息的便览、指南等；第三种是吸引性小册子，是为引起旅游者对本国或本地的兴趣而制作的手册甚至画册。

由旅行社制作的小册子主要是前两种，以文为主，辅以图画，主要向旅游者提供销售信息。吸引性小册子主要由是国家或地方旅游行政主管部门制作，图文并茂，以介绍本国或本地区旅游资源为主，注重树立旅游形象。旅游小册子的优点是提供的信息量大，制作精美，便于长期保存；缺点是制作成本高，信息的时效性不强。

10. 户外广告牌

户外广告牌是一种形式灵活、复现率高、竞争少的广告媒体 。户外广告牌的位置，宜选择热闹、集中或者人流量多的地方，如机场、车站、水运码头等交通集散地以及公路两侧、高大建筑物的顶部等容易引起注意的地方。户外广告牌上的语言要做到简洁、生动、形象，使人过目不忘，字体要清晰，易为多数人看清和看懂。如 20 世纪 80 年代北京机场路上的丰田车广告"车到山前必有路，有路就有丰田车"就是一个极成功的户外广告。

认识广告刊登媒体的特点的目的是为了更好地利用它，为旅行社的促销服务，但这只是工作的一个方面。对于旅行社来说，只有对广告信息如广告的播出时间与刊登位置等进行通盘考虑,才会有较好的效应。

(二)广告预算的制定

与旅游发达国家相比,我国旅行社的总体数量并不太多。但是,就我国旅行社发展做历史的纵向比较的话,我国旅行社数量的增加显然是迅猛快速的。在旅行社越来越多的今天,在旅游市场转为卖方市场的今天,如果旅行社仍然抱有"皇帝女儿不愁嫁"、"好酒不怕没人买"的观念思想,则就成了旅行社经营的阻力。现代企业经营也是信息战,谁的信息传播速度快、范围广,谁就有可能抢先拥有商机,从而取得经营活动的成功。旅行社经营也不例外。因此,在旅行社的经营活动中,广告预算的制定就成了一项比较重要的工作。

所谓广告预算,是旅行社在一段时期内投入广告活动的费用总额,它一般以年度为单位。广告预算是旅行社广告活动得以持续、顺利开展的必要保证,是扩大旅行社产品销量的保障。在促销活动中,旅行社采用何种广告媒体、广告的时间和频率、广告制作负责单位等往往取决于广告预算。旅行社的广告预算,必须根据本旅行社的实际经营情况来制定。

(三)广告运用策略

一些大型的旅行社往往全年不断地做广告,如上海春秋国际旅行社,就在《中国旅游报》等一些媒体上常年做大量的广告。但是,这只能是一些有实力的大旅行社才能办到。在国内,更多的是中小旅行社,财力不允许它们这样做。况且,广告的投入往往是不菲的。因此,在运用广告时,做到精打细算,事半功倍是一种策略。

1.广告的时间选择

在国外,有些旅游批发商传统上在圣诞节前出版来年夏季的小册子。因为圣诞节是购买圣诞物品的集中时间,因此圣诞节刚过,旅游广告便铺天盖地而来。但是,国外旅游者旅游的预订周期、预订方式也正在发生变化,过去传统上大多数人在一、二月份预订他们的度假,现在,许多人都等到出发前很短的时间才开始预订,因此,现在不少旅游批发商在八、九月份就开始做广告。在国内,出境游由于办理护照需要一定的时日,预订期一般最短需要3周以上。但是,在国内旅游,旅游者的预订期普遍比较短,有的甚至到旅行社截止到日前才来报名。这样的一种预订方式使得国内旅行社在选择广告时间时,往往集中在旺季到来之前的一段时间以及整个旺季。如五一节旅游产品,旅行社一般提早2~3周开始做广告。而在淡季广告一般就比较少。以报纸广告为例,据我们对杭州市区主流旅行社广告媒体的统计,旅游旺季期间,旅行社广告大多在一个版面以上,最多一天达到两个版面,刊登广告的旅行社多则近30家,少的时候也有10余家。但是,到了旅游淡季,刊登广告的旅行社多的时候也只有六七家,少的时候只有1家。另外,在一星期中,大多数旅行社愿意将广告刊登时间确定在周一至周五这 5 天时间内。

2.广告的媒体选择

在国外,由于电视传播的特点,电视是旅行社选择广告的重要媒体之一。但是,在国内,由于现阶段我国旅行社"散、小、弱、差"的特点,大多数旅行社不可能把宣传费投入较昂贵的电视广告媒体。而且电视作为旅行社的广告媒体,更适合于对旅行社的整体形象进行宣传。由此,国内旅行社在选择广告媒体时,使用比较多的是报纸、电台广播、活页宣传品以及馈赠广告等。另外,随着电脑网络的普及,旅行社拥有网站的也越来越多。在这里,需要指出的是,在传播媒体较普及的今天,在一个地区、一个城市有众多可供广告刊登媒体选择的今天,即使同一类媒体,由于媒体本身的市场定位不一样,旅行社仍有必要根据自身的产品市场做审慎的比较选择。例如,把一个针对银发市场的旅游产品刊登在一份发行对象主要定位于年轻人的报纸上,其效果显然将大打折扣。

以香港旅行社为例,其每年都要用几百万乃至几千万港币进行大规模的、持续的形象宣传和旅游产品的宣传,以使人们不仅对该旅行社有信心,而且不断被新鲜的旅游路线所吸引。在宣传上除了电视、电台广播、公司广告牌、旅游线路推广广告外,还拍摄电视片,着重对某一个景区或线路进行宣传。为此,旅行社往往组织专门的班子进行策划,每年香港旅行社花费在宣传上的费用占营业收入的 15％以上,由此可见香港旅行社对宣传的重视程度。内地旅行社常有的"皇帝女儿不愁嫁"思想、"好酒不怕没人买"观念已大大落后。新事物层出不穷,新科技日新月异,市场的竞争是不留情面的。不宣传自己的品牌就有可能在市场的竞争中打败仗。时代不同了,中国加入WTO 后面临的对手将是世界级的企业。因此,国内旅行社必须更加关注并研究广告和企业经营之间的关系。

二、旅行社人员推销

(一)人员推销的方法

人员推销是指旅行社通过推销人员直接沟通以达到销售目的的一种促销方式。推销人员通过与潜在旅游者或客户的直接接触,向他们推荐旅行社的产品,解答他们提出的各种问题,引导消费并设法取得购买旅行社产品的合同。人员推销的方法有:①人员接触。包括个别推销人员同个别旅游者接触、个别推销人员同客户接触、推销小组同客户接触三种形式。②会议促销。是指旅行社推销人员邀请旅游者或客户代表在某一约定地点开会,由推销人员向与会者介绍旅行社的产品并进行促销活动。③讲座促销。是指由旅行社派遣推销人员前往客户所在地作关于旅行社最新广告产品的教学式讲座的促销方式。

（二）人员推销的技巧

对于不少旅行社来说，人员推销是一种常用的方法。在这里，我们着重分析怎样才能做到成功的推销。

1. 人员推销失败的原因

总的来说，目前国内旅行社人员推销的绩效是不理想的。考究人员推销失败的原因，归纳起来有两方面，即主观的和客观的。

推销人员推销失败的客观原因有：①被推销的对象没有能力接受这样的产品，即没有购买能力；②被推销的对象不需要这样的产品；③被推销的对象目前暂不需要这样的产品，即未到购买的周期；④因历史原因或其他因素对推销的旅行社有成见；⑤其他。

推销人员推销失败的主观原因有：①对推销的产品缺乏足够的了解，也就是认知程度低，对产品的特点、服务的程度、在市场上的竞争优势、购买了产品或服务后所享受的利益等知之甚少；②不清楚产品的消费对象或市场定位；③不清楚消费者对产品的需求度；④不清楚谁对产品的消费有决策权；⑤推销的时间选择错误。

比如，某单位今年已经组织过一次集体的旅游活动，推销人员再去上门推销，无功而返的可能性就比较大。又如，对不少机关事业团体来说，星期一上午是领导最忙的一个时间段之一，或者开会，或者忙于布置任务分配等，如果旅行社推销人员选择这个时间上门进行推销，其效果显然也不会理想。另一方面，客观原因造成的推销失败归根结底还是推销人员自身原因造成的。这正像一个垂钓者找错了鱼塘结果一无所获一样，原因在于垂钓者本人。

案例 6.2　沉默并不是金

某旅行社面向散客市场推出的"北京包机双飞送天津"产品一投放市场，就因为价格便宜，且有"送"天津而引起了众多旅游者的青睐。在启程的前一天，门市还有 6 个头等舱的机位。这天上午，有顾客来电话咨询。以下是该旅行社门市员工和旅游咨询者的对话：

员工：您好！某某旅行社。

顾客：请问"北京包机双飞送天津"，还有没有？

员工：有的，还有 6 个头等舱。但价格比普通舱每人要高 200 元，要 1998 元。

顾客：你们在广告上不是说 1798 元吗？没有说头等舱要高出 200 元呀？

员工：是的，我们在广告上是没有做说明。

顾客：我们刚好有 6 个人，但 1980 元的价格不行。如果 1780 元可以的话，我们过来办手续。

员工：对不起，这不行。

顾客：(沉默片刻)没有别的办法吗？

员工：没有。

顾客：(再次沉默)。

员工：再见。

思考题：1. 算一算，如果到了启程的那一天，6个头等舱仍未销售出去，则因为这一次不成功的人员推销造成的损失是多少？

2. 正确的推销法应该是怎样的？

旅行社门市服务人员与旅游咨询者的接触是一种典型的人员推销。如果门市服务人员掌握了推销技巧，成功的可能性更大。因为进门的或打进电话的旅游咨询者不少是有备而来的。在本案例中因为门市工作人员的失误，给旅行社造成的损失是巨大的。

在人员推销过程中，被推销者一般会对旅行社吃、住、行、游、购的安排——为什么这样安排而不那样安排，做种种提问，对不同旅行社的同类产品的不同价格提出疑问，如果推销人员不能做迅速、正确、合理的解释，被推销者对推销者的信任度就会大大下降，进而会影响到产品的成交。

因此，要使推销不失败，推销者首先要做到五个明白：①明白自己推销什么。包括产品的特点、服务的程度、在市场上的竞争优势、购买了产品或服务后所享受的利益等。②明白谁将购买这个产品。③明白消费者什么时候将需要这个产品。④明白消费的决策者，即谁有拍板购买的权力。⑤明白选择什么时机去推销这个产品最合适。

2. 进行成功的推销

(1)推销前的准备工作

知己知彼。"知己"主要是指推销人员要充分熟悉本旅行社的产品，这是推销的基点之一。它包括本社旅游产品的构成、特点、性能、与市场上其他同类产品的区别等。旅行社推销人员不可能对每一个产品都做亲自的"踩线"，但是，在推销的时候，必须以一个"旅游专家"的形象出现，因此，对推销的产品的研究越仔细、透彻，成功的把握就越大。比如，从客源出发地到旅游目的地的距离、飞行的时间、目的地的风土人情、游览景点的概况、住宿、用餐、土特产等的情况，旅行社推销人员都应该了如指掌。另外，门市服务人员还要得到门市经理或旅行社经理必要的授权，如产品价格的折扣等。

"知彼"主要是指推销人员要对被推销对象的有关情况有相应的认知，这是推销的另一个基点。"知彼"主要指前面所述"五个明白"中的后面"四个明白"，即明白谁将购买这个产品；明白消费者什么时候需要这个产品；明白消费的决策者，即谁有拍板购买的权力；明白选择什么时机去推销这个产品最合适。那么，如何获取以上四个方面的信息呢？至少,下列途径是可以利用的:被推销对象本身所做的广告;电话号码簿;推销者的亲朋好友;被推销对象周围的一些人,如秘书、门卫、接待员、清洁工、电梯员及其他工作人员。比如,被推销对象本身所做的广告至少向旅行社推销人员提供了这样一些信息:这是一家有收益的或正准备逐步扩展业务的公司;该公司的办公地址、电话号码,甚至公司决策人等;又如,若推销人员事先没有掌握被推销者的一些信息,诸如购买决策者、姓名、具体办公地点等,则可以通过门卫、电梯员等加以了解。

设计推销"脚本"并进行"彩排"。设计好推销"脚本"并进行"彩排",是人员推销准备工作的一个重要部分。可以设想,电影演员在舞台上即兴编台词,结果会怎样?舞蹈演员在舞台上即兴编舞会怎样?音乐演奏时即兴谱曲又会怎样?同样,面对一个陌生者,推销员没有脚本即兴推销,糟糕的结果可想而知。

推销"脚本"主要有以下一些内容:所推销产品的特点,包括产品构成(线路、交通、景点、旅游点常识等)、价格、与同类产品相比的优势(服务优势、质量优势)等;被推销者对产品可能的提问;被推销者对其他一些(旅行社的经营、本地区其他旅行社的情况)问题可能的提问;自己与对方进行沟通的话题。

总之,设计脚本,进行彩排的目的是把自己包装成有经验的、有丰富知识的、充满自信的专家型角色。

重视仪容仪表。推销人员的仪容仪表是推销过程中第一印象的重要组成部分之一,总的来说,要做到庄重、有亲和力,切忌随意。

(2)推销过程的工作

推销过程的工作主要有以下几个步骤:①树立自信、有高昂的情绪;②进入被推销对象的办公场所;③交谈;④捕捉对推销有价值的信息;⑤留下推销的旅行社产品资料及联系方法。

交谈过程中应注意的细节是:第一,必须要能叫得出被推销者的姓或名字;第二,用开放式的问题而不用封闭式的问题来引起话匣;第三,在谈话之初,为融洽关系,消除彼此的紧张,要尽量使被推销者多讲话,而推销者除了提问以外,则尽量少讲;第四,注意表达时的语气、语速、情绪。

被推销者对推销产品感兴趣的信号一般有:认为价格偏高;认为产品与他们的理想需求有差距;有旅游的打算,但卖家未确定等。

(3)推销的信息总结整理汇报工作

总结工作。总结工作主要是检讨自己的推销术,积累经验。

信息登录汇报。信息登录工作是旅行社信息库建立的组成部分之一,它对旅行社以后的促销工作有着很大的作用。推销员该登录的信息主要是:①被推销对象对产品的需求能力、需求周期(需要什么、何时需要、消费能力)等;②被推销对象对价格的敏感度;③整理被推销者名片;④填写《旅行社产品促销档案》;⑤被推销对象的组织规模。

人员推销具有明显的优点：①推销人员在与被推销人员进行接触的过程中能及时得到信息的反馈；②推销人员能够随时根据被推销对象的意见，在允许的范围内对产品的构成、服务、价格等进行适当的调整；③推销人员能够直接接触到预先选定的推销对象，具有很高的推销命中率；④推销人员能够直接从被推销对象那里得到购买产品的保证，甚至会当场成交。当然，人员推销也存在费用高、一次性推销对象有限等缺点。并且，从实际情况来看，我国旅行社还缺少一支合格的推销人员队伍。

三、旅行社公共关系

公共关系是指通过信息沟通，发展旅行社与社会、公众之间的良好关系，建立、改善、维护或改变企业和产品的形象，营造有利于企业的经营环境和经营态势的一系列措施和行动。就目前我国旅行社经营的社会软环境来说，采用公共关系，其优势效果十分明显，这主要表现在两个方面：一是公共关系以远远低于广告的代价对公众心理产生较强的影响，并且它所带来的可信度要比广告高得多；二是旅游产品生产与消费同一性的特点，使得它的质量只有在消费之后才能得到验证，因而其销售也更易受广告和公共宣传的影响。旅行社公共关系的对象主要有针对新闻界的公关活动和针对社会公众的公关活动两大类。

（一）针对新闻界的公关活动

美国营销学大师菲利普·科特勒指出，公共宣传就是"以不付费的方式从所有媒介获得编辑报导版面，供公司的顾客或潜在顾客阅读、看到、听到，以帮助达到特定销售目的的活动"。这里的公共宣传也就是针对新闻界的公关活动。由于公众一般倾向于认为新闻报道更具客观、公正的色彩，而广告传达的信息可信度较低，因此，如果能撰写或创作一些有吸引力的信息而使各种媒介竞相采用，它所产生的价值就可能与花费几万、几十万元的广告相匹敌，而且无需为占用新闻媒体的篇幅和时间付费。旅行社公共关系的最常用方法是向新闻媒体发送消息，通报有关的特殊旅游产品及其他旅游方面的消息。如果旅行社开发出了新的产品，就可采取新闻发布会的形式向旅游者及客户进行介绍。

从我国旅行社促销的实践来看，针对新闻界的公关活动的方式主要有新闻发布会、熟识旅行等。

1.新闻发布会

新闻发布会是旅行社向新闻媒体通报、发送有关的旅游产品及其他旅游方面的消息的活动。

案例 6.3 "千岛湖亲子游"的媒体效应

2001 年 8 月,浙江省淳安县千岛湖风景旅游管理局为了能成功地举办 9 月份的千岛湖秀水节,决定在 8 月份的旅游旺季和杭州的一家旅行社先在杭州市场联合推出"千岛湖亲子游"的短线产品,目的是利用这个产品来提升千岛湖秀水节这一节庆活动的知名度。因为杭州距离千岛湖只有 3 个小时的路程,而"千岛湖亲子游"活动的目的是宣传千岛湖秀水节,因此,"千岛湖亲子游"活动的创新非常重要,只有具备高度的创意,才能引起公众的注意,媒体才有内容可以宣传。在这种情况下,举办的旅行社在产品设计之初,就邀请多家媒体的相关人员加入。由于产品设计运用了头脑风暴法,设计出的产品非常富有新意;又由于媒体大力合作,多家报纸、电视台对该产品进行从头到尾的跟踪报道。结果,活动大大超出主办者的预料,在 3 个星期的 6 个双休日时间里,旅行社收客量达到 1100 多人,很好地达到了预期目的。

思考题:1.媒体人物对旅行社产品策划并不一定在行,但主办者为什么要请他们参与产品设计?

2.部分业内人士说,当下的媒体对旅行社来说是把"双刃剑",你怎么理解?

采取新闻发布会这一公关活动,所发送的消息必须富有新闻价值,能够吸引受众对产品的注意力。否则,便不能激发公众的购买欲望。

2.熟识旅行

熟识旅行是指旅行社通过邀请媒体中人免费旅行,使他们对旅行社的产品产生浓厚的兴趣,留下深刻的印象,尔后通过他们对旅行社产品进行介绍和报道的一种公关活动。

熟识旅行这种公关活动的效果取决于几个方面。一是被邀请的媒体人物。熟识旅行应该邀请和旅游有关的如旅游专栏、旅游版、旅游节目的记者或作家。二是其所在的报刊的发行量、电视台的收视率等在当地的知名度。知名度越高,效果越好。三是熟识旅行的内容本身要有新意,活动安排要丰富多彩、细致周到。

(二)针对社会公众的公关活动

根据不同对象,针对社会公众的公共关系可具体分为针对顾客、企业员工以及旅游目的地公众的公关活动。这类公关活动主要包括:①注重服务质量,高度重视并妥善处理投诉;②出版杂志、刊物,通过定期或不定期的出版物与员工沟通,关心员工生活,增强员工归属感、自豪感和凝聚力;③赞助公益事业;④与有关机构建立友好联系;⑤积极参加社会活动,担负一定的社会责任。

四、旅行社销售促进

销售促进,也叫营业推广,它是指对本行业(一般是中间商)以及旅游消费者或销售队伍成员提供短期激励的一种活动,目的是促其购买或努力销售某一特定产品。销售促进往往是一种临时性的、带有馈赠性质或奖励性质的促销方法。例如,2001年春节期间,某城市有多家旅行社推出春节广州、深圳、珠海、香港、澳门包机游,竞争比较激烈。其中一家中等规模的旅行社为规避风险,推出了限时优惠的办法。旅游者越早报名,优惠越多。结果成功地售出了所有机位。由此可见,销售促进是为了谋求产品在较短的一段时间有较大的销量的一种手段。

对于旅行社企业来说,销售促进的作用是非常明显的:首先,它可以促使旅游者购买本旅行社产品;其次,和其他旅行社形成竞争;最后,还可以促进旅行社其他产品的销售。销售促进的类型主要有以下三种。

(一)针对旅游者的销售促进

针对旅游者的销售促进活动,其目的在于引起公众注意,以此吸引新顾客,促成老顾客对本旅行社产品的忠诚。旅行社常用的销售促进手段主要有免费赠送纪念品、宣传品、抽奖促销以及设立俱乐部等。

案例6.4　中国国旅(浙江)国际旅行社300份双节大礼送给微博粉丝

以往人们对旅游产品的了解往往通过并局限于平面媒体。正版密密麻麻的文字聚集了数十个旅行社的上百条资讯,消费者却无法从中得到完整的信息。当网络在人们生活中成为不可或缺的部分的时候,旅行社开始寻求新的宣传路径——办网站、开网店,而此时,消费者却又不可能花上一段时间去耐心地了解全部产品信息。

2010年,中国互联网进入了"微博时代"。言简意赅的文字表达方式正日益被人们所热捧,从长篇大论的博客到如今的微博,体现了现今人们对信息获取简明、快捷的需求。许多旅游企业也看中了"微博"迅速而全面的传播影响力,打破以往单一的广告形式,利用微博结合平面媒体,积极打造线上线下的全方位宣传模式。

这种宣传模式不但能将最新的旅游产品以最简单的方式传递给消费者,而且不需要投入大量的宣传经费,就能取得较好的宣传效果,这让旅游企业找到了开源节流的新路子,也打开了立体宣传的新思路。

日前,中国国旅(浙江)国际旅行社也开设了专属微博(http://t.qq.com/zjcits),用于发布最新的产品资讯、旅游动态。

中秋国庆双节来临之际,前300位"收听"公司微博的网友,将会收到中国国旅(浙江)国际旅行社以挂号信方式送出的一份节日大礼——一张价值68元的天下卡。

据悉,天下卡是由中国国旅(浙江)国际旅行社推出的旅游行业的4合1储值卡,集旅游优惠、企业旅游福利、网络功能、信息功能于一身,可反复充值。天下卡持有人可以在中国国旅(浙江)国际旅行社在全省各地的营业部和分公司刷卡消费,消费内容包括参团旅游、购买机票、租车、购买景点景区门票等旅游产品。天下卡也可作会员卡使用,只要在 www.citsok.com 上用卡号注册成为会员,便可享受多重优惠待遇的会员积分。

　　思考题:1.旅游促销宣传的途径有哪些?

　　　　　　2."微博"宣传促销相对于传统的媒体促销有哪些特点?

(二)针对旅游中间商的销售促进活动

　　在我国的入境旅游市场中,在一些拥有广泛销售网络的国内旅行社的业务展开过程中,积极争取中间商的支持和合作,对于产品的销售具有极重要的现实意义。

　　旅行社针对旅游中间商的销售促进活动主要有:①给予中间商优惠和折扣。这是旅行社通常的做法。②给予推广津贴。旅游零售商在销售了某个产品后,在佣金之外还能得到一定比例的补贴。给推广津贴的目的就是激励中间商更好地推广新产品。③提供宣传品。即向中间商提供用于陈列和展示的广告招贴画、小册子、录像带等宣传资料。④联合开展广告活动。它是旅游产品生产者和中间商联合促销的一种方式,通常由旅游生产商提供资料和一定比例的资金(广告津贴),会同中间商联合制作或由中间商单独制作广告,然后联合发布广告,这种广告宣传服务于双方。

(三)针对旅游推销人员的销售促进活动

　　对推销员的销售促进也是旅游企业加强促销工作常用的方法之一,其目的在于调动推销人员的促销积极性。常用的方法有:①让利。根据每人的推销业绩给予额外的奖励。②销售集会。这种集会常常在游乐地和餐馆举行,在沟通信息的同时,也带有奖励的性质。③销售竞赛。通过组织销售竞赛,奖励销售成绩突出的推销人员,以此调动推销人员的积极性。

第三节　旅行社产品的销售渠道

　　产品的设计、定价、促销,其最终目的是为了销售。旅行社作为企业,只有将产品销售出去,才能生存和发展。旅行社产品的销售渠道有哪些? 旅行社应该选择哪一种销售渠道? 怎样和产品销售者建立关系? 本节阐述的就是这些方面的内容。

一、旅行社产品销售渠道的类型

旅行社产品的销售渠道可分为直接销售渠道和间接销售渠道。

(一)直接销售渠道

直接销售渠道又称为零环节销售渠道,就是产品生产地的旅行社直接将产品销售给旅游者。直接销售渠道一般有两种形式:第一,旅行社在其所在地直接向当地旅游者销售产品;第二,旅行社在主要客源地区建立起一个销售网络,通过它们达到销售产品的目的。

直接销售渠道作为一种自产自销的销售方式,其优点有:①利润大。由于直接销售渠道没有中间环节,降低了成本支出,增加了旅行社的利润。②及时。旅行社通过直接向旅游者销售产品,可以及时将旅行社开发的最新产品尽快送到旅游者面前,有利于旅行社抢先于其竞争对手占领该产品的市场。③灵活。旅行社在销售过程中可以随时根据旅游者的要求对产品进行适当的修改和补充。④附加值高。旅行社在销售产品的同时可以向旅游者推荐旅行社的其他一些产品,如回程机票、车票等,增加产品的附加值。⑤简便。旅行社直接向当地旅游者销售产品,办理销售的手续简便。其缺点是由于销售影响的范围有限,因此也影响到产品的销量。

(二)间接销售渠道

间接销售渠道是旅行社通过中间商将产品销售给旅游者的一种销售方法。间接销售渠道有单环节销售渠道、双环节销售渠道和多环节销售渠道三种。

1. 单环节销售渠道

单环节销售渠道是指在生产旅游产品的旅行社和购买产品的旅游消费者之间存在有一个中间环节的一种销售渠道。如在入境旅游业务的销售链中,产品的生产者是国内的国际社,但产品的销售者往往是境外的旅游批发商等,他们是连接国内国际社和国外旅游消费者的中间环节。

2. 双环节销售渠道

双环节销售渠道是指在生产旅游产品的旅行社和购买产品的旅游消费者之间存在有两个中间环节的一种销售渠道。如在入境旅游业务的销售链中,产品的生产者是国内的国际社,但产品的批发商是境外的旅游批发商或旅游经营商等,他们再把产品出售给客源地的各个旅游代理商,由旅游代理商最终把产品销售给旅游者。

3. 多环节销售渠道

多环节销售渠道包括三个或更多个中间环节,主要用于销售量大、差异性小的某些入境旅游产品。

间接销售渠道的优点主要表现在以下两个方面:第一,它改变了直接销售渠道销售影响范围有限的缺点,具有比较广泛的影响面;第二,由于旅游中间商对所在地区旅游者的消费爱好、消费特点比较了解,因此,其能够有针对性地推销适合旅游者需要的产品。并且,有时候旅游中间商对旅游者产品的选择也往往起着较大的影响作用。因此,旅游中间商对产品销售的影响是相当大的。间接销售渠道的缺点是由于增加了销售环节,因此,相应地增加了销售成本。成本增加导致单位产品价格提高,自然会对产品的销售量带来一定的负面影响。

二、旅行社销售渠道的选择

在产品销售过程中,旅行社到底选择哪一种销售渠道,则需要从以下四个方面考虑:第一,旅行社与目标市场的距离;第二,客源市场的集中程度;第三,旅行社的自身条件;第四,比较不同销售渠道所产生的经济效益。

(一)旅行社与目标市场的距离

从经济角度出发,如果旅行社与目标市场的距离比较近,比如在同一个城市或地区,很显然就应该选用直接销售渠道。相反,如果旅行社距离目标市场比较远,则可以考虑选用间接销售渠道。原因是:①由于生产产品的旅行社远离目标市场,很难做到对那里的旅游消费者进行深入的了解,而当地的旅行社则因长期与该地区的旅游者打交道,比较熟悉旅游消费者的需求,他们能够开展有的放矢的宣传促销,吸引更多的旅游消费者购买旅行社的产品。②由于距离目标市场比较远,如果旅行社派遣销售人员直接去销售其产品,则需要花费大量的差旅费、工资补贴等,这样就增加了产品的成本支出,降低了销售利润。而选择利用目标市场所在地旅行社作为中间商进行销售,则只需付出一定比例的销售佣金。

(二)客源市场的集中程度

在一些范围小而旅游消费者又集中的目标市场,旅行社可以选用直接销售渠道。因为它销售成本低且招徕的客源多。相反,对于那些范围广、旅游消费者分散的目标市场,则应该选用间接销售渠道。

(三)旅行社的自身条件

所谓旅行社的自身条件,包括这样一些重要因素:旅行社的品牌、经营能力、财务能力等。旅行社如果拥有品牌、经营人员素质比较高、经营能力比较强、财务状况良好,就可以选用直接销售渠道,否则相反。

(四)比较不同销售渠道所产生的经济效益

不同销售渠道给旅行社带来的经济效益肯定是有区别的。一般来说,旅行社通过旅游中间商销售其产品所获得的销售收入要低于由旅行社直接进行产品销售所获得的收入,因为旅行社必须支付部分佣金给旅游中间商。但是,正如上面所述,通过旅游中间商又可以节省另外一些费用。所以,旅行社确定销售渠道时,应该比较不同销售渠道所产生的实际经济效益。

三、旅游中间商的选择和分销策略

(一)旅游中间商的选择

旅行社在选择了采用间接销售渠道的方法后,一个重要的工作是正确选择旅游中间商。它直接关系到产品的销量,自然也关系到旅行社的经济效益。一般来说,在选择旅游中间商时,着重考虑以下几个方面:①中间商所处的地理位置是否是客源相对集中的地方,是否是旅行社产品的目标市场所在;②中间商对于本旅行社的产品是否有较强的依赖程度,是否表现出积极的合作愿望;③中间商是否有很好的信誉和良好的声誉,是否具有较强的推销能力和偿付能力。

(二)旅行社的分销策略

旅游中间商数目的多少,和旅行社的分销策略密切相关。通常,旅行社的分销策略有以下三种:密集分销、选择分销和独家分销。

1.密集分销

所谓密集分销,是指旅行社尽可能地与目标市场的一些负责任的中间商建立业务关系,通过他们推销其产品。旅行社采取密集分销策略的目的是建立一个由众多旅游中间商组成的松散型销售网络。在这个网络里,旅行社与各个旅游中间商之间彼此达成默契,由旅游中间商向旅行社提供客源,并由旅行社根据销售额给予旅游中间商一定的报酬。然而,旅行社和旅游中间商之间不存在严格的相互约束关系。旅行社可以接待由销售网络以外的旅游中间商所招徕的旅游者,网络内的旅游中间商也可以向旅行社的竞争对手提供客源。

密集分销的优点:①销售范围广,旅游消费者能够随时随地买到旅行社的产品;②能够比较迅速地提高旅行社在市场上的形象。其缺点是由于旅行社对旅游中间商不可能拥有严格的约束,双方只是根据各自获利的情况来决定是否继续合作,因此难以保持稳定的合作关系,并可能导致旅行社产品的销售量不稳定。正因为这样,所以密集分销策略一般用于旅行社开辟新市场时期。

2.选择分销

所谓选择分销,是指旅行社在目标市场仅仅通过少数几个精心挑选的、最合适的中间商来推销其产品。选择分销要求中间商在市场营销、招徕客源、企业经济实力、信誉和在市场上的声誉等方面具有一定优势,经营业务要与本旅行社基本相同。

选择分销的优点:①销售成本低。由于选择分销的旅游中间商数量较少,因此,旅行社用于销售方面的成本相对降低,从而增加了旅行社的利润。②市场覆盖宽。选择分销所确定的中间商在市场上有较强的产品推销能力,和旅游者的接触更为广泛。③合作关系比较稳定。选择分销所确定的中间商同旅行社的业务往来密切,双方在产品经营方面有着共同的业务兴趣和经济利益,所以双方的合作关系比较稳定。其缺点是实行难度比较大。旅行社产品在旅游市场上经常处于买方市场,旅行社要寻找一个理想的合作伙伴并不是一件容易的事情。另外也有一定风险。如果中间商选择不当,则有可能对产品销售的全局产生影响。

3. 独家分销

所谓独家分销,是指旅行社在目标市场仅选择一家中间商来推销其产品。采用这种销售方式时,往往双方协商签订独家经销合同,规定中间商不得经营其他旅行社的产品,以控制中间商的业务经营,调动其经营积极性,占领市场。

独家分销的优点同选择分销一样,一是销售成本低;二是合作关系稳定。其缺点是:①市场覆盖面有限。独家分销是一种完全排他性的销售方式,在一个目标市场它只允许同一个中间商建立合作关系。这样,旅行社就无法接触该地区的其他旅游中间商,不利于旅行社扩大产品的销售范围。②风险系数大。比选择分销更甚的是,独家分销的中间商选择不当,对全局造成的影响也更大。

四、旅游中间商的管理

旅游中间商的管理工作主要包括建立业务档案、沟通信息和激励等几个方面。

(一)建立业务档案

建立业务档案是旅行社管理旅游中间商的重要方法之一。业务档案应按照旅游中间商的名称建立。旅行社在业务档案中记录每一个旅游中间商的历史和现状、输送旅游者的人数、频率、档次、欠款情况、付款时间等信息。通过对这些信息的分析和研究,旅行社销售人员能够对不同旅游中商商的能力、信誉、合作程度、合作前景等做出判断和预测,并据此对他们分别采取相应的对策。

(二)沟通信息

及时沟通信息是旅行社加强对旅游中间商管理的又一重要措施。旅行社及时向旅游中间商提供各种产品信息有助于旅游中间商提升产品推销的效果。同时,旅行社也能够根据旅游中间商提供的市场信息改进产品的设计,开发出更多适销对路的产品。

(三)激励

选择好中间商是生产产品的旅行社的工作,经常激励中间商并使之尽职,同样也是一项重要的工作。对中间商激励的一个重要基点就是站在对方的立场上去了解现状,设身处地为对方着想,而不应仅从自己的观点出发看待问题。在激励机制的运用中,旅行社必须尽量避免出现两种情况,即激励过分与激励不足。当给予中间商的优惠条件超过他取得合作与努力水平所需条件时,就会出现激励过分的情况,其结果是导致销售量提高,而利润量下降。当生产者给予中间商的条件过于苛刻,以致不能激励中间商的努力时,则会出现激励不足的情况,其结果是销售量降低,利润减少。所以,旅行社必须研究应花费多少力量以及花费何种力量来鼓励中间商。

在我国,旅行社常用的激励是折扣法。它包括数量折扣、季节折扣和现金折扣三种方法。

1. 数量折扣

数量折扣是一种以旅行社产品的基本价格为基础,根据旅游中间商销售旅行社产品的销售总额给予一定程度的折扣的激励方法。当旅游中间商达到了一定的销售额度时,它就可以享受低于产品基本价格一定比例的折扣而得到奖励。数量折扣的目的是鼓励中间商多向旅行社输送客源。

2. 季节折扣

季节折扣是旅行社为缓解旅游淡、旺季的矛盾,用经济杠杆来调节旅游中间商向旅行社输送旅游消费者的积极性的一种策略。旅行社淡季、旺季明显的特征,使得旅行社时高时低的客流量成为严重影响旅行社经济效益的一个不利因素。尤其是在旅游淡季的时候,寥寥无几的旅游者,造成了旅行社各种资源的浪费。通过季节折扣法,鼓励中间商在旅游淡季向旅行社输送客源,可以在一定程度上减少这种浪费。

3. 现金折扣

现金折扣是旅行社为了鼓励旅游中间商尽快向旅行社付款,避免或减少拖欠款、呆账等不良债权产生的一种管理手段。

(四)定期评估、调整

生产产品的旅行社除了日常管理和激励外,还必须对中间商做定期评估和及时调整的工作。如果某一中间商的销售绩效大大低于平均标准,则须找出其原因,同时还应考虑将要采取的措施。在旅行社对中间商的管理中,用评比的办法,即列出一定时期内各中间商的销售额,并依销售额大小排出先后名次的方法可促使后进中间商为了自己的荣誉而奋力上进;也可促进先进的中间商努力保持已获得的荣誉。

衡量中间商的绩效,可以用两种形式的比较法。第一种是中间商本身销售额的纵向比较,即将每一中间商的销售绩效与上期的绩效进行比较,并以整个群体的升降百分比作为评价标准。第二种是将各中间商的绩效与该地区的销售潜量分析所设立的配额相比较,即在销售期过后,根据中间商的实际销售额与其潜在销售额的比率,将各中间商按先后名次进行排列。这样,旅行社的调查与激励措施可以集中于那些未达既定比率的中间商。在对中间商销售绩效进行衡量的基础上,旅行社应该结合旅游市场、旅游中间商和旅行社的自身发展等因素的变化,对中间商做适当的调整。

本 章 小 结

旅行社在经营过程中,要制定出合理的产品价格,必须遵循相应的原则,它们是市场原则、质量原则、稳定性原则和灵活性原则。

根据旅行社经营目标,产品价格的制定策略有六种:利润最大化、投资回报最大化、保持价格稳定、维持企业生存、保持现状和扩大产品销售量。

旅行社基本的定价策略有成本导向型、竞争导向型、需求导向型等。旅行社新产品的定价策略主要有两种:市场取脂定价策略和市场渗透定价策略。旅行社定价方法有三类,即以成本为中心的定价法、以需求为中心的定价法和以竞争为中心的定价法。

旅行社常用的促销方法有广告、人员推销、公共关系和销售促进四种类型。广告是旅行社促销中使用最频繁、最广泛的一种促销手段。人员推销是指旅行社通过推销人员直接与旅游者沟通以达到销售目的的一种促销方式。旅行社公共关系的对象主要有针对新闻界的公关活动和针对社会公众的公关活动两大类。销售促进是为了谋求产品在较短的一段时间有较大的销量的一种手段。

旅行社产品的销售渠道可分为直接销售渠道和间接销售渠道。间接销售渠道是旅行社通过中间商将产品销售给旅游者的一种销售方法。间接销售渠道有单环节销售渠道、双环节销售渠道和多环节销售渠道三种。旅行社选择销售渠道需要考虑:第一,旅行社与目标市场的距离;第二,客源市场的集中程度;第三,旅行社的自身条件;第四,比较不同销售渠道所产生的经济效益。

旅行社如果选择了间接销售渠道的方法,则一项重要工作是正确选择旅游中间商。它直接关系到产品的销量、旅行社的经济效益。旅游中间商的管理工作主要包括建立业务档案、沟通信息、激励和定期评估、调整四个方面。

关 键 术 语

成本导向型定价策略　指价格的决定很大程度上依赖边际成本或总成本。在成本容易确定,且对旅游消费者和旅行社双方都公平的情况下,成本导向型定价是较受欢迎的定价策略。

竞争导向型定价策略　指旅行社定价时,其主要依据是竞争者的产品价格。

需求导向型定价策略　指定价的依据不是成本而是需求维度。旅行社通过确定旅行社产品和服务在旅游者心目中的价值而制定相应的价格。

市场取脂定价策略　指产品刚刚进入市场,趁需求尚缺乏价格弹性时制定高价以获得高额利润的定价方法。这只是一种适用于短期的定价策略。

市场渗透定价策略　指旅行社在刚刚进入市场时通过制定低价的方法,以进行快速而深入的市场渗透,争取吸引大量的顾客,赢得较大的市场份额。

促销定价策略　指旅行社制定价格时考虑企业促销活动的需要而采取的一种手

段。其目的是使价格的确定与促销活动相互协调。

广告预算　是旅行社在一段时期内投入广告活动的费用总额,它一般以年度为单位。广告预算是旅行社广告活动得以持续、顺利开展的必要保证,是扩大旅行社产品销量的保障。

公共关系　指通过信息沟通,发展旅行社与社会、公众之间的良好关系,建立、改善、维护或改变企业和产品的形象,营造有利于企业的经营环境和经营态势的一系列措施和行动。

销售促进　指对本行业(一般是中间商)以及旅游消费者或销售队伍成员提供短期激励的一种活动,目的是促其购买或努力销售某一特定产品。

密集分销　指旅行社尽可能地与目标市场的一些负责任的中间商建立业务关系,通过他们推销其产品。

选择分销　指旅行社在目标市场仅仅通过少数几个精心挑选的、最合适的中间商来推销其产品。

独家分销　指旅行社在目标市场仅选择一家中间商来推销其产品。

思 考 与 练 习

1. 旅行社经营目标对旅行社产品价格制定有什么影响?

2. 什么是成本导向型定价策略、竞争导向型定价策略和需求导向型定价策略?

3. 心理定价策略包含哪些定价策略?其具体含义分别是什么?

4. 什么是专门事件定价策略?

5. 作为旅游广告的主流媒体,报纸、电视、广播电台的优缺点分别是什么?

6. 旅行社应如何选择广告媒体和广告时间?

7. 什么是旅行社产品的人员推销?方法有哪几种?

8. 什么是公共关系?旅行社运用公共关系有什么好处?

9. 针对新闻界公共关系活动的方法有哪些?其具体含义分别是什么?

10. 什么是间接销售渠道?其优缺点是什么?

11. 旅行社的分销策略有哪几种?其具体含义分别是什么?

12. 旅行社如何正确选择旅游中间商?

第七章　旅行社的接待业务

学习目标

1. 旅行社接待业务的内涵
2. 旅行社接待业务的特点
3. 旅游团队的分类
4. 自联团操作程序
5. 一地团操作程序
6. 旅游接待计划的变更
7. 旅游团行李的交接
8. 散客旅游的特点
9. 散客旅游接待程序

本章概要

　　接待是旅行社业务中极其重要的一个方面,是旅行社产品由虚拟转化为现实的过程。接待水平的高低直接关系到旅行社产品的质量和企业声誉,进而影响到企业的经济效益和进一步发展。接待活动按团队活动的范围以及与旅行社的关系,可分为自联团和一地团;按其产品的组合形态的不同,可分为团体旅游接待和散客旅游接待。旅行社接待业务的主体是导游员,高质量的导游服务管理是旅游接待过程得以圆满完成的保障。上述内容构成了旅行社接待业务的基本思路。

第一节 旅行社接待业务概述

一、旅行社接待业务的内涵

旅行社的接待业务是旅行社为已经购买了旅行社产品的旅游者，提供系列实地旅游服务的一项综合性工作。旅行社接待业务的内容包括对导游人员的选择和安排，活动日程的落实，导游讲解、交通工具、住宿、餐饮等各方面的保证，以及沿线各接待社的落实等一系列工作。

二、旅行社接待业务的特点

(一)综合性和时效性

接待一个旅游团(者)常常要在几天或更长的时间内，由多个城市的多家旅行社按预定程序提供相应的服务才能完成，故而它是一项相当复杂的工作。具体讲，它需要外联社及各地接待社的步调一致，需要各供应单位按时、按质、按量地提供服务，需要全陪和地方导游的即时服务。而且在实际接待工作中还常常会发生预计不到的变化，如航班延误、天气原因使旅游行程被打乱等，这些情况不仅影响正常的接待工作，也会使接待工作的质量难以保证，从而给旅游者带来损失。

案例 7.1 很好地体现了旅行社接待的综合性和时效性的特点。

案例 7.1 沙尘暴吹走成都游

一韩国旅游团在中国的旅游线路为北京—西安—敦煌—西安—成都—桂林—广州。该旅游团在敦煌游览结束后，按计划应该经西安飞往成都，谁知天有不测风云，敦煌发生了沙尘暴，飞机无法起飞，旅游团只好在敦煌滞留两天。为了不影响后面的游程，无奈旅行社只能取消成都游，直接飞往桂林。

思考题：1.因自然原因而造成的旅游行程延误，旅行社该如何处理？

2.自然灾害有时会危及旅游者生命财产，旅行社应如何防范？

团队旅游活动如同一根链条，一环套一环，环环相扣，上一环节发生变化，以下各个环节就都需要调整。因此，保证这根"链条"上各个环节的通畅对旅游行程的顺利结束至关重要，"牵一发而动全身"用在这里非常贴切。

(二)规范化和个性化

为了保证服务质量,接待工作过程应流程化和规范化以保证服务标准。实践证明,接待服务的流程化和规范化可以减少事故隐患,保证接待过程各项工作的落实,从而最终提高旅行社接待服务的质量。所谓流程化,是指在接待工作中要按质、按量、按时地兑现已销售出的各项服务,如线路、日程、航班、车次,住什么饭店、吃什么东西、游什么景点等,除非因人力不可抗拒的原因,否则必须不折不扣地兑现"承诺"。案例7.2中,导游擅自更改行程,就产生了严重的后果。

案例 7.2　导游不可擅自更改行程

北京一家旅行社接待一个香港的观光团。按照合同规定,该团在北京游览4天,其中2月11日的行程是游览长城。该旅行社委派导游关某担任陪同。关某因私事未经旅行社同意擅自将游览长城的日期改为2月14日,即离京的前一天,而将2月11日改为购物。不料,2月13日晚突降大雪,积雪封路,导致了长城游"流产"。

思考题:1.导游可以更改行程吗?
　　　　2.案例中长城游"流产"的责任应由谁来承担?

另外,接待工作的服务对象是人,尽管参加同一旅游团原则上应该享受相同的服务,但他们的国籍、民族、职业、文化背景、年龄、性别、习惯、爱好以及健康情况等各不相同,对服务也有不同的要求。所以在提供规范化服务的同时,按照合理而可能的要求还应提供个性化的服务,在可能的范围内照顾旅游者的不同需求,给予热情但又有差别的服务。

(三)文化性和趣味性

现代旅游不仅是一种度假休闲活动,而且也包含着了解异国他乡的文化和增长阅历的动机。接待工作应针对游客的这种动机来满足他们的要求,并通过正确的介绍,使旅游者增进与中国人民的友好感情。这也是我国发展旅游业的一个重要目的。做好该项工作,旅行社的导游人员起着至关重要的作用。为此,导游人员应该对我国的史地文化知识以及政治、经济、外交等有较深入的了解,应该具备客源国情况及旅游心理学等方面的知识。就旅行社来说,应针对不同旅游团(者)的情况和要求,配备合适的导游。但是,宣传介绍并不是对旅游者上大课,更不是进行政治说教和辩论,而是要通过亲切自然、轻松幽默、引人入胜和雅俗共赏的导游艺术手法来达成这个目的。换言之,要通过健康的导游内容与趣味性的导游方式相结合来达成目的。

(四)热情友好和坚持原则

海外旅游者到中国是来花钱买休闲度假的,他们中间的许多人可能对中国了解不多,但可以肯定,绝大多数人不是敌视中国的别有用心分子,他们理应受到我们的热情欢迎。在旅游过程中,他们接触最多的是旅行社的导游,因此,导游就成了他们了解中国的桥梁和镜子,从这个意义上讲,导游称得上是"民间大使"。导游应该对旅游者持热情亲切的态度,提供细致周到的服务,正确地介绍我国的情况,耐心地回答他们的问题和解释他们的误解。对旅游者提出的要求,只要是合理的应该尽可能予以满足,即使对过于挑剔的旅游者,也要保持克制的态度。导游更须自重,绝不能做有损国格人格之事。对个别旅游者的恶意挑衅或侮辱性的要求,应采取有理、有利、有节的处理方法。

第二节　团体旅游接待业务

团体旅游接待业务是旅行社接待业务很重要的一个方面,它是一项综合性、系统性很强的工作。

一、旅游接待团队的分类

按团队旅游活动的范围,从旅游者与旅行社的关系以及接待角度而言,旅行社的团队主要可划分为自联团和一地团两类。

(一)自联团操作程序

自联团是对组团社而言的一个概念,它是指由客源地旅行社招徕旅游者并组织其出游而且对其旅游全过程进行服务与管理的一类团队。

图 7.1 所示为旅行社自联团操作程序。

从图 7.1 可以看出,自联团的操作有以下几个主要环节:

(1)设计产品并组团。旅行社是企业,产品是其赖以生存的手段。因此,其首要的工作就是进行产品设计。然后,根据市场的需求情况进行价格制定并把产品投向合适的市场。

(2)内部作业,进行计划编制。报价被接受后,要编制统一的团号,制订接待计划。

(3)在国内,出境游以及远程的国内游,在目前情况下,目的地的旅游活动还需由当地旅行社负责接待。因此,旅行社必须提早把团队接待任务计划发给合作的地接旅行社。

(4)安排导游。根据计划要求和语种选派导游(全陪或领队)。

(5)收款。根据"先收款,后旅游"原则,在与旅游者签订旅游合同后,应立即向对

旅行社经营管理

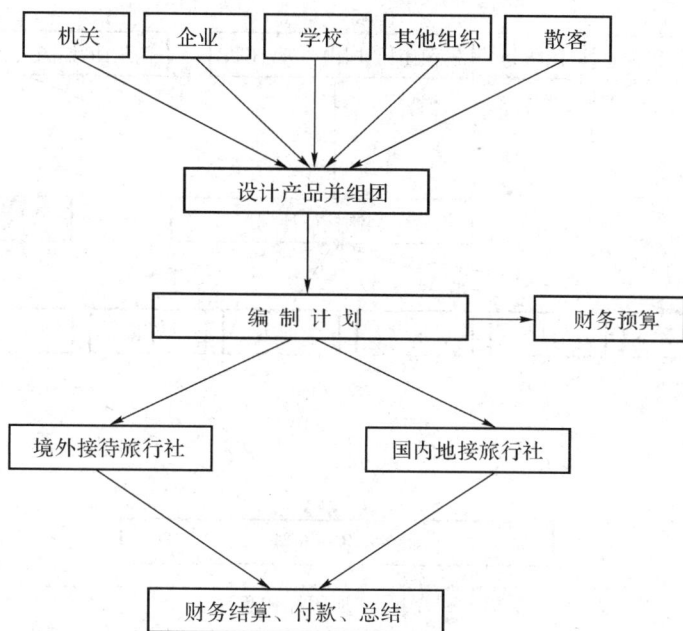

图 7.1　自联团操作程序

方收取全部或一定数额的团款。

(5)结算拨付和归档。团队旅游结束后,最后一项工作是成本结算并支付给接待社接待费用。同时,要对团队的接待工作进行总结,对团队所有资料进行归档。

(二)一地团

一地团是对于地接社而言的一个概念,即为组团社发来的团队提供在当地的吃、住、行、游、购、娱的全方位服务的一类团队。一地团的接待是旅行社接团管理中相当常见的一种。它比较客观地反映了旅行社的接团实力,是接待社创品牌的重要环节。

图 7.2 所示为旅行社一地团操作程序。

从图 7.2 可以看出,一地团的操作有以下几个主要环节:

(1)联系客源地旅行社,争取给团。地接业务的一个显著特点是团队由客源地旅行社给予。因此,能否与客源地旅行社建立广泛而友好的关系,直接关系到企业的业务量。

(2)研究组团社计划并重新编制自己的接待计划。组团社发来的接待计划是组团社与接待社之间的契约性文件,地接旅行社应做认真的审阅研究,并按本社的要求重新编制接待计划。

审阅研究的内容主要是以下方面:

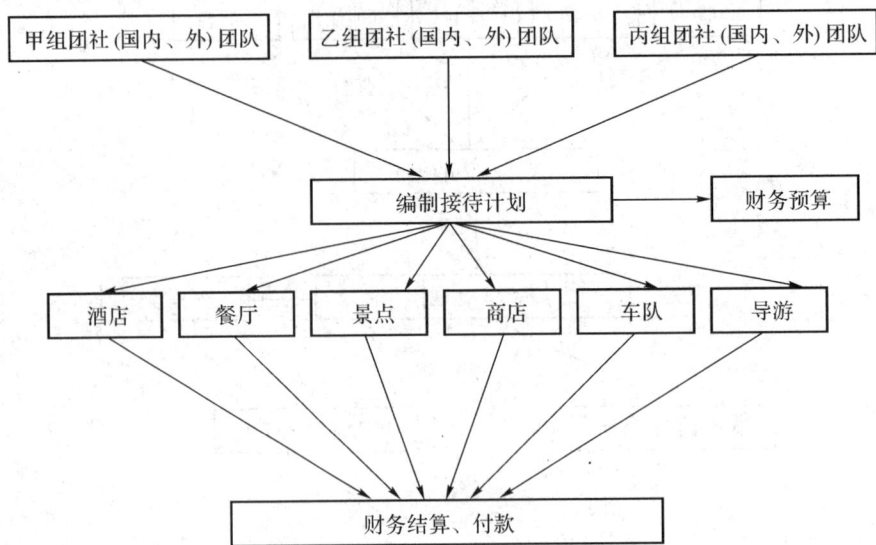

图 7.2 一地团操作程序

①旅行团团名、团号、人数、类别、国籍、接待标准及对导游的要求；

②抵离本地的机、车、船、航班号、车次、时间及去向，下一站的接待单位；

③对所住饭店的要求，房费是否含早餐，自订还是代订；

④旅游活动日程安排的要求，是否有风味餐或特殊项目；

⑤其他特殊要求。

计划审阅研究后，应及时予以确认。如对计划有疑问或不详之处，应及时向组团社询问。需要特别指出的是，旅行社管理者对本社的采购实力及旅游市场的供求变化一定要了如指掌，对于超出本社接待能力的一定要对组团社以实相告，迫不得已时要忍痛退团。

在对组团社发来的计划做研究之后的另一项工作就是编制接待计划。地接社的接待计划是向旅行团提供旅游服务的工作依据。接待计划编制的是否合理，对接待好旅行团，保证接待质量，创造较好的经济效益以及社会效益都有着至关重要的作用。

在编制接待计划时，地接社必须不折不扣遵照组团社的要求、标准来执行。具体内容包括：

①除组团社发来的团名、团号外，可以给该团重新编排地接社的团名、团号；

②计划中要写清楚团队的人数（男、女、夫妇）、国籍、接待标准以及对导游的要求；

③抵离本地的机、车、船、航班号（班车次）、时间及去向，下一站接待单位；

④下榻饭店所需房间总数，是否有自然单间，自订还是代订，早餐形式、标准；

⑤该团团长、领队、全陪的姓名和性别；

⑥旅游观光时间，用车地点、时间，风味标准，文艺节目内容等；

⑦其他。

接待计划编制完毕并报部门经理审阅、签字后，及时以文件形式发给计调、接待、财务等部门。各部门根据接待计划各司其职、各保其质。

（3）按照组团社的要求进行服务采购并选派导游人员，提供优秀的服务。

（4）接待结束，向组团社报接待费用，并要求及时拨付。

从上面的介绍可以看出，一地团的接待主要有以下四个特点：

计划性。一地团的工作是对组团社接待计划的执行、控制和调整实行管理。虽然如此地接社在接受组团社的接团计划后，还是要收集、分析、旅行团的各种资料，编制本社的接待计划，并据此做好好接待工作。

具体性。一地团的计划编制是非常具体的事务性工作。订房、订票、订餐、订车等，都是计划编制过程中必须处理的问题。

多变性。团队的多变性是由旅行团人数和旅行计划的多变性决定的。其变更包括行程、人数、交通等各方面。旅行社变更分为被动变更和主动变更两个方面。所谓被动变更是指团队的计划因受各种因素的干扰（如政治原因、气候问题、交通问题等）迫使团队不能按原定的计划正常运行；主动变更是由于接待社订的机、车船票等发生变化，而导致不能按照计划正常运行。

协调性。团队的多变性特点，使得接待社在操作团队时必须正确处理同相关单位或部门的横向联系，搞好相互间的协调，以保证团队过程的顺利展开。

二、团体旅游接待过程

一般来说，旅行社的团体旅游接待可以划分为三个阶段，即接待前的准备阶段、接待的过程阶段和接待后的总结阶段。在不同阶段，旅行社应采取不同的措施予以控制，以达到有效管理的目的。

（一）准备阶段

在准备阶段的工作包括以下两个方面。

1.选派适当的导游人员

接待计划制订好后，选派相应的导游人员是非常重要的。人选不当，就有可能造成工作上的失误。重点团的导游要求经验丰富、反应灵活，有较高协作能力。专业团的陪同要求有专业知识。学习、考察团的陪同，要知识丰富。游览团的陪同，要求性格开朗活泼。总之，要根据旅行团的特点，选派相应的导游人员，以取得理想的接待效果。

2．检查接待工作的准备情况

接待部门的负责人应检查承担接待任务的导游的准备工作。具体来说主要有两个方面：一是接待准备的进展情况；二是团队活动日程的具体安排。对于进展较慢的导游，应加以督促；对于活动日程中某些不当的安排，应提出改进意见；对于重点旅游团的接待计划和活动日程，应予特别关注；对于经验较少的新导游员，则应给予具体指导。总之，接待部经理应通过对接待工作准备情况的检查，及时发现和堵塞漏洞，防患于未然。

（二）接待的过程阶段

接待的过程阶段的工作主要包括严格请示汇报制度和监控导游服务质量两方面。

1．严格请示汇报制度

旅游团队接待工作是一项既需要发挥导游员独立性，又需要由旅行社加以严格控制的业务。一方面，导游人员应具有较强的组织能力、独立工作能力和应变能力，以保证旅游活动顺利进行。那种动不动就请示汇报，不主动想办法解决问题，遇到困难绕着走的人，是不能胜任独立接待旅游团的重任的。另一方面，那种凡事不请示、不汇报，特别是遇到旅游接待计划发生重大变化情况擅作主张，甚至出了事故隐匿不报的导游，则会给旅游者带来巨大的损失，严重损害旅行社的经济利益和形象。因此，为了加强对旅游团接待过程的管理，旅行社应根据自身实际制定出请示汇报制度，并严格执行。这种制度既要允许接待人员在一定范围内和一定程度上拥有随机处理问题的权力，以保证接待工作的高效率，又应要求接待人员在遇到旅游活动过程中的一些重大变化或发生事故时，及时请示旅行社有关部门，以取得必要的指导和帮助。只有严格这种"宽严相济"的请示汇报制度，才能保证旅游团的接待顺利进行。

2．监控导游服务质量

抽查和监督是直接获取有关接待方面信息的有效途径，通过这一途径，旅行社管理部门可以迅速、直接地了解接待服务质量和旅游者的评价，为旅行社改进服务质量提供可贵的资料。

（三）总结阶段

总结阶段的工作主要是通过对接待过程中发生的各种经验教训进行总结，处理旅游者对接待人员的表扬和投诉，增强接待人员的思想认识、知识水平和业务能力，以提高旅行社接待的整体水平。

1．建立接待总结制度

要求每一名接待人员在接待工作完成后，对接待过程中发生的各种问题、事故处理的方法和结果及旅游者的反映等进行认真的总结，必要时写出书面总结报告交给接待部经理。通过总结，达到教育员工，提高接待水平的目的。

2.抽查导游日志和接待记录

这一工作的目的是了解接待情况和相关服务部门协作的情况,为旅行社改进产品、提高导游人员水平和完善协作网络提供必要的依据。

3.通报旅游者表扬和投诉

对表扬进行通报,可以在接待人员中树立良好的榜样,激励接待人员不断提高自身素质和业务能力;通过对投诉的通报,不仅可以争取旅游者的理解,而且还可以教育其他工作人员。当然,对情节严重者,旅行社应做出必要的处罚。

案例 7.3　"指鹿为马"的导游

"十一"黄金周,上海某旅行社组织的 30 人散客团队参加北京双飞五日游。北京地陪按计划夜游了八达岭长城。当晚回到酒店后,有位游客的亲戚来看望,几位游客讲起了游八达岭长城的情景。这位亲戚听后,大吃一惊,说这根本不是八达岭,而是与八达岭非常相似的水关。游客得知这一情况,发现自己被骗非常气愤,第二天与地陪论理,而地陪竟拒不认错,并与游客发生争执。游客忍无可忍,向地接社作了投诉。

思考题:1.什么是"指鹿为马"?

2.欺骗旅游者会带来哪些恶果?

三、旅游接待计划的变更

接待计划在实施中,因种种原因会发生变化,如组团社下发的计划事实上操作不了,由于航班的原因要改变行程时间,不能满足组团社要求的指定饭店等不一而足。概括起来,主要有两方面的原因:第一,主观原因即旅游团(者)要求变更接待计划。旅游计划和活动日程一旦商定,接待计划的变更各方都应严格执行,一般不轻易改变。因此,在旅游过程中,旅游团(者)提出变更接待计划或活动日程时,旅行社原则上应按合同执行。当然,如果有特殊情况,旅行社对旅游者合理而可能地要求也应该尽可能地满足。第二,客观原因需要变更接待计划。在旅游过程中,因不可预料的客观原因,如天气、自然灾害、交通问题等,需要变更接待计划。这时,一般会出现三种情况:①延长在一地的游览时间。②缩短在一地的游览时间。③被迫改变部分游览计划。

当出现变更接待计划的情况时,旅行社首先应根据情况和旅游者的情绪要求等,制订应变计划;其次做好旅游者的思想工作;再次考虑给予旅游者适当的补偿;最后再根据不同情况做好具体工作。

(一)延长在一地的游览时间

旅游团提前抵达或推迟离开都会延长在一地的游览时间,这种情况下,旅行社应该及时做好协调工作。

（1）与各有关部门联系，重新落实团队用餐、用房、用车的安排。

（2）调整活动日程，适当延长在主要景点的游览时间或酌情增加游览景点，并可安排其他项目，使活动内容充实。

（3）若要推迟离开本地，应及时通知下一站的接待旅行社做相应变更。

（二）缩短在一地的游览时间

旅游团提前离开或推迟抵达，都会缩短在一地的游览时间，这种情况下，旅行社应及时做好应变处理。

（1）尽量抓紧时间，将计划内的参观游览点予以全部安排；若确有困难，应有应变计划，如突出本地最有代表性、最具特色的旅游景点，以求旅游者对本地景观有基本了解。

（2）与各有关部门联系，及时办理退餐、退房、退车等事宜。

（3）若要提前离开本地，应及时通知下一站的接待社做好相应的变更。

案例 7.4　夜登长城

一次，北京导游陆先生接待一个桂林来京的英国旅游团。因桂林的天气不好，飞机延误，直到团队出境前一天的晚上 6 点多才抵京。游客们出机场后，满脸遗憾。几位客人对陆先生讲，他们来中国旅游也许一生只有这一次，非常渴望能登上长城。出于对旅游者负责的职业意识，陆先生决定尽量满足他们的要求。了解到客人已在飞机上用过晚餐，他向旅行社作了请示后，告诉游客他将带领他们夜登长城，明天一早则游览天安门。客人听后，欢呼雀跃，一位老人激动得流下了眼泪。一路上，客人们欢声笑语，毫无长途旅行后的疲惫之状。虽然，团队在京的时间被大大缩短，有些景点未能成行，但仍令旅游者相当满意。

思考题：1.说明案例中导游陆先生的补救步骤。

2.试从本案例分析敬业精神和旅游者旅游满意度的关系。

（三）被迫改变部分旅游计划

（1）被迫取消某一活动，由另一活动替代，旅行社应以新奇的内容和最佳的安排激起旅游者的游兴。

（2）减少（超过半天）或取消一地的游览时间，旅行社必须及时通知组团社或下一站接待社。有些事情的处理还应征得组团社的认可方可变动。对变化了的情况应及时向本社各有关部门送发"变更通知单"，以免发生经济损失或影响接待质量。

四、旅游团行李的交接

行李运送交接是旅游团队接待工作一个重要组成部分。旅游团尤其是境外旅游团在国内乘坐飞机、火车、轮船等长途交通工具进行城市间转移时,旅行社必须要负责其行李托运手续的业务。行李运送和托运中某一个环节的疏忽,如行李丢失、损坏或未及时送达,都会影响旅游者的情绪,并最终影响旅游团队的接待质量,所以必须重视行李业务的管理。

交接行李是旅行社行李员同旅游团的领队、全陪和地陪之间的一项重要工作。旅游团的行李交接的程序分为接受行李和运送行李两个部分。

(一)接受行李

旅行社行李员按照旅游活动日程的安排,应准时到达旅游团即将抵达的机场(车站或码头),主动与接待该旅游团的导游员进行联系,准备接受行李。接受行李的两种程序如下:

(1)国际航班入境旅游团行李。旅行社行李员在接受乘坐国际交通工具(航班、游轮、火车)入境的旅游团行李时,应等旅游者将行李领出集中后,与领队、全陪和地陪一起清点行李件数。地陪在行李卡上签字后,由行李员将行李装上行李车,及时送到旅游团下榻的饭店。

(2)国内航班旅游团行李。在接受乘坐国内交通工具(航班、游轮、火车)抵达的旅游团行李时,行李员应主动向陪同该旅游团的领队或全陪索要行李卡,并持行李卡向交通集散地行李处领取行李。领出行李后,行李员应对照行李卡认真清点行李。清点无误后将行李全部装上行李车,并及时运送到旅游团下榻的饭店。

(二)运送行李

旅游团离开本地前往下一旅游部门或出境时,负责接待的旅行社应提供运送行李的服务。运送行李的程序应包括以下内容:

(1)旅行社有关部门下达行李运送工作任务单。

(2)行李员按照工作任务单上规定的时间准时到达旅游团下榻的饭店。

(3)同饭店的行李员或总服务台有关人员办理行李交接手续,并于行李清点无误后在行李卡上签名。

(4)将行李运送至指定的交通集散地。

运送乘坐国内航班旅行的旅游团行李,行李员应在飞机预定起飞前一个半小时将行李运送到机场,并办理行李托运手续;运送乘坐国际航班旅行的旅游团行李,行李员应在飞机预定起飞前两个小时将行李运送到机场,并协助旅游者办理行李托运和过秤事宜。

(三)行李差错的处理

旅行社行李员应协助接待旅游团的导游妥善处理行李运送交接过程中发生的差错,这是提高旅行社接待工作质量的一个重要方面,同时也是行李员义不容辞的责任。

行李差错的处理如下所述：

1.行李丢失的处理

造成行李丢失的主要原因有：其一，承运旅游团行李的航空公司、铁路、水运等部门未能及时将行李运送到目的地或在途中将行李丢失；其二，旅行社行李员在运送行李时将行李丢失；其三，饭店的过失导致行李丢失。在这三种情况中，第二种情况属于旅行社方面的责任。按规定如果无法将丢失的行李找回，则应由旅行社负责赔偿旅游者的损失。第二种和第三种情况较少发生。较为常见的是第一种情况。无论旅游者丢失行李的原因是什么，旅行社行李员都应该积极主动协助旅行社的导游人员和有关部门进行查找。

案例7.5　一次行李丢失的恰当处理

导游程先生一次接待美国的一个旅游团，有两位客人的行李不见了。程先生迅速同客人一起到国际行李查询处办理行李查询手续，到酒店后，又马上陪他们买了急用的日常用品。由于丢失行李，一路上失主的情绪十分低落。为了不影响大家的游兴，程先生不断地安慰两位客人，尽量地调动失主的情绪，并在一路的旅游活动给予更多的照顾。其他客人见状都很会意，有客人开玩笑："程先生真是厚此薄彼，早知如此，我也会丢件行李的。"失主听后忍不住破涕为笑。由于各部门的通力协作，在团队离开该城市时，失主的行李终于被找了回来。

思考题：1.行李丢失的后果是什么？
　　　　　2.国内对旅游者行李丢失的赔偿有什么规定？

2.行李漏接或错接的处理

造成旅游团行李漏接或错接的原因有：其一，旅行社行李员因工作疏忽，未能按时接送行李或因未能按有关规定进行行李交接而造成行李漏接或错送。其二，由于航班、车次等发生变化造成行李漏接。其三，由于行李车发生意外事故造成行李漏接。行李漏接或错送会给旅游者的旅游活动造成不便。因此，无论事故是由哪一种原因造成的，旅行社行李员都应该积极设法找回行李，并向旅游者致歉以取得旅游者的谅解。

3.行李破损的处理

旅行社行李员在交接行李或运送行李时，如果发现破损的行李，应立即设法予以解决。如果由于交通部门或饭店方面在托运或搬运行李的过程中造成行李破损，旅行社行李员应协助旅游者和导游及时同这些部门交涉，要求予以修理或赔偿。如果由于旅行社方面在运送行李时造成行李破损，则应向旅游者道歉并负责修理或赔偿。

第三节 散客旅游接待业务

散客旅游是一种自助、半自助的旅游形式。散客分两大类:一类是自助旅游散客;另一类是旅行社接待的散客团。自助旅游散客出行时并未委托旅行社,而是个人、家庭或朋友结伴而行。到达目的地后,旅游者根据个人兴趣自行设计旅游路线和活动项目,在这过程中,他们可能临时就某一项或某几项旅游事务委托当地旅行社。散客团是指 10 人以下的计划旅游团,它一般为全包价形式,但也有小包价、半包价的形式。

一、散客旅游的特点

散客旅游具有以下特点。

(一)零星现付,价格较贵

首先,自助散客旅游的付费方式是零星现付,即购买什么、购买多少,都以零售价格当场支付。而团队旅游与旅行社散客团多采用全包价形式,而且要在出游前全部或部分预付服务费。其次,自助散客旅游的价格比团队要贵,因为每个旅游项目散客都按零售价格支付,而团队旅游在机票、住宿、用车、部分景点门票等旅游项目上可享受团队折扣优惠价。

(二)游客需求个性化

相对来说,散客中商务旅游者、家庭旅游者或特殊兴趣旅游比例较高。他们之所以选择散客旅游这一形式,就是希望不受团队旅游在路线、景点、时间等方面的限制,能够根据自己的时间安排,按照自己的兴趣以及自身的经济能力进行旅游活动,因而其需求带有明显的个性化特征。

(三)批量小,批次多

由于散客旅游多为旅游者个体或是少数几人结伴而行,因此同团体旅游相比,一方面其人数规模要少得多。另一方面散客旅游发展非常迅速。据统计,散客旅游已占旅游总人数的 70% 以上,大大超过团体游客人数。所以从发展的角度看,尽管当前绝大多数中国的旅行社仍以团体旅游接待为主,但是在将来,散客总批次肯定会超过团体总批次量。

(四)要求多,变化多

散客中公务和商务游客多的特点,决定了旅游过程中对接待社的要求比较高。即使从事其他职业的散客,由于人数少,比较容易统一意见,但也会比旅游团队提出更多的要求。另外,由于散客出游前对行程缺乏周密的计划,因而在旅游过程中更可能随时会要求变更其旅游内容。

(五)预订期短,追求方便

散客旅游者要求旅行社提供的大多不是"套餐式"的旅游服务,而只是单项或几项服务,这种服务有时是在出发前临时想到的,有时是在旅途中决定的,但往往要求旅行社能够在较短时间内为其安排或办妥。因此,为散客服务的导游人员必须精通业务,能够随时提供各地有关旅游资源、旅游设施、旅游交通及服务等方面的咨询服务,熟练地为散客编排线路、安排行程,提出多种方案供他们选择,使游客感到最大程度的方便。

二、散客旅游接待程序

散客分两大类,一类是自助旅游散客;另一类是旅行社接待的散客团,他们的接待过程分别如下所述。

(一)自助散客旅游接待的程序

当自助散客打电话或信函咨询或来到旅行社散客部或门市柜台时,接待人员应予以热情礼貌的接待,应询问清楚对方的要求,向对方说明本社的服务项目、旅游产品,说清收费标准,开展促销工作。此阶段的服务关键是热情,必须使客人有宾至如归的感觉。

如自助散客决定委托旅行社提供某一项或某几项服务时,接待人员应讲清该办的手续、对方的权利与义务、监督投诉电话,应请对方填写有关表格、签署委托合同并在查看对方证件后收取相应费用。如系电话或信函咨询应请对方尽快来旅行社散客部或门市柜台办理手续、交纳费用。此阶段的服务标准是清楚、准确,不容许发生错误。

送走顾客后,接待人员应将合同及时转至散客部有关经办人员手中,根据合同立即开展采购工作,并按合同要求提供规定的旅游服务。此阶段的服务标准是及时与讲究信用,照章办事。

如合同规定提供导游服务,应派出较灵活的导游员,以适应自助散客要求多、易变的特点。导游员接到任务后,应根据合同向自助散客提供规定的导游接待服务。其他单项服务标准与团队接待大同小异。

(二)散客团体旅游接待的程序

散客团体与标准团队的接待程序大同小异,有接团、带团、送团三大程序;有上团准备、迎接服务、饭店服务、餐饮服务、景点讲解服务、参观会见服务、购物促销、加点与夜生活、其他服务、送客服务等具体工作。但在下列方面有所区别:

（1）由于散客团的行程及包价程度常与标准团不同，较具灵活性，所以在准备工作阶段，导游员特别要弄清其购买的是哪些服务项目，要核实是否已付费。

（2）导游员应在接站牌上写上客人姓名。

（3）在许多城市，9人以下的入境散客团，旅行社多不派行李车，行李全由旅游者随身携带。所以，地陪在准备工作期间应提醒旅行社安排宽松型的旅游车。

（4）散客团一般均无领队、全陪，地陪应自带本团机票，在机场带领游客办理行李托运手续，并将行李牌、登机牌直接交给客人。

（5）接待3人以下小型散客团，导游讲解宜采用对话形式进行。

（6）接待散客团应特别重视与客人商谈日程，如有变动应及时通知旅行社相关部门。如变动牵涉到费用或组团社与地接社的利益，地陪不能擅自做主，应请示旅行社决定。

（7）对旅行社接受的小包价散客团，导游员应重视广告促销工作，争取该团购买本旅行社的更多计划外可选择性服务项目。

（8）无论是接、送还是游览，地陪均应事先搞清楚本散客团是用专车还是与其他小团并团合用一辆车，并采取正确的工作方法。

（9）对小包价散客团，地陪应提前与客人确认送站时间和地点。

本 章 小 结

旅行社的接待业务是旅行社为已经购买了旅行社产品的旅游者，到达目的地后提供下列实地服务的一项综合性工作。旅行社接待业务的内容包括对导游人员的选择和安排，活动日程的落实，导游讲解、交通工具、住宿、餐饮标准等各方面的保证，以及沿线各游览点接待社的联络等。

旅行社接待业务的特点是综合性和时效性；规范化和个性化；文化性和趣味性；热情友好和坚持原则。

按团队活动的范围，从接待角度而言旅行社所接的团队主要为一地团和自联团。

地接社团体旅游接待操作程序包括：①审阅组团社计划；②编制旅游接待计划；③团体旅游接待。而其接待过程又可以分为三个阶段，即接待前的准备阶段、接待的过程阶段和接待后的总结阶段。

行李运送和交接是旅游团队接待工作一个重要组成部分，行李员和导游及其他部门必须通力合作。

散客旅游具有以下特点：①零星现付，价格较贵；②游客需求个性化；③批量小，批次多；④要求多，变化多；⑤预订期短，追求方便。

导游人员是整个接待服务中的核心和纽带。如果把整个接待过程看成一条环环相扣的链条，导游人员从中起到了承上启下、连接内外、协调左右的作用。导游人员是旅行社接待工作中起着决定作用的人员。

关 键 术 语

一地团 即为组团社发来的团队提供在当地的吃、住、行、游、购、娱的全方位服务,接待方旅行社称这样的团队为一地团。

自联团 即由旅行社自己在客源地招徕旅游者并对其全过程进行服务与管理的团队。

接待计划 是向旅行团提供旅游服务的主要依据。

自助散客 是指在当地直接委托的9人以下的零散游客。

散客团体 是特指受组团旅行社的委托的9人以下的散客团体。

思 考 与 练 习

1.旅行社接待业务的要求是什么?

2.旅行社接待业务的特点有哪些?

3.如何理解接待工作的规范化与个性化的特点?

4.一地团的接待主要有哪些特点?

5.在接待过程的不同阶段,旅行社应采取哪些不同的措施予以有效管理和控制?

6.如何做好缩短在一地的游览时间的旅游计划变更的处理工作?

7.当行李员发现游客行李破损,应做何处理?

8.散客旅游具有哪些特点?

164

第八章　旅行社的客户管理和质量管理

学习目标

1. 客户管理的含义
2. 客户流失的原因
3. 客户关系的维持
4. 数据仓库
5. 旅行社的售后服务
6. 旅行社售后服务的方式
7. 旅行社的服务质量管理与监控
7. 旅行社服务质量管理的评价标准
8. 旅游投诉的范围和类型
9. 旅游投诉的处理与防范

本章概要

　　客户并不仅仅是销售对象,同时也是服务对象。客户管理是所有将偶然客户转变为忠诚客户的活动。本章着重介绍旅行社客户管理的含义,探讨客户的类型及维护客户关系的方法。通过本章的学习,还应了解旅行社服务质量的内涵和质量管理的意义与评价标准,掌握旅行社质量管理的方法,熟悉旅游投诉产生的原因及其处理原则与方法,避免投诉,并正确利用投诉。

第一节　客户管理与维护

　　客户概念诞生于 20 世纪初,但直到 20 世纪末人们才真正领会其中的含义。企业的发展经历了从"以产品为中心"、"以销售为中心"到"以利润为中心"几个阶段,如今已发展到"以客户为中心",而且更深入和更实质地进入了"以客户满意为中心"的商业模式阶段。著名的"二八定理"认为,20％的顾客创造了企业80％的利润。由此,对企业经营者来说,研究客户管理已越来越重要。

一、客户管理的含义

客户的含义很广泛,以下均属于"客户"的范畴。①购买最终产品与服务的零售客户,通常是个人或家庭;②将购买你的产品或服务并附加在自己的产品上一同出售给另外的客户,或附加到他们企业内部业务上以增加盈利或服务内容的客户;③渠道分销商和特许经营者;④内部客户:企业内部的个人或业务部门。

这些客户的管理对于企业经营的成功都有着巨大的意义。

那么,什么是客户管理呢? 客户管理的定义是:通过满足消费者的要求,甚至超出消费者要求的范围,达到使他们愿意再次购买的程度,并将偶然的消费者转变成忠诚的消费者的所有行为。

"所有行为"一词意味着企业所做的每一件对客户有影响的事情,而不仅仅是培训与客户直接接触的人员而已。在旅行社企业,所有行为既涉及销售人员、导游人员、领队人员,同时也包括上至总经理的所有管理人员;既涉及门市、前台等直接和旅游者见面的前区工作人员,也涉及计调、质检等后区工作人员。

值得一提的是,客户管理越来越受到企业重视是基于目前普遍认同的前提:通俗地说,争取一个新客户需要投入的成本要比留住一个老客户多5倍。假如你能留住客户,长期而言他们也是能为你创造更多利润的客户。

二、旅行社的客户管理

(一)客户管理的目的

客户管理的目的是:通过用正确的方法与客户之间建立起良好的关系,使客户认识你,认可你,使客户由眼前的(短期的)合作者变为长期的合作者,从而为企业创造更多的利润。要达到这个目的,必须做到:①要搞清楚谁是你的客户;②要搞清楚谁是你的大客户,谁是你的次要客户,谁是你的一般客户;③了解不同客户的喜好,他们想要什么,他们的需求是什么,并采取办法与其建立起良好的关系。

(二)客户流失的原因分析

案例8.1　不明不白丢了大客户

某旅行社的业务员小李有一个广东的客户,在以前的合作中给过不少的团队业务,但在年初的时候却不知为何弃他而去。这令小李伤心不已,因为获得这个客户,他花得精力或许只有他自己知道。仔细回顾和客户交往的每个细节,他一直不明白怎么就将这个客户给丢了。在旅游旺季即将到来的时候,他抱着最后一丝希望飞到广州拜访这家旅行社的总经理。见了总经理,他发现此刻的总经理与过去是判若两人。他坐在沙发椅上欠了欠身子说:"在我们合作的几年中,我给你发了不少的团队,我发觉你是个有团有我,没团没我的人,既然这样,我从今年开始,在你所在的城市找了另一家地接,我不相信,就你一家旅行社能接好我的团队。"

思考题:1. 什么是"有团有我,没团没我"?

2. 为什么说情感关系在旅行社业务往来中也是非常重要的?

上述案例中小李的客户流失,原因比较单一,就是小李没有和客户建立起良好的情感关系。从顾客管理的角度看,客户流失的原因却是多种多样的。它主要有以下几种:

(1)价格背离:由于竞争者的产品与你的产品品质相差不大,消费者自然会选择低价。

(2)产品背离:指顾客转向那些提供高档、优质产品的竞争者。

(3)服务背离:即因企业服务质量太差而致使顾客背离。

(4)促销背离:当其他竞争对手针对本公司的顾客实施促销活动时,而本公司没有相应的活动而产生的顾客流失。

(5)市场背离:指顾客因市场的变化而退出某个市场领域。此时,顾客尽管背离了本企业,却并没有转向其他竞争对手,顾客关系还有修复的可能。

在以上的原因当中,除了旅行社无法控制的人为环境之外,最根本的一点是:竞争对手比本公司更有效地满足了客户的需求。

(三)客户的主要类型

从顾客管理的角度,我们可以将客户分为以下 5 种:

(1)基本型:销售人员把产品销售出去就不再与顾客接触。这种情况如街头小贩卖出 1 份报纸。

(2)被动型:销售人员把产品销售出去之后,鼓励顾客在遇到问题时给公司打电话。现在许多厂商设立的 800 免费电话就属于这种情况。

(3)负责型:销售人员在产品销售后不久就给顾客打电话,检查产品是否符合顾客的期望。销售人员同时向顾客寻求有关产品改进的各种建议,以及任何特殊的缺陷与不足。

(4)能动型:公司经常与顾客联系,查询其有关改进产品用途的建议或为其提供有用的新产品信息。

(5)伙伴型:公司不断地与顾客共同努力,寻求合理开支的方法,或者帮助顾客更好地进行购买。

前述案例中小李的客户,如果给企业带来的利润是比较大的,那么这样的客户应该被视为伙伴型的关系。对于伙伴型客户,旅行社应该寻求允许顾客合理开支的方法。如果小李或其所在的旅行社总经理的认识有这样的高度,那么可以肯定他们仍然可以保持那种一如既往的业务关系。

对于不同的客户,无论是旅行社还是销售业务人员,都要区别对待。伙伴型客户的忠诚度显得格外重要,因为这样的客户往往是大客户,是利润客户,他们甚至决定一个旅行社的整个销售量,并且他们也时常愿意和企业共同发展。既然寻找一个新的客户比维持一个老客户要困难得多,更何况这样的"大腕"级客户。

(四)维持客户关系的方法

防止客户背离,最重要的还是提高客户的忠诚度。在提高客户忠诚度过程中,可以采取以下一些工作步骤:

(1)关注顾客流失率,并采取措施有效地降低流失率。在关注顾客流失率时,重要的是注意流失的是哪类顾客;是最好的核心顾客,是其他的核心顾客,还是一般顾客或可有可无的、无关紧要的顾客。

(2)维持与客户的关系,提高旅行社与客户的关系质量。所谓关系质量,是指买卖双方的信任感和满意感。提高关系质量,是件双赢的事,既然对于双方都是有利的,这样一来,旅行社和客户间的关系也就得以维持。

需要强调的是,提高与客户的关系质量,使客户满意是一项复杂的系统工程,因为客户的需求和偏好是不断变化的。这就要求企业为了适应并满足客户的需求,去不断创新,使客户获得超值享受。企业必须正确处理好使客户满意和创造利润之间的关系,通过比竞争对手做得更好使客户满意,培养其对企业的忠诚,造就稳定的客户群,从而获得利润。培养忠诚客户,旅行社管理人员可以从下列方面去考虑:①客户的需求和期待是什么?这些需求和期待中对客户来说最重要的又是什么?②这些需求和期待对企业来说能满足多少?竞争对手又能满足多少?③企业如何才能做到不只是单纯地满足客户的需要,而是真正地满足客户所追求的价值。

(3)用具体的行动去接触、亲近客户。概括起来,主要是走出去、请进来和利用讯息系统与客户沟通。具体包括:①深入到客户中去拜访客户,倾听客户想说的事情,这样可以进行相当广泛和详细的市场调查。②企业定期把客户请来举行客户会议。③认真处理客户来函来电,及时清除客户疑虑,定时、主动打电话给客户与其沟通。④热情接待来访客户。

三、数据仓库和客户管理流程

(一)数据仓库

客户管理是建立在大量使用在线的因特网技术,一个由客户信息来定义的数据仓库,或者一个以客户为中心的信息结构的基础上。旅行社企业也不例外。它蕴含着两层意思,一是旅行社企业将它的经营交易活动、会计结算、产品设计、计划调度、产品销售向以客户为中心的方向进行转化。二是以客户为中心即客户导向市场营销的迈进要求对客户有更加深入的了解,企业不仅仅要掌握有关本旅行社企业的客户的更多知识,同时还要求企业具有获得信息,迅速进行分析和对客户的要求及时进行反应的能力。因此,客户管理非常重视数据仓库的建立。因为数据仓库是一项实实在在的基础性的工作,它是旅行社企业满足客户个性化需求的平台,是旅行社企业维持客户忠诚的定向翼。可以说,没有数据仓库,就谈不上真正的客户管理。

(二)数据仓库的建立

数据仓库应该怎样建立,它是一个怎样的系统呢?

(1)数据仓库必须能容纳大量的详细数据,每一个产品的需求情况、每一个旅游团队的接待情况、每一个客户电话、每一次信息更改情况、每一次投诉等必须记录在案,且保留一段时间。因为市场营销是一个不可预测的过程——新的机会和来自竞争对手的威胁可能一夜之间就突然发生,而详细的数据记录能立即对此做出反应。

(2)数据仓库应具备电子旅行社企业因业务的不断发展而持续加载数据的能力。数据仓库可以被市场营销人员和管理者大量使用。

(3)数据仓库是旅行社企业内市场营销人员、计调人员和管理层的运作核心,因此,系统应随时保证有效使用。

(4)数据仓库必须是可以扩展的,随着旅行社业的整体大发展,以及信息化营销部门持续增长的要求,数据仓库也必须不断升级。

(5)数据仓库必须对一些敏感的数据提供足够的保护。包括客户的行为和他们的偏好等,还包括他们对数据隐私本身的看法和特殊要求。

(三)客户管理流程

关于流程,有很多的解释,最简单的定义是:为达到某种特定的、可用的管理目标,而需要的一系列步骤和动作。旅行社的客户管理流程从建立客户知识开始,经过市场计划、客户互动、分析和提炼阶段,通过这四个环节达到客户管理主要的目标和利益,即客户保留、客户获得和客户盈利能力的提高。

1. 知识发现

知识发现是通过对客户识别、客户细分、客户预测和客户所在地区域经济发展的分析基础上完成的。知识发现可以使旅行社企业的营销人员在访问详细的客户信息基础上，更好地分析客户的历史信息和客户特征，以便做出更科学的符合客户需求的产品决策。这些信息来源可以是旅行社企业在各地的销售网点、加盟连锁店、因特网途径、客户跟踪应用系统、各大媒体广告和投诉档案等。客户管理必须使用知识发现来感受客户购买行为的变化和对旅游产品的需求程度。

2. 市场计划

市场计划是旅行社企业进行客户管理的综合性过程。包括前期市场调研、综合分析、产品设计、包装、定价、销售、投放市场时间及产品受众人群的划定等工作。市场计划是旅行社企业从知识获得中将产品的计划付诸现实的过程。

3. 客户互动

客户互动是一个借助相关的、及时的信息来提供管理客户沟通的关键性活动阶段，主要使用各种各样的互动渠道和前端办公应用系统，包括客户跟踪系统、销售应用系统、客户接触应用和互动应用系统。这一阶段是从知识发现和市场计划中创造出的计划和信息的应用。这主要通过电子方式与客户进行接触和沟通使旅行社企业获得可观的底线回报。

4. 分析和提炼

分析和提炼是一个不断通过与客户对话进行学习的进程。旅行社企业通过与客户对话，可以捕捉和分析来自于客户互动中的数据，并对信息、沟通方式、产品定价、此产品受众区域、销售途径及时间安排等信息进行提炼，从而理解客户对本企业产品的刺激手段所产生的具体及最终反应。

案例 8.2 日本 KNT 旅行社的经营之道

在 20 世纪 80 年代早期，日本 KNT 旅游公司通过引入一种新营销渠道——对它的回头客提供报纸广告和专属地客户化杂志来改革它在日本客户购买旅游服务的方式。KNT 形成了一个新的分支，即观光事业俱乐部，就此来开发和实现这种独一无二的营销策略类型和观光事业新概念。

传统方式安排参加 KNT 的开拓性旅游活动，客户们不得不亲自到旅行社办理。但是，通过一对一营销策略，客户们通过作为新渠道的报纸和杂志找到他们感兴趣的旅游线路，并通过电话或因特网进行订购。当竞争对手开始效仿这种方式时，KNT 又率先采取了两种策略与客户沟通，这样就使得他们能够更好地了解他们的客户。这种能及时地反馈客户声音和偏好的方式，完全利用了它的客户数据库。

KNT 这种独特的营销策略已经帮助他们成为日本第二大旅行社，年收入达到了67 亿美元。KNT 的观光事业俱乐部是日本最大的直接旅行服务机构。

KNT 俱乐部旅行业务成功的一个关键要素在于它的《旅游伙伴》杂志。该杂志每年发行 20 期,被发送到所有的俱乐部旅游客户手中。覆盖了 KNT 可以订购的多达 1500 种不同的旅游线路。这种基于需求并提供目录的服务对所有成员而言,都具有极强的吸引力和益处。

随着《旅游伙伴》的发行量超过 100 万,俱乐部决定开发"一对一"的营销策略去留住核心客户,并通过提供尽可能满足个性化需求和最具吸引力的旅游线路来改善客户的忠诚度。这样持续下去,通过从那些满意客户的口碑广告中扩大它的业务将显得非常重要。

为了实现它的"一对一"战略,观光事业部营销人员需要有能力去分析客户的偏好、行为、兴趣范围和区域、期望及旅游的感想。对观光事业俱乐部来说,为了开发有吸引力和竞争力的旅行,及时获得如此详尽的信息是非常关键的,而且必须尽快完成以便在下一期杂志或报纸广告上发表。

要在一个遗留下来的计算环境中运行,信息的需求对部门来说需要几天的时间才能完成。而旅游和线路的设计者所需要的详细信息比计算机系统所能提供的要多得多。

因此,KNT 的旅游俱乐部决定使用一种开放的系统构架来储存所有的客户信息,这大大增强了它的决策支持能力。

最初,大约 100 个用户能够通过这个人工作站直接访问该系统。为了实施这个解决方案,KNT 也使用了有关数据建模、数据转换和客户应用发展的咨询服务。在仅仅四个月的时间里,KNT 完成了 150 万客户的数据库。

　　思考题:1.什么是"一对一"营销?
　　　　　　2.透过本案例分析计算机信息系统和数据仓库的关系。

第二节　旅行社的售后服务

旅行社的竞争越来越激烈,眼下,许多旅行社对其销售工作、接待工作非常重视,以期获取生存和发展的空间。然而,不少旅行社对其售后服务却没有给予足够的重视,从维系长期客户关系、建立客户忠诚等角度来说,这不能不说是个失策之举。

一、旅行社售后服务的内涵

许多人认为自旅游者从目的地回到旅游出发地并宣布散团的那一刻起,旅行社对旅游者的服务即告终结。实际上对于旅行社而言，这恰恰是旅行社售后服务的开始。旅行社售后服务，它是以老顾客为主要对象，解决客人遇到的问题，并通过富有人情味的服务和关系营销打动旅游者，建立与旅行社良好关系，在旅游者行程结束后，主动与客人联络，促其重复购买的一种服务方式。

二、顾客关系生命周期

我们可以将顾客关系的发展过程看做是一个顾客关系生命周期。一个潜在的旅游者是生命周期的初始阶段，此时旅行社可以通过广告及其他公关活动或别人的口碑宣传来影响他们。实际上这是旅行社信息传递的过程，使潜在旅游者意识到旅行社及其产品的存在。由于旅游活动的综合性，旅游者在消费过程中将享受到来自旅游交通、食宿、旅游景点、旅行社接待、导游及其他相关部门提供的全面服务。通过消费过程来感知服务质量（服务质量不仅与真实的旅游经历有关，还与旅游者的期望相关）有3种结果：一种是满意，一种是不满意，还有一种是没有满意也没有不满意，可称之无所谓者。旅行社的售后服务就是发生在旅游者感知服务质量到重复购买这一阶段间的一种活动，它是对老顾客新一轮的促销，通过它可以促使满意者重复购买，可强化无所谓者对旅行社良好的印象，尽力促成其重复购买，对于不满意者则可以化解其抱怨、不满，尽量减少其负面影响。

三、旅行社售后服务与长期顾客关系

售后服务对旅行社保持已有客源和开辟新的客源都至关重要。随着经济、社会的发展及人们旅游意识的加强，人们对旅游产品的需要及依赖程度越来越大。换句话说，与对一些耐用品如家电、住房等产品的消费不同，人们对旅游产品的购买和消费将是重复的、多次的。一个旅游者一生可能要旅游消费上百次，甚至更多。因此，一个旅游者的终身价值是巨大的，从这个意义上讲，通过售后服务，可以进一步维系顾客关系，进一步提高顾客忠诚度，因而这是一件十分值得旅行社去做的事情。

常见的旅行社售后服务方式有以下几种。

（一）问候电话

问候电话是指在旅游者返回后的第二天就向他们打电话，这样做可使旅游者感受到旅行社的人情味，而不是那种挣了钱再也不顾旅游者的冷面企业形象，同时还可通过电话了解旅游者有无不满之处。除非权益受到极大损害忍无可忍，一般情况下，我国旅游者对旅途中的不尽如人意的地方多采用消极抗议，抱有"吃亏上当，只此一次"的想法，不愿进行投诉。旅行社的主动电话不仅可以平缓顾客情绪，而且通过对问题的处理和沟通，可以改进工作中的不妥之处，以吸引更多的旅游者。当然，限于时间、费用、精力等原因,旅行社没有可能也无必要向所有的旅游者打电话问候,一般只选择重要的常客。

(二)生日及纪念日的祝贺

旅行社可选择一些特殊的日子加强同客人的联系,让客人感受到旅行社的关注和重视。公共节日前后,旅行社均会采用一些手段吸引旅游消费者。旅游消费者对旅行社的这种行为会产生"旅行社临时抱佛脚"的想法。因此,更有意义的是选择具有私人纪念意义的日子,如客人的生日、结婚纪念日或子女金榜题名时等,向客人联系表示祝贺。因为在这些时间收到旅行社祝贺的旅游者除了意外惊喜之外,更有受重视、受尊重的感觉,某种程度上甚至有种成就感,而且觉得与旅行社的心理距离很近,有认同感,从而乐意重复购买。采用这种售后服务方式,要求旅行社建立完备的客户档案,充分利用数据库,而且祝贺时最好是私人化、生活化的方式。

(三)促销性的明信片

旅行社工作人员在考察旅游胜地时向经过挑选的老顾客寄送有关旅游胜地的明信片,实质上是通过心理暗示作用,使旅游者认为该地风景名胜应该不错,并起到推荐作用,这是旅行社同顾客保持经常接触行之有效的联络手段。

(四)书信往来

旅行社挑选一定的老顾客向他们写亲笔信。这种方式忌讳的是满纸都是广告语和促销信息,应该突出旅行社工作人员与老顾客的友情和亲切感。

此外,还有一些售后服务方式也很有效,如意见征询单、问候性明信片、游客招待会、影印材料、旅行社报、旅行社开放日等。

第三节 旅行社的服务质量

一、旅行社服务质量的内容

旅行社服务质量指标体系是由三个方面的内容构成的,即产品设计质量、旅游接待服务质量和环境质量。这三个指标同时也反映了旅行社的整体实力。

(一)产品设计质量

旅行社产品设计是保证其整体产品质量的基础。产品设计质量要保证旅行社所设计的服务产品,既在使用价值上满足旅游者的旅游需求,又在性能、价格上一致。

(二)旅游接待服务质量

旅游接待服务质量是指旅行社的门市接待人员和导游人员提供的服务水平,它是旅行社产品使用价值的实现过程。旅游接待服务质量要保证购买旅行社产品的旅游者在旅游过程中获得物质方面和精神方面的双重满足。

(三)环境质量

1.硬件环境质量

硬件环境质量是指旅行社在接待旅游者的整个过程中,所利用的各种设施设备及其他辅助硬件项目的水平。硬件环境包括旅行社自身硬件环境和相关旅游服务供应部门的硬件环境。硬件环境质量,反映了旅行社为旅游者提供的各种旅游设施设备和旅游者生理需求满意度的关系。

2.软环境质量

软环境质量是指旅行社内部各部门之间的协调和旅行社与相关旅游服务供应部门之间的合作水平,目的在于保证旅游活动能够顺利进行。

二、旅行社服务质量管理的意义

(一)提高旅游者的满意度

旅行社实施质量管理,适应了旅游者对优质服务产品的渴望。事实表明,所有旅游者希望享受优质服务的心理需求是一致的;有的旅游者甚至把享受高水平的服务作为旅游动机。由此可见,服务本身就是一种旅游资源。旅游接待服务必须最大限度地满足旅游者的需求,从服务态度、方式、技能、项目等多方面力求招徕和吸引更多的消费者。

(二)树立行业优秀的形象

服务质量反映了旅行社的经营管理水平。特别是导游和领队的服务直接面对旅游者,他们的一言一行和一举一动都会受到旅游者的注意,导游和领队的服务质量,是企业形象的缩影,它还体现了一个国家旅游业的服务水平,体现着一个国家人民的精神面貌。所以,英国人称导游为"民间大使"。而领队则是带领中国公民去国外旅游,他们的文明程度、业务技能、管理团队的能力、语言水平等直接影响到中国人在国外的形象。由此可见,服务质量的优劣,不仅直接关系到旅行社的企业形象和行业的发展,而且很大程度上影响到国家的形象。

(三)创造企业良好的经济效益

服务质量是旅行社市场竞争的主要手段之一。谁的服务质量高,谁就更能吸引旅游中间商和旅游者。服务质量的优劣直接影响着旅游者的购买欲望,高水平、高质量的服务才能赢得客源。旅行社的优质服务不仅是吸引"回头客"的重要手段之一,还会产生良好的"口碑效应",成为不需要成本的但最有说服力的"活广告",成为旅行社的新的效益增长点。所以,服务与效益是统一的。优质服务是旅行社产生经济效益的源泉。

(四)提高员工的积极性

旅行社的生存主要依靠经济效益,好的服务能带来好的经济效益,而好的经济效益又可以提高员工提供优质服务的积极性。如此良性循环,员工的积极性更高,企业效益更佳。

案例8.3　国内首家私人定制旅行社现身广州——瞄准高端市场提供专业服务

私人定制作为一种时尚的、个性化的消费方式正在世界流行,包括私人定制飞机、游艇、豪宅、汽车、宴会、服装等,涉及生活的方方面面。随着体验性、休闲性等各种现代元素渗入传统的旅游方式,私人定制旅游这样一种全新的旅游消费方式也走进了中国。率先在国内打出私人定制旅游概念的中信班敦私人定制旅行中心,由广东中信国际旅行社有限公司和班敦视界旅行俱乐部联合打造,前者有着多年经营国际高端商务旅游的成功经验,后者则在策划组织极地旅游和自驾车跨境旅游方面独具优势。早在2008年,班敦视界旅行俱乐部就曾组织自驾旅游团队,横跨欧亚大陆,赴瑞典进行回访哥德堡号之旅,该行历时一个半月,在私人定制方面可谓"牛刀初试"。

中信班敦私人定制旅行中心成立后,其私人定制业务已经从单一的自驾游向观光、度假、探险、商务等诸多领域延伸。该社此次策划组织的亚马逊大森林漂流探险和乞力马扎罗山看动物大迁徙两条非常规旅游线路,每条线路确认的参团人数均近30人。此外,计划成行的撒哈拉大沙漠、卡萨布兰卡私人定制线路,报名人数已近60人,还有,许多游客对南极解冻前的极地探险游也有着浓厚的兴趣。现在,中信班敦私人定制旅行中心的业务范围正逐步从广州向全国市场辐射。

为使这种私人定制服务日趋成熟和完善,中信班敦私人定制旅行中心选定一批国内外资深旅游专家成立了"私人旅行定制顾问团队"。在实施私人定制旅游服务时把主动权交给旅游者本人,根据个人的特点、情趣、爱好、闲暇时间及预算情况,由私人旅行定制顾问为其设计符合其需要的线路,并根据客户要求由私人旅行定制顾问利用班敦视界旅行俱乐部的庞大 VIP 会员群,选择志同道合的同行旅伴,同时提供全程的信息咨询服务,解决出游前和出游中遇到的问题。私人定制在国外体现的是一种顶级的私人服务,意味着某种"特权",但这种"特权"可以使客人真正体会到旅游的深层意义——奢华不是旅游本身,而是一种更加完美的生活方式,让自己和家人拥有一段美好时光和长久的记忆。目前广州的私人定制旅游市场主要服务于高端游客,同时,越来越多的中产阶层也开始选择私人定制旅游服务。

思考题：1.什么叫定制？请以日常生活为例说明定制和批量销售的区别。

2.你认为定制旅游市场前景如何？为什么？

三、旅行社服务质量的评价标准

（一）影响服务质量评价的因素

1.有形因素

旅行社服务的有形因素，是指旅行社的有形展示和人。具体指旅行社和相关部门的硬件设施设备、服务设施的外观、宣传品的摆放和员工的仪表仪容等。由于旅行社产品的本质是一种无形的服务，而实现服务所借助的有形因素直接影响到旅游者对旅行社产品质量的感知。因此，旅行社产品中所包含的有形成分必然成为旅游者判断旅行社产品质量的重要因素。

2.可靠性因素

旅行社服务的可靠性因素，是指旅行社履行服务承诺的能力。它主要指两个方面，一是适时，二是准确无误。由于旅行社的服务产品涉及多个相关部门，有很多的不确定性，因此旅游者在评价旅行社的服务产品质量时，最看重可靠性因素。旅行社提供服务过程中任何不兑现的行为，都会导致旅游者的不满。

3.快速反应性因素

旅行社服务的快速反应因素是指旅行社在最有效时间内为旅游者提供快捷有效服务的能力。旅行社是否能够及时地满足旅游者的各种合理要求，表明旅行社是否具备了以服务为导向的经营观念，即是否将旅游者的利益放在首位。

4.保证性因素

旅行社服务的保证性因素是指旅行社服务人员的观念、态度和胜任工作的能力，具体包括对旅游者的礼遇和尊敬、与旅游者有效地沟通、服务人员完成任务的能力和对旅游者关心的态度。保证性因素影响到旅游者对旅行社服务质量的信心和安全感及其对旅行社服务质量的判断。

5.移情性因素

旅行社服务的移情性因素是指旅行社对旅游者需求的预见性能力和个性服务的行为及能力。这要求服务人员具有接近旅游者的能力和敏锐的洞察力，能够正确地理解旅游者的需要。

（二）服务质量的旅行社内部评价标准

（1）旅游线路安排合理，旅游项目丰富多彩，劳逸程度适当，能够满足旅游者在旅游过程中游览和生活的需要。

(2)保证制定的旅游线路和日程能顺利实施,不耽误或不任意更改游程。

(3)按质按量地提供计划预订的各项服务,如保证饭店档次、餐饮质量、车辆规格、导游水平和文娱、风味节目等。

(4)保证旅游者在旅游过程中的人身及财产安全,保证其合法活动不受干预和个人生活不被骚扰。

(5)保证相关旅游服务企业服务人员的态度、素质、技能。

(三)服务质量的旅游者评价标准

1.预期质量与感知质量的比较

旅游者通过将预期质量与感知质量进行比较,对旅行社产品的质量进行评价。预期质量,是指旅游者在接受旅行社提供的实际服务之前,对旅行社产品质量所产生的心理预期。感知质量,是指旅游者在旅游过程中实际体验到的旅行社服务质量。当旅游者的感知质量大于或等于其预期质量时,旅游者就会认为旅行社产品的质量优秀,对旅行社的服务感到满意。当旅游者对旅行社产品的感知质量低于预期质量时,旅游者就会认为旅行社产品的质量低劣,并且对旅行社产生不满情绪。

2.过程质量与结果质量的比较

旅游者评判旅行社产品的另一个标准是过程质量与结果质量的差距。旅游者在评价旅行社产品的质量时,不仅要考虑购买该产品过程中旅行社所提供的服务是否令其感到满意,而且要考虑在消费该产品后是否能够达到其预期的结果。尽管过程质量和结果质量对于旅行社的服务质量均十分重要,但是多数旅游者更加注重结果质量。因此,只有当他们认为结果质量高于过程质量,或者不低于过程质量时,才会对旅行社产品的质量感到满意。

四、旅行社质量管理的内涵与实施

(一)旅行社质量管理的内涵

1.旅行社的全面质量管理

旅行社的全面质量管理,是指旅行社的一切经营管理活动,都要立足于设法满足旅游者的需求。全面质量管理,要求旅行社从产品质量、服务质量和环境质量三个方面进行全面的考察,实施全方位、全因素、全过程的管理。

2.旅行社的全过程质量管理

(1)旅游活动开始前阶段的质量管理。在旅游活动开始前,旅行社质量管理的重点是加强对旅游产品的设计、宣传、销售和接待等方面的质量管理,严格控制信息收集、经营决策和接待服务准备等环节的工作质量,防止出现吸引力差或不具有盈利能力的产品,确实保证旅游产品的质量。

（2）旅游活动进行时阶段的质量管理。旅行社在旅游活动开始后,应将质量管理的重点转移到对服务质量和环境质量的管理。①服务质量管理。旅行社在旅游活动开始后,必须对导游员的服务态度、服务方式、服务项目、服务语言、服务仪表、服务时间和职业道德等方面实施标准化、程序化和规范化管理,通过让旅游者感受优质的导游服务而对旅行社产生信任感。此外,旅行社在此阶段还应加强旅行社内部各部门之间协调和配合方面的工作质量管理,以确保旅游团队的活动顺利。②环境质量管理。对环境质量实施管理,主要指对旅行社的各协作单位的服务质量实施监督。旅行社必须选择质量美誉度高的单位作为合作伙伴,并督促他们按照合同或协议提供优质服务。

（3）旅游活动结束后阶段的质量管理。在此阶段,旅行社质量管理的重点是旅游产品质量的检查和评定、提供售后服务及处理旅游者的表扬和投诉。旅行社的质量管理人员应主动征求旅游者的意见,认真听取旅游者的反映和感受,总结经验,以便进一步提高服务质量。

3. 旅行社的全员质量管理

旅行社的全员质量管理是指旅行社要求全体员工对服务质量作出保证与承诺,共同向旅游者提供服务。旅行社服务质量的优劣,是旅行社各个部门、各个环节全部工作的综合反映,涉及旅行社的全体员工。因此,旅行社必须充分调动全体员工的积极性,不断提高人的素质,培养质量意识,全员参与旅行社的质量管理,从根本上保证旅行社的服务质量。

（二）旅行社质量管理的实施

1. 产品设计质量管理

（1）产品设计质量管理。旅行社的产品质量,一般是指旅游线路和旅游节目设计安排的质量。产品设计的质量管理应侧重于:①旅游线路安排要合理。旅行社在产品设计方面应注意避免旅游线路中出现不必要的重复或往返,以避免旅游者因过多的线路重复或往返产生厌烦情绪。②产品内容要符合旅游者的需要。旅行社所设计的旅游线路和节目中的各个项目必须真正符合旅游者的需要,能够使旅游者通过游览和参观得到生理上和心理上的满足。③交通工具要得到切实保障。旅行社在检查其产品设计时,应注意所安排的交通工具是否能够得到切实的保障。鉴于我国目前的交通状况,旅行社管理者在对产品设计进行质量管理时应特别加以注意。一般来说,根据我国多数地区的交通条件,旅游者的城市间交通工具不应安排为过路列车或航次较少的民航航班,以避免在旅游旺季时因火车票或飞机票供应紧张而不能保证旅游者按计划抵离。④游览项目要避免雷同。游览项目雷同是旅行社产品设计的大忌,必须设法避免。旅行社管理者应认真核对旅游线路中的各地方节目安排,一旦发现雷同节目,应及时加以改正。

(2)产品销售质量管理。产品销售质量管理是为了避免在日后的接待过程中旅游者因对旅行社产品价格产生疑义而造成投诉。旅行社管理者在产品销售质量管理方面应着重了解产品的销售价格是否合理,有无价实不符的情况。如果发现旅行社产品价格与实际服务内容之间存在较大的偏离,应设法予以适当的调整。

(3)产品促销质量管理。产品促销质量管理是指对旅行社的广告等宣传促销内容的管理。旅行社必须实事求是地促销,如实地向旅游者介绍产品的内容,旅行社管理者如发现本旅行社的促销中存在任何与事实不符的宣传内容,应坚决予以剔除,以免影响旅行社的声誉。

2. 采购质量管理

(1)服务设施的采购质量管理。采购质量管理的主要内容之一是检查旅游服务供应单位的服务设施情况。良好的服务设施是提供优质服务的首要条件。任何旅游服务都不可能脱离一定的设施条件而存在。因此,旅行社管理者应经常到一些主要的旅游服务供应单位实地考察,了解他们的设施设备情况。

(2)服务质量的采购质量管理。旅游服务供应单位提供的服务是否符合国家、行业的标准,能否达到旅行社产品的要求和满足旅游者的期望是旅行社采购质量管理的又一重要内容。旅行社管理者应通过导游员、旅游者的反馈意见和实地考察,检查各个旅游服务供应单位的服务质量。对于那些服务质量好的单位,旅行社应该加强与他们的合作,建立长期的供销关系;对于那些服务质量存在一定差距的单位,应指出其服务上的差距,并提出改进的要求。经过一段时间的考察,发现确实有改进,服务质量明显提高并已达到有关标准的,旅行社可以同其建立合作关系;对于那些服务质量较差,经指出后仍不改进或改进程度较小,无法达到有关标准和不能满足旅游者要求的单位,旅行社应终止同他们的合作关系,不再采购其服务产品。

3. 接待质量管理

(1)服务人员态度的管理。旅行社接待质量管理应首先从端正接待人员尤其是导游人员和领队人员的服务态度入手。"态度决定一切。"良好的服务态度能够对旅游者产生一种强烈的吸引力,而低劣的服务态度则会对旅游者产生一种排斥力。旅行社管理者应通过现场抽查、向旅游者调查和发放意见反馈表等方式考察和了解接待人员的服务态度。对于那些服务态度热情,受到广大旅游者喜爱的接待人员应予以适当的表扬和奖励,鼓励他们继续努力为旅游者提供热情周到的服务;对于那些服务态度较差的接待人员,应向他们提出严肃的批评,要求他们立即改正;对于少数服务态度恶劣,屡教不改的接待人员,则应坚决将其撤离接待岗位。

(2)导游讲解水平的管理。导游讲解是旅游接待业务的核心,其水平高低直接影响旅游者对旅行社服务质量的评价。旅行社管理者通常采取现场抽查的方式检查导游员的导游讲解水平。旅行社通过对导游人员的导游讲解水平的监督和管理,发现其中可能存在的不足并加强培训,以确保旅游者享受到高质量、高品位、有一定文化内涵的导游讲解和旅游接待服务。

(3)接待业务能力的管理。旅游接待人员的业务能力包括独立实施日常旅游接待的能力和处理各种突发事件的能力,这是旅游接待业务顺利完成的重要保证。旅行社管理者应通过日常的观察和定期考核,判断接待人员的业务能力,并作出适当的评价,以便量才使用。要由业务能力强的人员承担比较重要和比较复杂的接待任务,而将比较容易的接待任务交给那些业务能力相对比较弱的人员。同时,旅行社管理者还应注意不断对具有不同业务能力的人员进行有针对性的业务培训,使业务能力较强的人得到进一步的提高,并使那些业务能力相对较弱的人经过一段时间的培训和锻炼,逐步胜任复杂和重要的接待任务。

4.环境质量管理

(1)规定或标准制定。旅行社对能直接控制的环节,即旅行社内部相关部门的工作质量,应根据国家标准或行业标准,结合本企业的实际情况,制定质量标准、操作规程与岗位责任,并通过奖罚制度使之得以贯彻。

(2)管理合同。旅行社对于不能直接控制的环节,即旅游供应单位所提供的旅游服务产品的质量,应采取签订合同的办法来保证其所提供产品的服务质量。旅行社应严格选择旅游服务供应商,并通过双方所签订的合同,约束对方供应优质服务及其他优质产品。在合同中,应明确规定有关服务的质量标准,以及达不到标准的惩罚办法。

(3)风险规避。旅行社对企业无法控制而又可能经常发生的质量问题应预防在先,尽量避开。如景区(点)交通运力紧张、客房供应不足、传染病流行、气候恶劣等情况。

第四节　旅游投诉处理

一、旅游投诉的范围和类型

(一)与旅行社相关部门的过失引起的投诉

1.交通服务提供部门过失引起的投诉

(1)抵离时间不准时。交通工具抵离的延误会给旅游者的旅游活动造成不便甚至彻底打乱原来的行程计划,从而给游客造成损失。例如,由于旅游者所乘坐的飞机未能按照航班时刻表准时起飞或火车未能按照列车时刻表准时发车,造成旅游者无法按预定计划抵达或离开旅游目的地,或造成旅游者被迫延长在某一地的停留时间及缩短在另一地的停留时间,有时甚至被迫取消某一地的旅游计划。又如,旅游汽车公司不按照事先与旅行社达成的合同规定时间发车,造成旅游者花费大量的时间等候,影响旅游者的旅游情绪,有时甚至迫使旅行社改变整个旅行计划。这类现象损害了旅游者的利益,招致旅游者的投诉。

(2)服务质量低劣。有些交通部门的工作人员认为其任务就是简单地将旅游者按照计划或合同按时运送到目的地,头脑中没有质量意识,在服务过程中态度生硬粗暴或懒懒散散,对于旅游者提出的合理要求熟视无睹、不闻不问,造成旅游者的不满和投诉。

(3)忽视安全因素。安全是旅游者旅行期间十分关心的一个因素。旅游者往往对于那些不重视交通安全的部门的工作人员深恶痛绝。有些交通部门的工作人员只关心本企业的经济利益,忽视安全因素,给旅游者的生命财产造成损失,引起旅游者的投诉。

2. 住宿服务提供部门过失引起的投诉

(1)设施设备条件差。有些饭店或旅馆的设施设备陈旧,维护保养差,打搅了旅游者,给其带来诸多不便。例如,客房、洗手间马桶漏水影响旅游者的夜间睡眠;淋浴设备缺乏维修,造成淋浴时水流不均匀,时冷时热;空调设备性能差,不能使客房里保持适宜的温度;楼道地毯陈旧破损致使旅游者绊倒摔伤;电梯故障导致时开时停或把旅游者关在其中等,都会导致旅游者投诉。

(2)业务技能差。业务技能差也是造成旅游者对饭店不满的一个原因。有些饭店或旅馆由于对服务人员的业务技能培训缺乏足够的重视,或者贪图一时的经济利益而大量雇用临时工或实习生,由于他们缺乏服务经验、业务技能差,无法向旅游者提供符合规范的服务,导致旅游者的不满和投诉。例如,前台服务员不熟悉饭店预订系统操作程序,无法迅速办理入住手续,使旅游者长时间等候;因财务知识缺乏,前台结账员无法及时为旅游者办理结账手续,致使旅游者长时间等候;等等。

(3)服务态度差。服务态度差是导致旅游者投诉住宿地的一个重要原因。一些饭店、旅馆的服务人员缺乏职业道德,不尊重顾客,对旅游者态度生硬,要么冷淡无礼,要么出言不逊,甚至为了一点小事与旅游者发生争执。还有的服务人员在向旅游者提供服务时敷衍搪塞,不负责任。旅游者无法忍受这样的服务态度,转而投诉。

(4)卫生条件差。卫生条件差往往是由于管理不善,忽视对员工的教育,不重视维护等造成的。有些饭店、旅馆片面强调经济利益,为降低经营成本,将承担客房、公共卫生区、餐厅等处卫生工作的人员大量裁减,使得卫生工作难以正常进行。还有的热衷于面上卫生,忽视死角管理、细节管理,一旦被旅游者觉察也会带来投诉。

3.餐饮服务提供部门过失引起的投诉

(1)菜肴质量低劣。造成菜肴质量差的原因主要有三种:一是厨师没有按照菜谱上规定的主、副料配比进行烹调,造成菜肴的质量下降;二是厨师的烹饪技术差,做出的菜肴口味与规定不符;三是菜肴的分量不足,引起旅游者的不满。

(2)就餐环境恶劣。有些餐馆或餐厅的就餐环境比较差,如餐厅里摆放的餐桌、餐椅已经损坏;餐厅里的卫生条件差,出现蚊蝇、蟑螂等害虫;餐具没有清洗干净;厨房与餐厅隔离较差,导致厨房里烹饪的味道跑到餐厅里,影响客人就餐的情绪等。

(3)服务态度差。餐厅或餐馆的服务人员服务态度差主要表现在:①对待客人冷若冰霜,对客人提出的要求不予理睬或寻找借口不予以满足;②服务时懒懒散散,不主动向客人介绍本餐厅的特色产品,客人询问时,表现出不耐烦的神情;③服务态度恶劣,与客人发生争执、冲突;④对客人不能一视同仁,对某些客人曲意逢迎,对另一些客人则不屑一顾。

(4)服务技能差。员工未经专业培训,无法提供规范的餐厅服务,有的甚至给旅游者造成损失,如将菜汤泼洒在旅游者身上、上错菜肴等。

4.其他服务提供部门过失引起的投诉

除了上述相关部门的过失造成的投诉外,其他一些旅游服务部门如游览景点、娱乐场所、购物商店等也会因服务质量低下造成旅游者投诉。历年来,旅游者对景点不满意的有一定的比例,主要原因在于景区建设中优势资源发挥不充分。旅游者对团队旅游到定点商店购物的投诉比例也一直较高,其中"被骗"是引起旅游者投诉的重要心理因素。因此,提高"信用"是减少旅游者投诉的一个重要环节。

(二)旅行社自身原因引起的投诉

1.活动日程安排不当

活动日程安排不当主要表现在四个方面:①活动内容重复;②活动日程过紧;③活动日程过松;④购物时间过多。

2.接待人员工作失误

接待人员工作失误也表现在四个方面:①擅自改变活动日程;②不提供导游服务;③发生责任事故;④服务态度恶劣。

二、旅游投诉的处理

旅游投诉是不可避免的。这是因为,不同的旅游者具有不同的价值观念,参加旅游的动机也各不相同,旅游阅历也不一样,并且旅游产品本身就有异质性的特点。

旅游投诉是件坏事,但可以把它转变成好事。在这个过程中,重要的是要了解旅游者的投诉心理。

(一)旅游者的投诉心理

1.要求尊重的心理

有些旅游者提出投诉是因为他们认为没有受到接待人员的尊重,或尊重不够,这类旅游者多属事业上取得了一定成就或拥有一定社会地位的人士。他们往往十分看重别人对待他们的态度。

具有要求尊重心理的旅游者在投诉时的目的主要是通过投诉获得其所希望得到的尊重,而对于经济补偿则不大重视,也不关心旅行社管理者是否会严肃处理被投诉的有关人员。有的时候,当投诉者从旅行社管理者那里得到尊重的表示后,甚至会请求不要惩罚被投诉者。旅行社管理者应针对这种旅游投诉者的心理特征,在处理其投诉时主动表示对其遭遇的同情,并对其表示较高的敬意,使其感到旅行社确实尊重他们,以平息他们的怨气。

2.要求发泄的心理

要求发泄是另外一些旅游者投诉时的心理状态。他们因对旅游接待人员服务感到不满,觉得受了委屈或不公平对待,希望向别人诉说其心中的不快。这种人在投诉时或喋喋不休,反复诉说其不幸遭遇,或态度激动,使用激烈的语言对被投诉者进行指责。

具有要求发泄心理的旅游者提出投诉的主要目的是向旅行社管理者发泄其胸中的不满和怨气。当他们的怨气发泄完毕,并得到某种安慰后,往往会得到心理上的满足,而不再提起赔偿的要求。有些旅游者甚至还会对其在投诉时使用的激烈语言感到后悔而表示歉意。旅行社管理者在接待这种旅游投诉者时,应针对其心理特点,耐心地倾听其投诉,不要急于安抚对方,也不要为了急于弄清事情的真相而打断对方。当投诉者将所要说的话全部讲完后,旅行社管理者应给予适当的安慰。一般情况下,旅游者会对这种处理方法感到比较满意。

3.要求补偿的心理

还有一些旅游者,其提出投诉的主要动机是要求得到一定的补偿。这种要求补偿的心理可能是物质性的,如希望旅行社向其退还部分旅游费用;也可能是精神性的,如希望旅行社管理者向其道歉。

旅行社管理者在处理这类投诉时,应根据对投诉者投诉心理的分析和掌握,加以适当的处理。如果确实因旅行社接待服务的失误给旅游者造成经济损失或精神损失的,应根据有关法律或规定给予相应的经济补偿、赔礼道歉或重新履约。如果旅游者因误会而向旅行社投诉的,则可以委婉地加以解释,以消除误会。

案例 8.4 旅游投诉与企业信誉

广州黄先生约了 9 名同事参加某旅行社的"五天豪华游",游览西安、洛阳、郑州、开封等地。在旅行社的行程计划书中,每天的行程、用餐、住宿的标准都写得清清楚楚。

前三天的行程都比较正常,可第四天到了洛阳,一切都变了样。当天傍晚 8 时多,才从洛阳出发赴郑州去看黄河。晚上 9 时左右,到了郑州黄河大桥边上,游客摸着黑,在河边站了大概 5 分钟,导游就催游客上车。在游客的质疑下,导游说:"由于明天回广州的机票提前到中午 12 时起飞,明天上午 10:30 必须赶到郑州机场办理登机手续。为了明天你们能够到开封包公祠,所以明天游黄河的景点改在今晚。另外,为让大家能够玩得尽兴点儿,明天早上 5 时集合。"导游话音未落,全团游客就抗议说,按约定游黄河至少一个小时,现在缩减成了 5 分钟,旅行社岂能如此儿戏?再说清早 5 时起床,游客无法充分休息,哪来精力游山玩水?

为了讨个说法,游客当即拨通了该旅行社的投诉电话。一位苏先生接听了电话,在得知情况之后,表示调查一下,半个小时以后再跟他们联系。结果一晚上这名苏先生都没有和游客联系。无奈游客只好回饭店。第二天早上,按原计划是游览包公祠、铁塔等多个景点,谁知导游为赶时间,只匆匆忙忙地在包公祠转了半个小时,在没有征得游客同意的情况下,其他景点全部取消。

返回广州后,黄先生气愤地将此事投诉到广州消费者协会。经过消费者协会调查,黄先生的投诉属实。

思考题:1.请梳理出旅行社方面错误的行为。

2.这家旅行社失信的后果是什么?

诚信是旅游经营之根本,信誉是旅游企业之生命。旅游产品交易与消费的滞后性更需要诚信的环境,需要当事人之间恪守信誉,否则,就会导致企业间的不信任,导致旅游者对行业的不信任。

(二)旅游投诉的处理程序

1.倾听投诉

投诉有书面投诉和口头投诉两种形式。旅行社管理者在接到旅游者的书面投诉时,应仔细阅读其来信,归纳出投诉的要点。在接待提出口头投诉的旅游者时,管理者应耐心倾听旅游者的讲述。倾听旅游者投诉时,应做到:①端正态度。旅行社管理者在倾听投诉时应态度严肃、神情专注,给旅游者一种认真对待的印象,切不可面带微笑,使投诉者误认为不重视,或产生被嘲笑的错觉。②认真倾听。旅行社管理者在倾听旅游者投诉时不应打断旅游者的叙述,无论投诉理由是否正当,都必须让他把话讲完,必要时还要引导他将埋藏在内心的怨气和不满全部发泄出来。③头脑冷静。管理者在接待投诉旅游者时必须保持冷静的头脑,不管旅游者的言辞如何激烈,都要避免发生争吵或对其进行指责。

2.询问情况

旅行社管理者在倾听旅游者的投诉后,应首先表示对其遭遇的同情,使旅游者感到管理者通情达理,愿意解决其所投诉的问题,得到心理上的安慰。然后,应就投诉中尚未讲清楚的关键情节进行询问,以便了解投诉的事实。最后,应就旅游者能够坦诚地向旅行社反映情况表示感谢,指出这是对旅行社的信任和爱护,并答应尽快对投诉的事实进行调查和处理,并将处理结果反馈给旅游者。

3.调查事实

旅行社管理者应立即着手对投诉所涉及的人员和事情经过进行调查核实。

4.进行处理

旅行社管理者在对旅游者投诉的事实调查清楚的基础上,应根据具体情况对旅游投诉进行妥善处理。在处理过程中对旅游者的价值量补偿的心理要引起高度重视。因为随着旅游者收入的递增,补偿价值量的重心逐步移向超过旅游合同原值,形成所谓"惩罚性赔偿"要求。

对于涉及旅行社员工的投诉,如果经过调查,发现旅游者的投诉与事实相符,应立即采取适当的措施,按照旅行社的有关制度和规定对当事人进行批评教育;情节严重并造成经济损失的,还应根据错误的严重性和造成的后果给予扣发奖金、暂停接待工作、赔偿经济损失、通报批评、行政记过、解聘或开除等处分。

对于涉及其他旅游服务供应部门的投诉,经过调查证明确属该部门责任的,则应通过适当渠道向该部门的有关领导反映。如果发现该部门屡次出现旅游者因同类情况进行的投诉,旅行社则应减少直至停止与其合作,不再采购其旅游产品。

5.答复处理结果

旅行社管理者在完成对旅游投诉的处理之后,应及时将处理结果以书面形式通知旅游者。在答复时应诚恳地向旅游者表示歉意,希望能够得到其谅解,并愿意继续为其提供优质服务。如果处理结果涉及经济赔偿,旅行社还应征求旅游者的意见,以适当的渠道和方式进行赔偿。如果经过调查发现旅游者的投诉与事实出入较大,属于旅游者的误会,旅行社管理者则应向旅游者做实事求是的解释,并欢迎他在今后继续关心和监督旅行社的服务质量。

旅游投诉得到妥善处理后,旅行社管理者应将旅游者投诉的原因和处理结果向旅行社的有关部门和人员公布,以提高员工们对服务质量重要性的认识。同时管理者还应根据旅游者的投诉,对出现问题的环节进行检查,以提高服务质量。

6. 记录存档

旅行社应将旅游投诉的内容和处理经过做详细真实的记录,并存入档案,以备将来必要时核对。

(三)旅行社防范旅游者投诉的一些办法

1. 合同管理

旅行社应自觉地以"法治"的方法来防范旅游者的投诉。旅行社应在现行合同文书中的"其他约定"一栏内,将本旅行社在经营活动过程中旅游者曾经发生的投诉原因或者可能发生投诉的原因,以及其他旅行社曾经发生投诉的原因作为他们的补充项目列于其中,由旅游者确认后签字。

2. 建立旅游业务合作伙伴档案

防止投诉发生的行之有效的办法之一是注意选择业务合作伙伴。选择合作伙伴的一个重要标准是信用+质量,从而达到降低由业务合作伙伴造成旅游投诉风险的目的。

3. 提高员工服务意识和服务水平

通过全员培训和员工间的经验交流,加强一线从业人员的职业道德教育,使员工真正意识到优良的服务和高超的技能才能赢得游客的信任

4. 注重"行前说明会"上的"告知"

针对目前国内游的情况,旅行社还应注重"行前说明会"上的"告知"。出行前召开行前说明会,让旅游者了解责、权、利,可以有效地降低投诉的概率。

本 章 小 结

客户管理的终极目标是将偶然客户转变为忠诚客户。其定义是通过满足消费者的要求,促使他们再次购买,将偶然的消费者转变成忠诚的客户的所有行为。

客户管理的目的是通过用正确的方法与客户之间建立起良好的关系,使客户认识你,认可你,使客户由眼前的(短期的)合作者变为长期的合作者,从而为企业创造更多的利润。

客户流失的原因主要有:价格背离、产品背离、服务背离、促销背离和市场背离。

客户关系分为基本型、被动型、负责型、能动型和伙伴型5类。首先,维持与客户的关系要辨明客户类型,每个客户的终身价值为多少。其次,维持与客户的良好关系一定要取得客户的信任。

人们对旅游产品的购买和消费将是重复的、多次的。一个旅游者一生可能要旅游消费上百次,甚至更多。因此,一个旅游者的终身价值是巨大的,售后服务对旅行社保持已有客源和开辟新的客源都至关重要。

影响质量评价的因素包括有形性、可靠性、快速反应性、保证性和移情性。旅游者

的评价标准包括预期质量与感知质量的比较和过程质量与结果质量的比较。

造成旅游投诉的原因,有的是由业务合作伙伴引起的,有的是旅行社本身引起的。旅游者投诉的心理主要有要求尊重、发泄和补偿的心理。旅游投诉的处理程序是:①倾听投诉;②询问情况;③调查事实;④进行处理;⑤答复处理结果;⑥记录存档。

关 键 术 语

客户管理　通过用正确的方法与客户之间建立起良好的关系,使客户认识你,认可你,使客户由眼前的合作者变位长期的合作者,从而为企业创造更多的利润。

客户关系质量　指的是买卖双方的信任感和满意度。

数据仓库　它是一个基于计算机信息系统的,能够详细提供客户消费行为特征的平台。旅行社通过它来满足客户的个性化需求,它是旅行社企业维持客户忠诚的定向翼。没有数据库,就谈不上真正的客户管理。

顾客满意　顾客通过一个产品的可感知的效果与它的期望值相比较后所形成的感觉状态。

售后服务　是以老顾客为主要促销对象,加强同客人的联系和解决客人遇到的问题,通过富有人情味的服务和关系营销打动旅游者,促其重复购买。

预期质量　是指旅游者在接受旅行社提供的实际服务之前,对旅行社产品质量所产生的心理预期。

感知质量　是指旅游者在旅游过程中实际体验到的旅行社服务质量。

思 考 和 练 习

1.简述客户管理的含义。

2.客户流失的主要原因是什么?

3.旅行社的客户类型及管理方法有哪些?

4.如何进行客户选择? 客户选择的方法有哪些?

5.客户忠诚度的培养有哪些方法?

6.旅行社服务的质量管理与监控的方法有哪些?

7.什么是旅行社服务质量管理的评价标准?

8.旅游投诉的范围和类型有哪些?

9.如何处理旅游投诉?

10.防范投诉的办法有哪些?

第九章　旅行社财务管理

学习目标

1. 旅行社财务管理的目标
2. 旅行社筹资管理、资本成本的概念及计算方法
3. 旅行社资产管理（包括现金、应收账款、固定资产等）
4. 旅行社业务核算与损益管理
5. 旅行社成本费用管理
6. 旅行社财务报告分析

本章概要

　　旅行社财务管理是旅行社经营管理的核心工作之一,旅行社经营的目标是生存、发展和获利,财务管理正是为实现这一目标服务的。综观财务管理的主要内容,不外乎筹资管理、投资管理和利润分配管理,其主要职能是决策、计划和控制,而进行有效的决策、计划和控制则取决于科学的财务分析和预测。限于篇幅,本章主要介绍旅行社筹资管理、资产管理、成本费用管理、收入与利润管理、财务报告分析等。

第一节　旅行社财务管理概述

一、旅行社财务管理的目标

　　财务管理是旅行社管理的一部分,是有关资金的获得和有效使用的管理工作。财务管理的目标取决于旅行社的总目标。

　　旅行社作为一种形式比较特殊的企业,也是盈利性组织,其出发点和归宿是获利。目前,我国旅行社从成立起就面临竞争,并始终处于生存和倒闭、发展和萎缩的矛盾之

中,旅行社只有获利才能生存下去,只有不断发展才能求得更好的生存。

力求保持以收抵支和偿还到期债务的能力,减少破产的风险,使旅行社能够长期稳定地生存下去,是对财务管理的第一个要求。

一个旅行社如果不能发展,如果不能提高服务质量,如果不能扩大自己的市场份额,就会被别的旅行社排挤出去。旅行社的发展离不开一定数额的资金,因此,筹集旅行社发展所需的资金,是对财务管理的第二个要求。

从财务的角度来看,盈利就是使资产获得超过其投资的回报。在市场经济中,没有"免费使用"的资金,资金的每项来源都有其成本。每一项资产都是投资,都要从中获得回报,例如应充分利用闲置的现金、尽快收回应收账款、固定资产要充分地用于经营活动等。因此,通过合理有效地使用资金使旅行社获利,是对财务管理的第三个要求。

总之,旅行社财务管理的目标是使旅行社投资者财富最大化。

二、旅行社财务管理的内容

财务管理是有关资金的筹集、投放和分配的管理工作。财务管理的对象是现金(或资金)的循环和周转,主要内容是筹资、投资和利润分配,主要职能是决策、计划和控制。

在创办一个旅行社时,必须先解决两个问题:一是制定规划,明确经营的内容和规模;二是筹集若干现金作为初始资本。没有现金,旅行社的规划无法实现,不能开始运营。旅行社成立后,在经营过程中现金变为经营用的各种资产,在运营中又陆续变为现金。这种流转过程称为现金流转(即现金的循环和周转)。

筹资是指筹集资金,旅行社可以采用发行股票、发行债券、取得借款、赊欠、租赁、售后回购等方式筹集资金。筹集资金要解决的问题是如何取得企业所需要的资金,包括向谁筹集、在什么时候筹集、筹集多少资金。筹资决策与投资、利润分配决策密切相关,筹资的数量多少要考虑投资的需要,在利润分配时加大保留盈余可减少从外部筹资。筹资决策的关键是决定各种资金来源在总资金中所占的比重,即确定资本结构,以使筹资风险和筹资成本相配合。

投资是指以收回现金并取得收益为目的而发生的现金流出,包括直接投资和间接投资。直接投资是指把资金直接投放于经营性资产(如房屋建筑物,设备等),以便获取利润的投资;间接投资又称证券投资,即购买债券和股票等金融性资产,以便获取利息或股利收入的投资。

利润分配是指在旅行社赚得的利润中,有多少作为利润(股利)发放给投资者(股东),有多少留存旅行社作为再投资。过高的利润支付率会影响旅行社的再投资能力,会使未来收益减少;过低的利润支付率可能引起投资者不满。如果某旅行社是上市公司,利润分配政策将直接影响它的股价涨跌。每一家旅行社要根据自己的具体情况确定最佳的利润分配政策,这是财务管理的一项重要内容。因为利润分配决策,从另一个角度看也是保留盈余决策,是旅行社的内部筹资问题。

三、建立完善的旅行社财务管理系统

当旅行社规模扩大时,传统的手工财务账已经无法满足财务核算的需求。财务部门的职责是核算和监控,而不应将主要的精力放在单纯的账务处理上。旅行社财务最大的特点是需要处理数量繁多的团队应收应付账,当每月需要处理几百甚至上千个旅游团队时,迫切需要一整套科学严密的财务管理系统,否则旅行社经营将举步维艰并出现许多漏洞和弊端。旅行社财务管理系统需要将财务软件与旅行社的业务管理数据库互联互通,通过共享业务管理系统的数据,使数量庞大的团队应收应付数据自动进入财务系统的应收应付。这时,财务人员的主要工作从繁杂的账务处理,改为利用财务管理系统监管业务部门及时清算团队应收应付款,以及严格控制旅行社的对外支出,堵住旅行社普遍存在的多支、重复支出等漏洞。在销售款管理方面,由于前台销售统一采用电脑打印发票,财务部门可以实时监控收款情况,不至于发生业务人员扣留营业款的情况。同时,智能化的报表和财务统计分析系统可以随时为旅行社提供统计和对比数据,随时调整市场和管理策略;而不是像以前那样必须到月底才得到报表,延误商机。

第二节　旅行社筹资管理

一、普通股筹资

(一)普通股的概念

普通股是股份有限公司发行的无特别权利的股份,也是最基本的、标准的股份,通常情况下股份有限公司只发行普通股。目前已经发行普通股并在上海证券交易所和深圳证券交易所上市的旅游类公司有 000430 张家界、000610 西安旅游、000888 峨眉山 A、000978 桂林旅游、003593 大连圣亚、600054 黄山旅游、600138 中青旅、600258 首旅股份、600358 国旅联合、600593 大连圣亚、600749 西藏圣地、609033 丽江旅游等,它们为各自的发展壮大筹集了大量的资本。

普通股可分为记名股和不记名股;国家股、法人股和社会公众股;A 股(以人民币

标明票面金额以人民币认购和交易)、B股、H股和N股(以人民币标明票面金额以外币认购和交易)。旅行社如果以普通股筹集资本时,应选择较为适宜的某种普通股。

(二)股票发行程序

1.设立股份有限公司时发行股票的程序

(1)提出募集股份申请。

(2)公告招股说明书,制作认股书,签订承销协议和代收股款协议。

(3)招认股份,缴纳股款。

(4)召开创立大会,选举董事会、监事会。

(5)办理设立登记,交割股票。

2.增资发行股票的程序

(1)股东大会做出发行新股的决议。

(2)由董事会向国务院授权的部门或省级人民政府申请并经批准。

(3)公告新股招股说明书和财务会计报表及附属明细表,与证券经营机构签订承销合同,定向募集时向新股认购人发出认购公告或通知。

(4)招认股份,缴纳股款。

(5)改组董事会、监事会,办理变更登记并向社会公告。

(三)普通股融资的特点

与其他筹资方式相比,普通股筹措资本具有如下优点:

(1)资本无到期日,不需归还。

(2)没有固定的股利负担,经营波动给公司带来的财务负担相对较小,筹资风险较小。

(3)这种资金来源可作为其他方式筹资的基础,增强公司举债的能力。

(4)普通股比较容易吸收资金。

但是,采用普通股筹措资本也有一些缺点:资本成本较高;以普通股筹资会增加新股东,可能会分散公司的控制权;此外新股东分享未发行新股前积累的盈余,会降低普通股的每股净收益,从而可能引起股价的下跌。

二、负债筹资

负债筹资是指通过欠债的方式筹集资金。负债是旅行社一项重要的资金来源,几乎没有一家旅行社是只靠自有资本而不使用负债就能满足经营资金需要的。与普通股筹资相比,负债筹资具有使用上的时间性,需到期偿还;不论经营好坏都需支付固定的债务利息从而形成固定负担;其资本成本一般比普通股筹资成本低,且不会分散投资者对企业的控制权。

负债筹资的方式有长期借款、发行债券、短期借款、商业信用等。

负债筹资速度快,借款富有弹性(与银行协商的余地较大),借款成本较低,但是借款风险较大(因为要承担固定的利息,而且到期必须偿还)。

三、资本成本

资本成本是指旅行社为筹资和使用资金而付出的代价。广义讲,旅行社筹集和使用任何资金,不论短期还是长期,都要付出代价。狭义的资本成本仅指筹集和使用长期资金(包括自有资本和借入长期资金)的成本。由于长期资金也被称为资本,所以长期资金的成本也称为资本成本。

资本成本包括资金筹集费和资金占用费两部分。资金筹集费是指资金筹集过程中支付的各项费用,如发行股票、债券支付的印刷费、发行手续费、律师费、资信评估费、公证费、担保费、广告费等。资金占用费是指占用资金支付的费用,如股息股利、借款债券利息等。相比之下,资金占用费是筹资企业经常发生的,而筹资费用通常在筹集资金时一次性支出,因此在计算资本成本时可作为筹资金额的一项扣减。

筹资成本=资金占用费/(筹资总额-筹资费用)

案例 9.1　长期借款资金成本

某旅行社取得 5 年期长期借款 500 万元,年利率为 8%,每年付息一次,到期一次还本,筹资费用 0.3%,企业所得税税率为 33%。由于借款利息允许在缴纳企业所得税前扣减,可少交所得税,实际资金占用费为 500 万元×(1-33%)。

思考题:1. 该长期借款的实际资金占用费是多少?(提示:年利息扣除利息的抵税金额)

2. 该长期借款的资金成本是多少?(参考答案:5.38%)

第三节　旅行社的资产管理

一、流动资产管理

(一)现金和有价证券管理

现金是可以立即投入流通的交换媒介,包括由出纳保管的库存现金和各种形式的银行存款,它的最大特点是普遍的可接受性,即可以有效地立即用来购买商品、接受劳务或偿还债务,在旅行社经营中现金流的作用尤为突出,它是流动性最强的资产。

有价证券是现金的一种转换形式，它变现能力极强，可以随时兑换成现金。旅行社有多余现金时可以适时地将其兑换成有价证券；现金流出量大于流入量需要补充现金时，再出让有价证券换回现金。因此可以把有价证券看成是现金的替代品。获取比银行存款利息更高的收益，是持有有价证券的主要原因。

1. 现金管理目标

旅行社置存现金主要是为了满足交易性需要、预防性需要和投机性需要。

交易性需要是指满足日常业务的现金支付需要。旅行社经常发生现金收支业务，两者不可能同步同量，收大于支时，形成现金置存；收小于支时，需要借入现金。旅行社必须维持适当的现金余额才能使业务活动正常地进行下去。

预防性需要是指置存现金以防发生意外的支付。旅行社有时会出现料想不到的开支，现金流量的不确定性越大，预防性现金的数额也就应越大；反之，现金流量的可预测性强，预防性现金数额则可小些。此外，预防性现金数额还与旅行社的借款能力有关，如果能够很容易地随时借到短期资金，也可以减少预防性现金的数额。

投机性需要是指置存现金用于不寻常的购买机会。比如在适当时机购入价格有利的股票、债券或其他有价证券等。

旅行社如果缺乏必要的现金，将不能应付业务开支，从而蒙受损失，称之为短缺现金成本，如丧失接团机会、造成信用损失和得不到折扣的好处等。其中，失去信用的损失难以准确计量，但其影响极大。但是如果置存过量的现金又会因这些资金不能投入周转无法取得盈利而遭受另一种损失。这意味着旅行社应该尽可能少地置存现金，即使不将其投入本旅行社的经营周转，也应尽可能多地投资于高收益的其他资产，避免资金闲置或用于低收益资产而带来的损失。

这样，旅行社便面临现金不足和现金过量方面的威胁，现金管理的目标就是要在资产的流动性和盈利能力之间做出抉择，以获得最大的长期利润。

2. 库存现金管理的有关规定

库存现金由出纳直接保管，主要用于支付给个人的各种款项以及结算金额起点以下的零星支出，包括职工工资、各种工资性津贴和支付给个人的专项奖金（如科学技术奖、文化艺术奖、体育奖）；各种劳保、福利费用；个人劳务报酬等。

旅行社必须在当地银行开设银行账户。旅行社每天的现金收入应及时送存开户银行，需要开支现金时，可以使用库存现金。按国家有关规定，旅行社不得出租出借银行账户、不得签发空头支票和远期支票、不得套取银行信用、不得保留账外公款（包括不得将公款以个人名义存入银行和保存账外现钞等）。

3. 现金收支管理

现金收支管理的目的在于提高现金使用效率，为达到这一目的，应当注意做好以下几方面的工作：

（1）力争现金流量同步。如果旅行社能尽量使它的现金流入与现金流出发生的时间趋于一致,就可以使其持有的交易性现金余额降到最低水平。这就是所谓的现金流量同步。

（2）使用现金浮游量。从开出支票、收款人收到支票并存入银行,至银行将款项划转账户,期间有一段时间差。现金在这段时间的占用称为现金浮游量。在这段时间里,尽管已经开出了支票,却仍可动用在活期存款账户上这笔资金。当然,在使用现金浮游量时一定要控制好使用时间,否则会发生银行存款透支,反而得不偿失。

（3）加速收款。这主要指缩短应收账款的时间。发生应收款会增加资金占用;但它又是必要的,在旅行社业务往来中应收款的比重很大,因为它可以扩大旅游产品销售规模,增加营业收入。问题在于如何既利用应收款吸引客户,又能有效缩短收款时间。这需要在两者之间找到适当的平衡点,并实施恰当的收账策略。

（4）推迟应付款的支付。是指旅行社在不影响自己信誉的前提下,尽可能地推迟应付款的支付期,充分运用对方的信用优惠。如遇急需资金时甚至可以放弃折扣优惠,在信用期的最后一天支付款项。不过,这要权衡折扣优惠与急需现金之间的利弊得失而定。

4. 最佳现金持有量的成本分析模式

现金管理除了做好日常收支、加快现金流转速度外,还需要控制好现金持有规模,即确定适当的现金持有量。我们可以采用"成本分析模式",分析持有现金的成本,寻找持有成本最低的现金持有量。

旅行社持有现金,将会出现三项成本:

（1）机会成本。现金作为旅行社的一项资金占用,是有代价的,这种代价就是它的机会成本。

假如某旅行社年均持有 60 万元的现金,资本成本为 6％时,其每年的现金持有成本为 3.6 万元（60×6％）;资金成本为 8％时,其每年的现金持有成本为 4.8 万元。现金持有成本越大,机会成本越高。旅行社为了开展经营业务,需要拥有一定的现金,付出相应的机会成本代价是必要的;但现金拥有量过多,机会成本代价大幅度上升,就不合算了。

（2）管理成本。拥有现金会发生管理费用,如管理人员工资、安全措施费等。它是一种固定成本,与现金持有量无明显比例关系。

（3）短缺成本。因缺乏必要的现金而不能应付业务开支,而使旅行社蒙受损失或为此付出的代价。现金的短缺成本与现金持有量成反比。

上述三项成本之和最小的现金持有量,就是最佳现金持有量。

案例 9.2　确定最佳现金持有量

某旅行社有四种现金持有方案,它们各自的机会成本、管理成本和短缺成本如表 9.1 所示,资金成本(资本收益率)为 5%。

表 9.1

项　目　方　案	甲 (300000)	乙 (600000)	丙 (900000)	丁 (1200000)
机会成本	15000	30000	45000	60000
管理成本	80000	80000	80000	80000
短缺成本	100000	25000	15000	0
总成本	195000	135000	140000	140000

思考题:1. 比较四个方案的持有现金总成本,该旅行社的最佳现金持有量是多少?为什么?

2. 丙方案与丁方案比较,为什么现金持有量不同,而付出的总成本相同?

(二)应收账款管理

由于旅行社业务竞争日趋激烈,迫使各旅行社不得不以赊账或其他优惠方式招揽客户,于是就产生了应收账款,它是商业信用的一种形式。

1. 信用政策的制定

旅行社应当根据客户履行偿债义务的可能性(品质,character)、偿债能力(capacity)、财务实力和财务状况(资本,capital)、能否提供足够的抵押(collateral)以及可能影响付款能力的经济环境(条件,conditions),确定对客户信用期、现金折扣。

(1)信用期。信用期一般是由地接社允许组团社从购买旅游产品到付款之间的时间,就是地接社给予组团社的付款时间。例如,若某地接旅行社允许组团社在选择旅游线路并发团后 60 天内付款,则信用期为 60 天。信用期过短,不足以吸引组团社,在竞争中使营业额下降;信用期过长,对增加营业收入固然有利,但只顾及营业额增长而盲目放宽信用期,所得的收益有时会被增长的费用抵消,甚至造成利润减少。因此,地接旅行社必须慎重确定恰当的信用期。

信用期的确定,主要是分析改变现行的信用期对收入和成本的影响。延长信用期会使营业额增加,产生有利影响;与此同时,应收账款占用成本、收账费用和坏账损失会相应增加,从而产生不利影响。当前者大于后者时,可以延长信用期,否则不宜延长。

案例 9.3　信用期策略

海南某旅行社长期从事"海南七日游"的接团工作,现在采用 30 天按发票金额付款(即不给折扣),拟将信用期放宽至 60 天,仍按发票金额付款。该旅行社的最低报酬率要求达到 15%,其他数据见表 9.2。

表 9.2

项　目	信用期	30 天	60 天
旅行团人数		200	300
营业额(每人 2000 元)		400000	600000
成本	变动成本(每人 1200 元)	240000	360000
	固定成本	100000	100000
	毛利	60000	140000
可能发生的收账费用		5000	15000
可能发生的坏账损失		2000	6000

在分析时先计算放宽信用期后得到的收益,然后计算增加的成本,最后根据两者比较的结果做出判断。

① 收益增加＝增加的游客人数×单位边际贡献
$$＝(300-200)×(2000-1200)=80000(元)$$

② 应收账款占用资金的应计利息增加

应收账款应计利息＝应收账款占用资金×资金成本

应收账款占用资金＝应收账款平均余额×变动成本率

应收账款平均余额＝日营业额×应收账款回收天数

30 天信用期应计利息＝(400000/360)×30×(240000/400000)×15%
$$＝3000(元)$$

60 天信用期应计利息＝(600000/360)×60×(360000/600000)×15%
$$＝9000(元)$$

应计利息增加＝9000-3000＝6000(元)

③ 收账费用和坏账损失

收账费用增加＝15000-5000＝10000(元)

坏账损失增加＝8000-2000＝6000(元)

④改变信用政策的税前损益＝收益增加－成本费用增加

$$＝80000－(6000＋10000＋6000)＝58000(元)$$

思考题：请比较收益增加数与成本费用增加数，判断该旅行社应该采用的信用期。

(2)现金折扣政策。地接旅行社为了扩大市场占有率，吸引更多的组团旅行社的客源从而获得更多的边际利润，允许组团旅行社在一定的条件下先送客人前往旅游目的地，接待完成后，再向地接旅行社支付旅游费用。但这种赊销经常是无担保的，而且多数客户不在地接旅行社的所在地。当客户无力偿付欠款时，地接旅行社虽然有权索取账款，但因为没有担保物，使地接旅行社承担了较大的风险。因此，地接旅行社在允许客户欠款时，可以做出在一定期限内付款则给予相应现金折扣的优惠，并规定赊账的最长期限，以鼓励客户及时付款。同时给不同的客户规定不同的赊欠最高限额等，以减少可能发生的坏账损失。

折扣的表示常采用如 5/10、2/20、1/30、N/40 这样一些符号形式，表示 10 天内付款给予 5% 的现金折扣，如果超过 10 天但能在 20 天内付款，还可以给予 2% 的折扣，若超过 20 天尚能在 30 天内付款，则只能给予 1% 的现金折扣，如果超过 30 天则无任何优惠，而且最长赊欠时间为 40 天。

2. 应收账款的收账政策

应收账款发生后，旅行社应采取各种措施尽量争取按期收回款项，否则会因拖欠时间过长而发生坏账，使旅行社蒙受损失。这些措施包括对应收账款回收情况的监督、对坏账损失的事先准备和制定适当的收账政策。

(1)应收账款回收情况的监督

旅行社已发生的应收账款时间有长有短，有的尚未超过收款期，有的则超过了收款期。一般来讲，拖欠时间越长，款项收回的可能性越小，形成坏账的可能性越大。对此，旅行社应实施严密的监督，随时掌握回收情况。实施对应收账款回收情况的监督可以通过编制账龄分析表进行。

账龄分析表是一张能显示应收账款在外天数(账龄)长短的报告，其格式如表 9.3 所示。

表 9.3

应收账款账龄	账户数量	金额(万元)	百分率(%)
信用期内	400	34.56	48
超过信用期 1～30 天	100	12.24	17
超过信用期 31～60 天	50	7.92	11
超过信用期 61～90 天	20	4.32	6

应收账款账龄	账户数量	金额(万元)	百分率(%)
超过信用期 91～120 天	10	5.04	7
超过信用期 121～150 天	5	7.2	10
超过信用期 151 天以上	2	0.72	1
合　计	587	72	100

利用账龄分析表,旅行社可以了解到以下情况:

①有多少欠款尚在信用期内。从表 9.3 中可以看出,有 34.56 万元的应收账款处于信用期内,占全部应收账款的 48%。这些款项尚未到期收回,欠款暂时属于正常。

②有多少欠款超过了信用期,超过时间长短的款项各占多少,有多少欠款会因拖欠时间太久而可能成为坏账。从表 9.3 中可以看出,有 52% 的账款都超过了信用期。其中拖欠时间较短的有 12.24 万元(拖欠 30 天以内),占全部应收账款的 17%,这部分欠款收回的可能性极大;拖欠在 31～150 天的账款占全部应收账款的 34%,回收这些欠款可能存在较大的困难;拖欠时间很长的有 7200 元,占全部应收账款的 1%,这部分欠款可能成为坏账。旅行社应对不同拖欠时间的欠款制定出经济可行的收账政策,对可能发生的坏账损失,应提前做出准备,充分估计这一因素对损益的影响。

(2)收账政策的制定

旅行社对各种不同过期账款的催收方式,包括准备为此付出的代价,就是它的收账政策。比如对过期不长的客人,不过多地打扰,以免将来失去这一市场;对过期稍长的客人,可措辞婉转地写信催讨;对过期较长的客人,频繁的信件催讨并电话催问;对过期很长的客户,可在催款时措辞严厉,必要时提请有关部门仲裁或提起诉讼等。

催讨账款要发生费用,某些催款方式的费用还会很高(比如诉讼费)。一般来说,收账的花费越大,收账措施越有力,可收回的账款数额也越大,坏账损失也就越小。因此制定收账政策时,要在收账费用和所减少的坏账损失之间做出权衡。制定有效的、恰到好处的收账政策很大程度上取决于催讨人员的实际经验。从财务管理的角度来说,最佳的收账政策应当使收账总成本最小化,可以通过比较各收账方案成本的大小,选择成本最小的收账方案。

案例 9.4　旅行社对拖欠款的管理

旅行社之间相互欠款已经成为中国旅行社行业的老大难问题。在买方市场中,目的地的旅行社无法采用"先付款,后接待"的经营方式,也不能一概拒绝旅行社旅游中间商的延期付款要求。然而,信用条件过宽虽然能够使旅行社获得较多的客源,但也会导致更大的坏账风险。一旦对方赖账或破产,则会使被拖欠的旅行社蒙受重大经济损失。不少旅行社吃过这样的苦头。

中国康辉天津旅行社有限公司在经营管理过程中,采取以下措施以加强对拖欠款的回收和尽量减少新的拖欠款:

(1)总经理亲自过问客户的挂账和催讨事宜,要求各营业部门每月向总经理报告一次,检查他们催讨欠款的工作效果。

(2)将催讨欠款同各营业部门的经济利益挂钩。凡在经营中获得利润但是未能将欠款收回的部门,根据欠款金额的比例缓发该部门应获得的奖金,以后视其收回欠款的数额按比例补发。

(3)制定切实可行的信用制度和标准。对于那些信誉好、付款及时、经济实力雄厚、送客量大且与本旅行社长期保持合作的旅游中间商,最多允许其在旅游者旅行结束后3个月内付款;对于那些信誉较差、送客量少、付款不及时或初次合作的旅游中间商,则不允许其挂账,必须支付现金。

由于将拖欠款的回收效果同相关部门的经济利益直接挂钩,各部门开始重视对拖欠款的催讨和回收,并取得了显著的成效。该旅行社的不良债权已经大幅度减少,旅行社的合法经济利益得到了有力的保护。

思考题:1.如何正确理解"先付款,后接待"的含义?
　　　　2."先接待,后付款"会给旅行社的经营造成什么后果?

二、固定资产管理

旅行社的固定资产是指使用时间较长,单位价值较高的劳动资料,主要包括房屋、建筑物及其附属物、电脑设备、车辆等。固定资产在使用中会发生有形损耗和无形损耗,旅行社用于固定资产的投资通过提取折旧的方式计入费用中,逐步通过各期的营业收入取得现金积累,用于今后在固定资产报废时的更新需要。

(一)固定资产折旧

1.固定资产折旧的范围

折旧是固定资产磨损价值的货币表现,因此可以这样理解,在使用中的固定资产才会发生磨损,才需要提取折旧。旅行社的固定资产中需要提取折旧的有:在用的各种设施设备,包括各种车辆、电脑设备、房屋建筑物;季节性停用、大修理停用的设备;融资租入的设备;经营租出的固定资产等。

按规定不得提取折旧的固定资产主要是除房屋建筑物以外的未使用或不需用的设备;经营租入的固定资产;已经提足折旧或提前报废的固定资产;土地。

2.固定资产折旧的计算方法

（1）平均年限法。平均年限法也称直线法，是我国目前最常用的折旧计算方法。每期提取的折旧额相等，全部折旧额在固定资产有效使用年限内平均提取。

应提折旧总额＝固定资产原始价值－估计净残值

年折旧额＝应提折旧总额/有效使用年限

＝（固定资产原始价值－估计净残值）/有效使用年限

年折旧率＝年折旧额/固定资产原始价值×100％

＝（固定资产原始价值－估计净残值）/（有效使用年限×

固定资产原始价值×100％）

＝（1－预计净残值率）/有效使用年限×100％

月折旧率＝年折旧率/12

月折旧额＝月初固定资产原值×月折旧率

固定资产净残值率按规定控制在3％～5％。

有效使用年限：营业用房20～40年，非营业用房35～45年，简易房5～10年，建筑物10～25年，大型客车（33座以上）30万千米或5～10年，中型客车（32座以下）30万千米或7～8年，小轿车20万千米或5～7年，行李车30万千米或7～8年，货车50万千米或12年，摩托车15万千米或5年。

（2）工作量法。旅行社使用的接待车辆可以采用此方法。车辆的磨损程度与其行驶里程相关。

每千米应提折旧额＝（固定资产原价－预计净残值）/总行驶里程

当月应提折旧＝当月实际行驶里程数×每公里应提折旧额

（二）固定资产修理与盘盈盘亏和清理

旅行社应对所有固定资产建立账册，加强管理，检查固定资产的使用现状，核实在固定资产使用中是否存在账实不符的情况，及时采取有效措施，保证固定资产安全完整。

（1）预提修理费用。旅行社发生的固定资产修复费用，计入当期成本费用。对数额较大、发生不均衡的修理费用，可以分期摊入成本费用，也可以根据修理计划分期从成本中预提。

（2）旅行社固定资产发生盘亏或毁损，应按该项固定资产的净值扣除过失人及保险公司赔款后差额计入"营业外支出"。固定资产发生盘盈时，应按固定资产净值及时入账计入营业外收入。

（3）出售或报废清理的固定资产，应按其变价净收入（变价收入和残料价值减去清理费用）与其净值的差额，列入营业外收入或营业外支出。

第四节　旅行社的业务核算与损益管理

一、旅行社的业务核算

(一)组团业务核算

1.报价审核

对旅行社销售人员的对外报价进行严格的审核是组团业务核算的一项重要基础工作。旅行社的财务部门根据旅行团(者)的旅游活动日程、旅行的团队的等级及其旅行的时间对销售人员填制的报价单进行认真的审核。审核内容包括:报价的淡旺季价格是否正确;报价单上的各项价格是否准确、全面;报价在时间和空间上是否一致;等等。

2.组团收入的核算

组团社通过招徕旅行团(者)和组织旅行团(者)进行旅游获得的收入称为组团营业收入。这种营业收入主要由综合服务费、房费、餐费、城市间交通费和专项附加费构成。

旅行社分为旅游客源地组团社和地接旅行社。两者的收入来源不尽相同。旅游客源地组团社的组团收入主要来自旅游消费者,组团旅行社在接受旅游消费者的旅游要求时,必须坚持"先收费,后接待"的原则,要求旅游者在出发前的规定时间内交付全部旅行费用,否则取消其参加旅行团的资格。如果组团旅行社允许旅游消费者先参加旅行社组织的旅游活动,待旅游活动结束后再向旅游消费者收取旅游费用,可能会出现旅游者在参加旅游活动后拒绝付款或只付部分旅游费用的现象。一旦出现这种情况,旅行社向旅游者催讨欠款的成本将会很高,甚至会使旅行社无法收回欠款,或出现所收回的欠款不足以抵消催款费用的情况,给旅行社造成经济损失。

地接旅行社是在同客源地组团旅行社做交易,是旅行社之间的业务往来。由于旅游市场竞争异常激烈,各家地接旅行社都在千方百计寻找客源,如果也采取"先收费,后接待"的原则,则将导致客源地组团旅行社转而寻求其他合作伙伴,将其所招徕的游客交给愿意向其提供商业信用的其他地接旅行社,从而丧失部分甚至全部客源,失去高额的机会收益。因此,地接旅行社在同旅游客源地组团旅行社合作时,可以允许客源地组团旅行社在旅行团的旅行活动结束后再付款。当然,这样可能导致地接旅行社的资金被占用时间过长,并增加了坏账损失的风险。

无论旅游客源地组团社还是地接旅行社,在核算其组团收入时,都应该根据与旅游者或旅游客源地组团旅行社达成的旅游协议,认真审核其所付的旅游费用或付款承诺。如果发现其所付费用少于旅游协议上双方所约定的数额,则应及时要求对方补付。

3. 核算组团成本

组团成本核算是审核计算确定旅行社在经营中的各项成本开支,对于不合理的开支应当采取切实有效的措施予以纠正,以达到降低成本和增加经济效益的目的。组团成本中绝大部分为旅行社从各旅游服务供应部门接受旅游服务的费用,亦称为营业成本或直接成本。旅行社在核算其组团成本时,检查重点在于所接受的旅游服务是否按照合同协议约定的价格进行结算。在实际工作中,为了便于操作,旅行社往往采用倒轧法确定营业成本:

营业成本＝营业收入－毛利

毛利＝旅游团(者)人数×停留天数×每人每天毛利

旅行社在核算其组团成本时,还应该根据接待计划和全陪填写的各地支出情况预先逐团列支,待各地接待社将结算单寄到后再分别列入各结算单位的银行账户。旅行社的组团成本主要由组团外联成本、小包价成本、劳务成本和其他服务成本构成。营业成本与营业收入应基本上相互配比。

(二)接待收入核算

1. 审核结算通知单

结算通知单是地接旅行社向组团旅行社收取接待费用的凭证,由旅游团的全陪填写并由地陪签名。如果旅游团没有配备全程陪同,则由接待该旅游团的地陪负责填写结算通知单。结算通知单转交给财务部门后,由财务部门根据接待计划、变更通知等有关文件对结算通知单的内容进行逐项审核。审核的重点是组团社名称、计划号码、旅游者人数、等级、抵离时间、活动项目、计价标准等与接待计划和变更通知是否一致;填写项目是否齐全;有无地陪的签字确认。

2. 核算接待收入

核算接待收入是地接旅行社业务审核的一个重要内容。接待业务收入主要由综合服务费收入、房费收入、餐费收入、城市间交通费收入和专项附加费收入组成。地接旅行社在计算接待收入时要采用与组团旅行社事先确定的结算方法,计算出其因提供地接服务而应得到的综合服务费收入及其他各项收入。地接旅行社在计算各项收入时应注意旅游团所属的等级和接待的季节,以避免出现诸如少要款项、错算旅游者接待标准、等级和季节减价以及金额计算差错等现象。

3.核算成本费用

地接旅行社在审核其营业成本时应按照收入/支出配比原则认真进行成本核算，严格审核应付给饭店、餐馆、汽车公司、旅游景点等的款项，做到"分团结算，一团一清"，对盈利少的团要严格审核，对亏损的团要查出具体原因。在核算成本费用时，地接旅行社可根据自身业务的特点，采用单团成本核算、批量成本核算等方法。

二、旅行社的业务结算

(一)常规业务结算

旅行社的组团业务适应市场变化，一般是一团一价，没有统一的标准，财务人员在审核费用结算内容时，应对照行程表所列的各项费用进行认真审核。费用包括：

(1)行程表所列的城市间交通费、各地游览汽车费和每人一件行李的运费(其重量以交通部门限定为准)。

(2)行程表所列的酒店或同级酒店的标准房住宿费。

(3)行程表所列的膳食费(不含酒水)。

(4)行程表所列各游览项目第一门票费(不含"园中园"门票)。

(5)导游服务费。

(6)旅游意外保险费。

不包括以下费用：

(1)旅途中火车或轮船上的餐费。

(2)超重(件)行李托运费。

(3)酒店内的酒水、洗衣、通讯等一切私人开支。

(4)行程表以外活动项目所需的一切费用及小费。

小孩收费标准各旅行社也不尽相同，比如有的旅行社按以下标准收费：不满2岁收总团费的10%，2~11岁收总团费的60%，12岁以上按成人收费。没按全额收费的小孩不提供酒店床位和火车、轮船的铺位。

(二)特殊情况下的结算业务

1.跨季节的结算

我国旅行社一般将每年的12月初至第二年的3月底视为旅游淡季，其余的月份视为旅游旺季或平季。旅游者在某地停留的时间恰逢旅游淡季与旺季交替时，旅行社应按照旅游者在该地实际停留日期的季节价格标准分段结算。

2.等级变化的结算

(1)因分团活动导致等级变化。旅游团在成行后因某种特殊原因要求分团活动并因此导致旅游团等级发生变化时，应按分团后的等级收费或结算。结算的方式有两种:一种是由旅游者按分团后新等级费用标准和原等级费用标准的差额多退少补;另一种是地接旅行社征得组团旅行社同意后按新等级标准向组团旅行社结算。

(2)因部分旅游者中途退团造成等级变化。参加包价旅游团的旅游者在旅行途中因特殊原因退团,造成旅游因退团后人数不足 10 人发生等级变化时,原则上仍按原旅游团的人数和等级标准收费和结算,退团的旅游者离团后的费用由旅游者自理。

(3)晚间抵达或清晨离开的旅游团队结算。包价旅游团队在晚餐后抵达或早餐前离开某地时,地接旅行社按照人数和等级标准向组团旅行社结算接送费用。其计算公式为:

接送费用＝人数×计价标准

三、旅行社成本费用管理

(一)旅行社成本费用核算

1.单团核算

单团核算是指旅行社以接待的每一个旅游团为核算对象进行成本费用的核算。单团核算有利于考核每个团队产生的经济效益,有利于各项费用的清算和考核,有利于降低成本。但单团核算工作量比较大,一般适用于业务量不大的旅行社。

2.部门批量核算

部门批量核算是指以旅行社的业务部门在规定期限内接待的旅游团的批量为核算对象进行的成本费用核算。按部门批量核算虽不像单团核算那样详细,但它能从不同的侧面反映出旅行社经营的盈亏情况,为开拓市场、改善经营管理提供必要的依据。这种核算方法适用于业务量较大的旅行社。

(二)旅行社成本费用分析

1.单团成本费用分析

单团成本费用分析的前提是实行单团成本核算。为了达到控制成本,提高旅行社经济效益的目的,应采取以下几个步骤:

(1)在综合分析市场状况和旅行社自身经营状况的基础上编制成本费用计划,制定出一套分等级的成本费用计划预算,以此作为衡量旅行社经济效益的标准。

(2)将单团的实际成本费用与计划成本费用进行对比,找出差距。对于差异较大的旅行团要逐项进行分析,找出导致成本费用上升或下降的具体原因并加以总结和改进。

(3)加强信息反馈,把在成本费用分析中发现的差异及其原因及时送到有关领导和部门,以便加强对成本费用的控制。

2.部门批量成本费用分析

接待业务量较大的旅行社应实行部门批量成本费用分析,将不同部门接待的旅游团作为成本分析的对象,分析各部门接待一定批量旅游者的成本费用水平。一般可采取以下几个步骤:

(1)编制各部门接待一定批量旅游者的计划成本,根据实际发生的成本费用核算出实际降低额(或降低率)。

(2)按照部门接待旅游者数量变动、等级标准(价格)、旅游线路结构变化等因素,采用因素分析法找出各因素的影响程度。

(3)将信息反馈给有关部门,采取相应措施,消除不利因素的影响。

(三)旅行社成本费用控制

(1)制定成本费用标准。旅行社在经营过程中需要支付大量的成本费用,以获得预期的经营收入。如果成本费用过高,会使旅行社的经营利润大幅度下降,甚至造成亏损。因此,旅行社管理者必须根据本企业的实际情况和经营目标,并参照其他旅行社的成本费用水平,制定出本旅行社的成本费用标准。

(2)成本费用的日常控制。旅行社应该通过建立成本费用控制信息系统对经营活动过程中产生的成本费用进行成本控制。成本控制信息系统主要包括三个部分:

①成本费用指标、标准、定额等输入系统;

②成本费用核算、控制、反馈系统;

③成本费用分析预测系统。

三个系统构成一个整体,发挥提供、传递与反馈成本费用信息的作用,是成本费用控制的有效手段。

(3)实行成本费用责任制。为了加强成本费用控制,旅行社应实行成本费用责任制度,把负有成本费用责任的部门作为成本费用责任中心,使其对可控成本费用负完全责任。通过成本费用责任制度,可以把经济责任落实到旅行社内部各个部门,促使各部门切实发行成本费用控制的责任。

(4)进行重点控制。旅行社管理者应在日常成本费用控制中对占成本费用比重较大的部门或岗位、需要大幅度降低成本费用的部门或岗位和目标成本费用实现较为困难的部门或岗位进行重点控制,按照确定的标准,对这些部门或岗位的成本费用进行检查和监督,以降低成本费用,增加经营利润。

(5)检查与考核。旅行社管理者应定期对各部门控制其成本费用情况及整个旅行社的成本费用控制情况进行检查和考核。在检查与考核过程中,旅行社管理者应着重做好以下几项工作:

①检查成本费用计划的完成情况,查找和分析产生成本费用差异的原因;

②评价各部门和个人在完成成本费用计划过程中的成绩和缺点,给予必要的奖励和惩罚;

③总结和推广先进经验,找出缺点,提出办法,为进一步降低经营成本提供资料,为修订成本费用标准提供可靠的参数,保证成本费用的控制更具实效。

四、旅行社营业收入与利润管理

(一)营业收入管理

1.旅行社营业收入的确认基础

按照国家有关规定,旅行社在确认营业收入时应实行权责发生制原则,即凡是属于本期的营业收入,不论款项是否已经收到,均应作为本期的营业收入处理,凡是不属于本期的营业收入,即使款项已经收到,也不得作为本期的营业收入,暂时列入预收账款处理。根据权责发生制的要求,旅行社在符合下列两个条件时,可确认其获得了营业收入:

(1)旅行社已经向旅游者提供了合同上所规定的服务。

(2)旅行社已经从旅游者或者组团社收到价款或取得了收取价款权利的凭据。

2.界定营业收入实现时间的原则

(1)入境旅游。以旅游者离境或离开本地时作为确认其营业收入实现的时间。

(2)国内旅游。接团旅行社应以旅游者离开本地时、组团旅行社应以旅游者旅行结束返回原出发地时作为确认其营业收入实现的时间。

(3)出境旅游。旅行社组织中国公民到境外旅游,以旅游者旅行结束返回原出发地时作为确认其营业收实现的时间。

(二)利润分析与管理

1.利润总额分析

利润总额分析是指用比较分析法将本期利润总额与上期利润总额或本期的计划利润指标进行对比,分析其增减变动的情况。计算本期利润比上期的利润增长(减少)的情况,计算公式如下:

本期利润增长(减少)额=本期实际利润总额-上期实际利润总额

利润增长(下降)率=(本期利润增长(减少)额/上期实际利润总额)×100%

本期计划利润完成情况:

完成利润计划百分比=(本期实际利润总额/本期计划利润总额)×100%

超额或未完成计划百分比=完成利润计划百分比-100%

2.利润总额构成因素分析

旅行社在分析其利润总额增长情况后,还应对利润的构成因素进行分析,以便发现导致本期利润变化的主要因素,并采取相应的措施。如果发现某项因素的增长比例或绝对额与上一期相差较大,则应对其发生的原因进行深入的探究。

构成旅行社利润总额的因素有:主营业务利润、其他业务利润、期间费用(管理费用、营业费用、财务费用)、营业外收支净额、投资收益或投资损失等。

3.营业利润分析

营业利润的计算公式如下:

$$营业利润=主营业务利润+其他业务利润-管理费用-财务费用-$$
$$营业费用$$

营业利润分析是通过将旅行社利润计划指标与实际结果对比,运用因素分析法找出影响营业利润实现的各项因素,采取措施,为进一步增加营业利润找出突破口。在营业收入一定的情况下,影响营业利润高低的因素是营业成本、营业费用、营业税金、管理费用和财务费用。严格控制各项费用的支出是增加营业利润的有效途径。

第五节　旅行社的财务报告分析

一、旅行社财务报告分析的目的

财务报告分析是指以财务报表和其他资料为依据和起点,采用专门方法,系统分析和评价旅行社过去和现在的经营成果、财务状况及其变动,目的是了解过去、评价现在、预测未来,帮助利益关系人改善决策。财务报告分析的最基本功能是将大量的报表数据转换成对特定决策有用的信息,减少决策的不确定性。

以下七类人需要使用财务报告分析信息:投资人、债权人、经理人员、旅游中间商、政府、雇员和工会、中介机构(事务所、咨询人员等)。财务报告分析的具体内容包括流动性分析、盈利性分析、财务风险分析、专题分析等。

财务报告分析的方法有比较分析法、因素分析法等。

二、基本的财务比率

(一)变现能力比率

变现能力是企业产生现金的能力,它取决于近期转变为现金的流动资产的多少,主要有流动比率和速动比率。

1.流动比率

流动比率是流动资产除以流动负债的比值,计算公式为:

流动比率＝流动资产÷流动负债

表 9.4 和表 9.5 为 ABC 旅行社有限责任公司的资产负债表和利润表。

表 9.4　资产负债表

编制单位:ABC 旅行社有限责任公司　2004 年 12 月 31 日　　　　　　　　　　单位:万元

资　　产	年初数	期末数	负债及所有者权益	年初数	期末数
流动资产:			流动负债:		
货币资金	30	60	短期借款	70	60
短期投资	15	10	应付账款	118	105
应收票据	3	4	预收账款	9	13
应收账款	499	418	其他应付款	2	7
预付账款	4	22	应付工资	1	2
其他应收款	22	62	应付福利费	16	12
存货	26	19	未交税金	4	5
待摊费用	7	32	未付利润	10	28
待处理流动资产损失	4	8	其他未交款	1	7
一年内到期的长期债券投资	0	45	预提费用	9	11
流动资产合计	610	680	一年内到期的长期负债	0	100
长期投资:			流动负债合计	240	350
长期债权投资	50	30	长期负债:		
固定资产:			长期借款	250	400
固定资产原价	1617	2000	应付债券	60	40
减:累计折旧	662	762	长期应付款	70	70
固定资产净值	955	1238	长期负债合计	380	510
固定资产清理	12	0	负债合计	620	860
在建工程	20	10			
待处理固定资产净损失	10	8	所有者权益:		
固定资产合计	997	1256	实收资本	300	300
无形及递延资产:			资本公积	10	16

续　表

资　产	年初数	期末数	负债及所有者权益	年初数	期末数
无形资产	28	26	盈余公积	40	74
长期待摊费用	15	8	未分配利润	730	750
			所有者权益合计	1080	1140
资产总计	1700	2000	负债及所有者权益总计	1700	2000

ABC 旅行社的流动比率＝680÷350＝1.94

表 9.5　2004 年度利润表

编制单位:ABC 旅行社有限公司　　　　　　　　　　　　　　　　　　　单位:万元

项　目	上年实际	本年累计
一、主营业务收入	2700	2850
减:主营业务成本	2150	2200
主营业务税金及附加	165	177
二、主营业务利润	385	473
加:其他业务利润	20	15
减:营业费用	35	44
管理费用	45	55
财务费用	18	23
三、营业利润	307	366
加:投资收益	11	5
营业外收入	8	9
减:营业外支出	30	10
四、利润总额	296	370
减:所得税	90	122
五、净利润	206	248

　　流动比率可以反映短期偿债能力。流动资产越多,短期债务越少,则偿债能力越强。计算出来的流动比率只有和同行业平均流动比率、本企业历史的流动比率进行比较,才能知道这个比率是高还是低,要找出流动比率过高或过低的原因还必须分析流动资产和流动负债所包括的内容以及经营上的因素。一般来说,营业周期、流动资产中的应收账款和存货的周转速度是影响流动比率的主要因素。

　　2.速动比率

　　流动比率虽然可以用来评价流动资产总体的变现能力,但短期债权人还希望获得比流动比率更能反映变现能力的速动比率。速动比率是从流动资产中扣除存货、待摊费用等，再除以流动负债的比值。因为存货的变现速度较慢、可能损失报废尚未处理、可能已抵押给债权人等。

$$ABC 旅行社的速动比率＝（流动资产－存货－待摊费用）÷流动负债$$
$$＝（680－19－32）÷350＝1.8$$

行业不同，速动比率会有很大差别。影响速动比率可信度的重要因素是应收账款的变现能力，账面上的应收账款不一定都能变成现金。因此，利用速动比率分析短期偿债能力时也应与同行业平均水平和本企业历史最好水平进行比较。

（二）资产管理比率

资产管理比率是用来衡量旅行社在资产管理方面的效率的财务比率，包括：营业周期、应收账款周转率、存货周转率、流动资产周转率和总资产周转率。

营业周期＝存货周转天数＋应收账款周转天数

营业周期越短，说明资金周转速度越快。

应收账款周转率＝营业净收入÷平均应收账款

应收账款周转天数＝360÷应收账款周转率

ABC 旅行社应收账款周转率＝2850÷（499＋418）/2＝6.22

ABC 旅行社应收账款周转率＝360÷6.22＝58（天/次）

一般来说，应收账款周转率越高，平均收现期越短，说明应收账款的收回越快，否则，旅行社的营运资金会过多地呆滞在应收账款上，影响资金的正常周转。

存货周转率是货物销售成本与存货平均余额的比值。旅行社如果不开展货物销售业务，其存货比重不大。流动资产周转比率是营业收入净额与平均流动资产余额的比值，总资产周转率是营业收入净额与平均总资产的比值。周转率越高，则周转天数越短，资产的利用效果越好。

（三）负债比率

负债比率是债务与资产、净资产的比例关系。它反映了旅行社偿付到期长期债务的能力。

资产负债率＝（负债总额÷资产总额）×100%

ABC 旅行社的资产负债率＝860÷2000×100%＝43%

债权人希望债务比例越低越好，旅行社偿债有保证，借款不会有太大的风险，而投资者认为，在全部资本利润率高于借款利息率时，负债比例越大越好。

产权比率＝（负债总额÷净资产总额）×100%

ABC 旅行社的产权比率＝860÷1140×100%＝75%

说明该旅行社的债权人提供的资本是投资者提供资本的 0.75 倍，该企业举债经营的程度不高,风险不大。

(四)盈利能力比率

盈利能力是旅行社赚取利润的能力,不论是投资人、债权人还是经理人员,都日益重视和关心旅行社的盈利能力。

销售净利率＝(净利润÷营业收入)×100%

资产净利率＝(净利润÷平均资产总额)×100%

(注:平均资产总额＝(年初资产＋年末资产)/2)

净资产收益率＝(净利润÷平均净资产)×100%

＝资产净利率×权益乘数

＝销售净利率×资产周转率×权益乘数

ABC 旅行社的销售净利率＝(248÷2580)×100%＝9.61%

ABC 旅行社的资产净利率＝[248÷(1700＋2000)/2]×100%＝13.41%

ABC 旅行社的净资产收益率＝[248÷(1080＋1140)/2]×100%＝22.34%

以上比率越高,一般说明旅行社的获利能力越强。通过分析销售净利率的升降变动,可以促使旅行社在扩大旅游产品销售的同时,注意改进经营管理,提高盈利水平。资产净利率是一个综合性指标,旅行社的资产是由投资人投入或举债形成的。净利润的多少与资产的多少、资产的结构、经营管理水平有着密切的关系。为了正确评价旅行社经济效益的高低、挖掘提高利润水平的潜力,可以用该项指标与本企业前期、与计划、与同行业平均水平和本行业内先进水平进行对比,分析形成差异的原因。净资产收益率与销售净利率、资产周转率相关,要提高净资产收益率,必须扩大营业额,加速资金周转,有效降低资金占用量,同时还要适度控制举债规模。

案例 9.5　以最少投资建最完善的平台

电脑网络能帮助旅行社迅速扩大经营规模,降低运作成本,已经在广之旅、上海春秋等近年来迅速崛起的超大型旅行社中得到了充分的验证。20 世纪 90 年代中期,广之旅、上海春秋斥巨资数百万元利用广域专用网络(使用 DDN 专线、电话联网),建立起了自己的旅游产品分销网络,通过向分销网络的大批代理商批发包机、包酒店运作的垄断性旅游产品,短短几年取得了翻几番的骄人业绩,各自迅速成为广州、上海的龙头旅游旅行社,现在一个月的毛利就足以收回当年的巨额投资了。

综观广之旅、上海春秋等成功者,他们的成功均源于拥有一个客源充足的市场。直至现在,他们的主要利润来源仍然是广州、上海等旅游先期发展的城市和各自的周边市场。中国的旅行社,有非常明显的属地经营特色,仔细看看现在的旅行社百强。可以发现他们的主要市场还是他们的总部所在地以及周边城市,尚无一家旅行社的国内旅游,能垄断其他省份的市场。

随着几个黄金周的推出,旅游组团市场已经从京、沪、粤走向了更多的省市。以广东的旅游市场为例,以前除了接待外国人,基本上没有接待国内的旅游团队,而现在,来自国内各个省市的客人不断增加,天津、青岛、兰州等客源充足的城市甚至以包飞机、火车专列的形式组织大型旅游团到广东旅游。现在,旅行社的经营者们,面临的主要问题不是客源不足的问题,更多的是如何在市场竞争中脱颖而出。90年代初期,广之旅、上海春秋在各自的市场上,与他们水平相当或者更强的旅行社有一大批。但现在呢,在广之旅、上海春秋等崛起的同时,很多观念跟不上的旅行社已经没落,甚至被淘汰出局。

再来看看投资问题,当时广之旅和上海春秋,巨额投资中的主要投资是当时非常昂贵的计算机硬件设备和广域联网设备。如一家以 DDN 专线与总部联网的营业网点,光一次性网络路由器等网络设备的投资就超过 6 万元,另外每月需要支付每个营业网点几千元的专线费用。而随着计算机和通信市场的不断成熟,这个费用在不断下降,当年需要几十万元的服务器,现在更高性能的服务器也只需要几万元;比 DDN 性价比更高的本地 64K 帧中断数据专线,每月的费用已经不足千元;而互联网则更是冲破了价格底线,不管营业点距离多远,每月不足 100 元的上网费用就可通过互联网保持和总部的联网。

现在旅行社电脑化管理系统的主要成本是软件和服务的费用。一个高水平的软件开发人员,每年旅行社需要至少支付几十万元的高额费用。要像广之旅、上海春秋一样建立一支自己的计算机专业开发队伍(15~30 人),每年需要支付高达百万元的信息系统支持费用,的确不是一般旅行社可以承受的。

但幸运的是,国内已经出现了像广州广之旅电脑开发有限公司、北京益彰信息技术有限公司等一批专业从事旅行社电脑管理系统开发和服务的专业技术公司。他们基本上出身旅行社,很多前身甚至就是旅行社的电脑开发部门,在为超大型旅行社定制大型网络化业务管理系统的过程中,他们积累了充足的经验。由于各种原因,国内旅行社信息化方面的投入一直不是很足,目前 14000 多家旅行社中,已经建立完善信息系统的旅行社还并不多。他们看中的正是国内庞大的旅行社业信息化市场,走专业化道路,致力于为更多的旅行社提供服务。

思考题:1.电脑网络与旅行社经营的关系是什么?
2.查寻国内著名的旅游网站,并分析其特点?

旅行社经营管理

本 章 小 结

旅行社财务管理是旅行社现金获得和有效使用的管理工作。现金管理和应收账款管理在旅行社财务管理中具有举足轻重的地位,旅行社应当研究如何保持最佳现金持有量、如何巧妙利用商业信用招徕客户,同时采取有力措施加大应收款的催讨力度,加快回收速度。管理人员应有足够的成本费用意识。成本费用是现金的销蚀,在拓展营业额的同时要有效控制并降低运营成本和费用,以实现旅行社财务管理的目标——投资者财富最大化。利益关系人可以利用相关财务指标的计算分析,考察旅行社的偿债能力、资产管理效率和获利能力。

关 键 术 语

财务管理　是旅行社管理的一部分,是有关资金的获得和有效使用的管理工作,包括筹资管理、投资管理和利润分配管理。

现金　是可以立即投入流通的交换媒介,包括由出纳保管的库存现金和各种形式的银行存款,它的最大特点是普遍的可接受性,它是流动性最强的资产。

筹资　是指筹集资金,旅行社可以采用发行股票、发行债券、取得借款、赊欠、租赁等方式筹集资金。

投资　是指以收回现金并取得收益为目的而发生的现金流出,包括直接投资和间接投资。

资本成本　是指旅行社为筹资和使用资金而付出的代价,包括资金筹集费和资金占用费。

最佳现金持有量　使机会成本、管理成本和短缺成本三项之和最低的现金持有量。

应收账款　为了招徕客户,争取更多的旅游市场份额而允许客户赊欠的款项。它是一种商业信用。

固定资产　旅行社的固定资产是指使用时间较长,单位价值较高的劳动资料,主要包括房屋、建筑物及其附属物、电脑设备、车辆等。

财务报告分析　是指以财务报表和其他资料为依据和起点,采用专门方法,系统分析和评价旅行社过去和现在的经营成果、财务状况及其变动,目的是了解过去、评价现在、预测未来,帮助利益关系人改善决策。

思 考 与 练 习

1. 什么是旅行社财务管理,其主要内容和方法是什么?

2. 结合实际谈谈旅行社应该如何加强对现金资产的管理。

3. 什么叫最佳现金持有量?机会成本、短缺成本分别与现金持有量存在什么关系?

4. 旅行社的主要债权资产是什么?怎样进行管理?

5. 什么是组团业务核算,具体包括哪些内容?

6. 财务报表分析及其目的是什么?

7. 旅行社常用的财务分析方法有哪些?

8. 桂林某旅行社长期从事"桂林十日游"的接团工作,现在采用 30 天按发票金额付款(即不给折扣),拟将信用期放宽至90天,仍按发票金额付款。该旅行社的最低报酬率要求达到10%,其他数据见表9.5。

表9.5　信用期30天与90天的数据比较

信用期　　项　目		30 天	90 天
旅行团人数		150	200
营业额(每人2000元)		300000	400000
成本:	变动成本(每人1500元)	225000	300000
	固定成本	60000	60000
	毛利	15000	40000
可能发生的收账费用		2000	15000
可能发生的坏账损失		1000	11000

请计算分析该旅行社是否应当将信用期放宽到90天?

9. 表9.6和表9.7是xyz旅行社2004年度的资产负债表和利润表,请计算该旅行社的相关财务指标,分析说明该旅行社的偿债能力、资产营运能力和获利能力。

表9.6　2004年度资产负债表

编制单位:xyz旅行社有限责任公司　　2004年12月31日　　　　　　　单位:万元

资　　产	年初数	期末数	负债及所有者权益	年初数	期末数
流动资产:			流动负债:		
货币资金	50	190	短期借款	150	160
短期投资	20	10	应付账款	88	52
应收票据	3	5	预收账款	30	22
应收账款	286	120	其他应付款	2	5
预付账款	12	22	应付工资	1	2
其他应收款	13	62	应付福利费	16	18
存货	8	6	未交税金	4	15
待摊费用	2	32	未付利润	10	36
待处理流动资产损失	9	7	其他未交款		4
一年内到期的长期债券投资	0	50	预提费用	5	11
流动资产合计	403	504	一年内到期的长期负债		0
长期投资:			流动负债合计	306	325
长期债权投资	80	30	长期负债:		
固定资产:			长期借款	200	200

续　表

资　产	年初数	期末数	负债及所有者权益	年初数	期末数
固定资产原价	2600	2840	应付债券	50	40
减:累计折旧	662	860	长期应付款	20	70
固定资产净值	1938	1980	长期负债合计	270	310
固定资产清理	0	0	负债合计	576	635
在建工程	50	10			
待处理固定资产净损失	0	0	所有者权益:		
固定资产合计	1988	2080	实收资本	1000	1000
无形及递延资产:			资本公积	50	55
无形资产	35	30	盈余公积	80	110
长期待摊费用	10	6	未分配利润	730	850
			所有者权益合计	1860	2015
资产总计	2436	2650	负债及所有者权益总计	2436	2650

表 9.7　2004 年度利润表

编制单位:xyz旅行社有限公司　　　　　　　　　　　　　　　　　单位:万元

项　目	上年实际	本年累计
一、主营业务收入	5600	7200
减:主营业务成本	3650	4300
主营业务税金及附加	290	370
二、主营业务利润	1660	2530
加:其他业务利润	60	38
减:营业费用	52	78
管理费用	80	110
财务费用	10	35
三、营业利润	1578	2345
加:投资收益	66	−120
营业外收入	5	21
减:营业外支出	19	50
四、利润总额	1630	2196
减:所得税	490	665
五、净利润	1140	1531

　　(提示:计算流动比率和速动比率分析其短期偿债能力;计算资产负债率、产权比率分析其长期偿债能力;计算应收账款周转率和总资产周转率分析其资产营动能力;计算销售净利率、净资产收益率等分析其获利能力)

第十章　旅行社和电子商务

学习目标

1. 电子商务与旅游电子商务的基本概念
2. 旅游电子商务的主要功能和应用领域
3. 旅行社电子商务的发展状况
4. 旅行社电子商务体系的基本组成
5. 旅行社电子商务的设计与实施
6. 典型旅行社管理软件及其使用

本章概要

本章首先简单介绍电子商务的基本知识,以便读者对电子商务有大致的了解。在此基础上,讲述旅游电子商务的概念、特点、体系结构、功能、应用领域以及旅游电子商务的发展过程。重点介绍信息时代旅行社如何面对电子商务,怎样设计和实施电子商务,最后介绍可在大中型旅行社和中小型旅行社运用的两个旅行社管理软件。

第一节　旅游电子商务综述

如今人类已经进入信息社会,建立在信息和计算机网络基础之上的电子商务自20世纪90年代以来,正飞速地发展着,并逐渐成为一种重要的经济和贸易手段,甚至改变和创新着许多商业模式。旅游业,特别是旅行社对信息具有极强的依赖性,因此,电子商务在旅游业中的发展对旅游业特别是旅行社的影响是巨大的。如今,谈到旅行社的经营管理就不能不谈到电子商务。但要了解旅行社电子商务,还需要先来认识和理解什么是电子商务和旅游电子商务。

一、电子商务和旅游电子商务

(一)电子商务

1.电子商务的基本概念

电子商务顾名思义就是利用电子手段进行商务活动。关于电子商务至今没有一个统一的定义。不过,一般认为电子商务是运用电子技术和电子工具如计算机及其网络等进行商务活动的过程。因此,电子商务简称 EC(Electronic Commerce)或 EB(Electronic Business)。也有人认为电子商务主要是利用国际互联网从事商务活动,又把电子商务简称为 IC(Internet Commerce)。

电子商务引起人们的关注也只是近十几年的事。但电子商务发展非常迅速,1997全球电子商务贸易额仅 26 亿美元,1998 年就达到了 376 亿美元,1999 年则突破 980亿美元,2000 年升至 2860 亿美元,2003 年已接近 1 万亿美元,到 2006 年更增至 12.8万亿美元,占全球商品交易的 18%。而 IDC(Internet Data Center,互联网数据中心)估计 2013 年全球电子商务交易额将超过 16 万亿美元。同时,随着电子商务的迅猛发展,电子商务在企业中的作用不断增强,电子商务的范围也由以前的单纯贸易行为发展到企业内部的信息电子化处理,甚至是网上虚拟企业的经营行为。

2.电子商务的分类

电子商务有多种分类方法,如可按照电子商务的运作方式分类。也可按照电子商务交易的范围分类;这里介绍最常用的分类方法——按照电子商务的交易对象分类。根据电子商务的交易对象的不同,电子商务可分为企业对企业、企业对消费者、企业对政府、消费者对政府、消费者对消费者等几类。

(1)企业对企业电子商务(Business to Business,简称 B To B 或 B2B)是企业间通过电子手段进行销售和采购的交易方式。

(2)企业对消费者电子商务(Business to Customer,简称 B To C 或 B2C)是企业通过电子手段进行电子零售的交易方式或者说是消费者通过网络进行的网上购物行为。

(3)企业对政府电子商务(Business to Government,简称 B To G 或 B2G)是企业与政府部门间通过电子手段进行的商务活动或其他联系。如政府部门运用电子手段进行政府采购,企业运用电子手段向政府缴纳税收。

(4)消费者对政府电子商务(Customer to Government,简称 C To G 或 C2G)是消费者与政府部门间通过电子手段进行的商务活动或其他联系。如政府部门运用电子手段发放政府补贴、救济等,消费者运用电子手段向政府缴纳个人所得税等。

(5)消费者对消费者电子商务(Customer to Customer,简称 C To C 或 C2C)是消

费者之间通过电子手段进行的交易活动。如网上个人物品拍卖等。

3.电子商务的发展

随着电子商务的不断发展，其在社会经济生活中的地位和作用逐步提高和加强，所涵盖的范围也随之扩大，已突破了电子商务是企业通过电子手段进行对外交易的窠臼。根据 Kalakota 和 Whinston 的理论，电子商务的应用有三种主要类型：企业内部、企业与企业之间、企业与顾客之间。因此，现在通常也将供应链管理（Supply Chain Management，SCM）、企业资源计划（Enterprise Resource Planning，ERP）、客户关系管理（Customer Relation Management，CRM）纳入到电子商务的范围之中。

（1）SCM 是指从原料开始到成品最终消费的过程中，供应商、中间商与用户之间连接的程序。

（2）ERP 是"一个以企业会计为导向的信息系统，其目的是对企业的制造、配送和结算等环节的企业资源，进行合理的规划和管理"。

（3）CRM 是企业为更有效地掌握顾客特征，增强客户满意度与忠诚度，能更好地根据用户需求开发产品、开辟市场而建立的管理系统，通过该系统以实现企业与客户之间的快速的信息交流。

（二）旅游电子商务

在飞速发展的全球电子商务中，旅游业和金融业、软件业、出版业并列电子商务的四大应用领域。全球电子商务贸易额中旅游电子商务就约占 20%；在电子商务发达的美国，旅游电子商务则能占到电子商务贸易额的 1/3。如在美国 2001 年的电子商务总营业额的 530 亿美元中，旅游业营业额就达到 193 亿美元。根据 Nielsen 发布的 2008 年美国居民在互联网上购买或使用的产品及服务数据发现，旅游服务是美国居民使用最多的在线服务，旅游电子商务交易额达到 947 亿美元。

1.旅游电子商务的概念

旅游电子商务是电子商务在旅游业这一特定领域的运用，是在各种旅游集团的营销网络特别是国际互联网的支持下开展的电子化商务活动。

一般认为，旅游电子商务是旅游企业基于互联网络技术，运用电子手段以实现旅游商务活动的过程。狭义地讲，旅游电子商务是在网上进行的旅游产品的电子交易。广义地讲，旅游电子商务包括利用网络进行的各种旅游经营活动和商业活动，如网上宣传与营销推广、市场调查分析、财务核算、生产安排等。

2.旅游电子商务的特点

旅游电子商务与传统旅游交易方式相比，具有许多新的特点。这里从旅游企业经营的角度做几点归纳：

（1）超越空间限制。由于旅游电子商务借助于网络进行，因此它也就具备了网络突破空间距离的特性,可将商务活动扩展到网络的任何一个角落,使得企业的经营范围空前扩大,旅游市场更加广阔,企业商机也随之增大。

(2)信息实时更新。旅游信息具有很强的时间性,比如季节不同、假日不同经营的价格、项目和对象都可能不同,网络信息与印刷资料最大的区别之一,就是立即更改、立即更新。但这又反过来要求企业必须经常更新网上信息,否则,长期不变的内容就会失去吸引力,从而失去网上潜在的顾客。

(3)成本相对稳定。开展旅游电子商务,其成本主要分为建设成本与维护成本。其中建设成本类似于传统商务先期的固定资产投资,维护成本相当于传统商务经营过程的开销。不同的是,旅游电子商务其维护成本具有相对稳定性,即信息的被点击率增大,信息的用户数增多,不会导致成本的增加。换言之,交易量的增长不会带来交易成本的同步增长,反过来,用户数量的增加将使平均成本降低。而在传统的旅游商务中,交易量增大,甚至只是访问者增多,都会由于业务员和宣传品等的增多导致经营成本的增加。由于网络经营成本一般来说较传统经营方式更低,其网上价格也具有更大的优惠。

(4)快捷方便,交互性强。一方面,通过电子手段,人们可以运用非常方便快捷的方法来完成传统交易中较为繁琐且事必躬亲的商务活动。另一方面,借助于电脑的交互性,现在的旅游电子商务网站也在不断地增强互动性,增加可参与性的项目,以便吸引并留住更多的顾客。

(5)系统性。旅游电子商务应该是企业进行网络化经营的一个全面的解决方案,因而往往都具备系统性,是企业对内实行电子化管理,对外实现电子化营销的整体方案。就对内而言,饭店前厅后台的每一个岗位、旅行社经营的每一个环节都纳入了其相应的计算机管理系统当中;而其对外的信息中常常都包罗了企业各种产品相关资料,可以说是企业对外营销的一个总平台。

(6)系统内容和系统容量的扩展性强。由于电子商务方案在实现时一般都是采用模块化的组合方式,因此要扩展内容较为方便。另外,开展旅游电子商务也要求系统容量的扩展性好。如当企业信息和客户资料大量增加时,系统的存储量能迅速扩大;当访问者大量增加时,系统的接待能力能及时增强。

(7)注重安全。由于电子商务是在一种虚拟的环境中进行的,病毒、黑客、欺诈等非法活动随时都在威胁着电子商务的开展。在这种情况下,安全始终都是至关重要的核心问题,必须下大力气解决。

3.旅游电子商务体系

电子商务在旅游业中的应用,不仅仅是作为一种工具以实现旅游产品交易的电子化和网络化;同时,它也极大地改变了旅游业原有的体系结构,改变了旅游业传统的组织格局。

（1）传统旅游业体系结构。传统旅游业主要是由旅游供应商、旅游中间商和旅游者通过纵向合作组成的,而旅游供应商和旅游中间商与旅游者的交易大多是通过面对面完成的,其体系结构如图 10.1 所示。

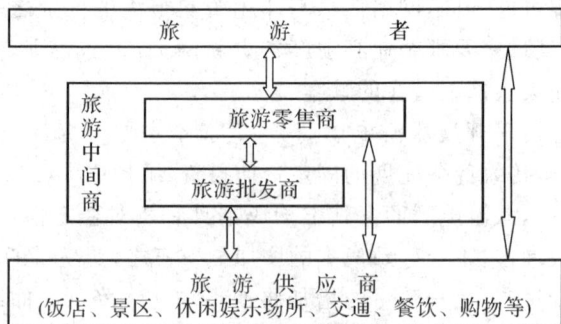

图 10.1 传统旅游业的分工体系

（2）旅游电子商务背景下的旅游业体系结构。随着旅游中电子商务的发展,传统旅游业的垂直分工体系被打破了,尽管旅游业主要仍由旅游供应商、旅游中间商和旅游者组成,但旅游中间商队伍却发生了根本的变化,大量有 IT 背景的旅游电子商务运营商加入了竞争的行列。更重要的是,各种专业非专业的旅游电子商务运营商的加盟,彻底打破了传统旅游业相对封闭的运作模式,信息的透明化促进了旅游业的开放。电子商务背景下的旅游业体系结构如图 10.2 所示。

旅行社经营管理

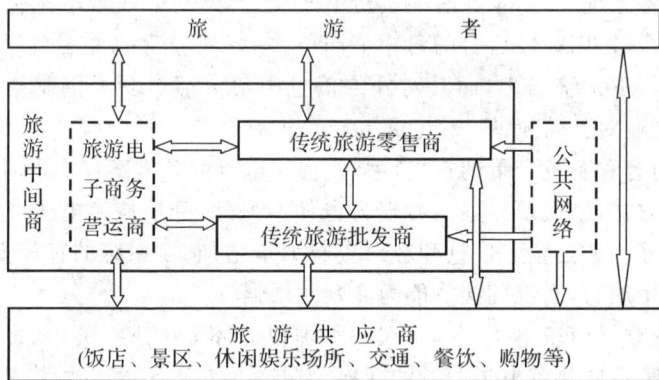

图 10.2 电子商务背景下的旅游业体系

从图 10.2 还可以看到,由于电子商务的介入,对于大量的旅游中间商来说,原有的垂直分工体系也被交错纵横的网状结构所代替。同时,通过各种专营网络或互联网作为中介平台,旅游供应商、传统的旅游中间商、新兴的旅游电子商务中间商和旅游者可以实现远程直接交易。而且,这种远程的电子化交易都不再需要交易双方面对面的接触,这也是电子商务有别于传统贸易的地方。

(3)旅游电子商务的体系结构。在传统的旅游业中,旅游供应商、旅游中间商和旅游者是构成这一行业的三大主要要素;而对电子商务来说,由于经营实体在网上是无形的,其电子商务体系依赖的实体基础便是能连接旅游企业的网络系统,它可以是专用网络,也可以就是 Internet;在此之上旅游企业可通过专用的电子数据交换方式或是基于 Web 的电子商务系统来进行电子商务;为保证电子商务的顺利可靠,还需要相关的安全技术与法律方面的安全保障,社会对电子商务的认知程度也是影响旅游电子商务体系的重要因素;旅游电子商务体系的主角是在旅游供应商、旅游中间商和旅游者之间传递的信息;为确保电子交易的成功,还需要有银行和物流业的支持。当然,旅游业中的产品主要是指旅游者的消费主要体现在票务方面,但其对物流的依赖较物质生产部门更弱一些。总之,从层次结构的角度来看,旅游电子商务体系大致由 6 层构成,如图 10.3 所示。

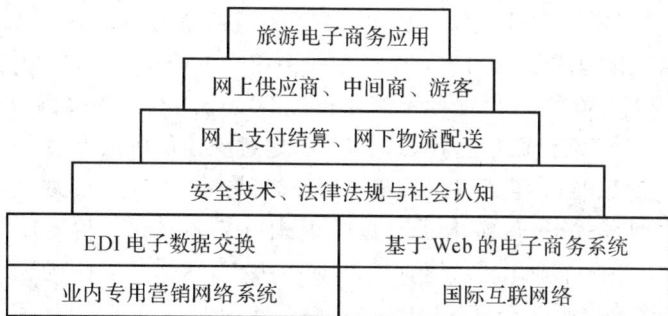

图 10.3　旅游电子商务体系结构

如果从实现旅游电子商务的网络结构来看,旅游电子商务体系基本可由内部网(Intranet)、外联网(Extranet)和互联网(Internet)等三种类型的网络构成。其中,内部网主要是以企业管理信息系统为基础,实现企业各部门间的电子办公;外联网以专用网络为基础,为集团成员、合作或协作伙伴提供 B2B(企业间)电子商务服务;国际互联网则主要面向公众,体现旅游电子商务的开放性,为旅游企业与旅游者提供交易平台。

4.旅游电子商务的发展状况

20 世纪 90 年代,由于国际互联网的普及和高速发展,电子商务开始被人们知晓,并迅猛增长。也许一般人们都认为旅游电子商务是随着互联网电子商务的发展而产生的,实际上,旅游电子商务早在互联网诞生前几十年就出现了。

1959 年,美利坚航空公司与计算机巨头 IBM 公司联合开发了 SABRE 系统,这是世界上最早的电脑预订系统。20世纪60年代，美国航空公司为航班售票建立了计算机预订系统(Computerized Reservation System，CRS)，并将它扩展到饭店订房、汽车出租、豪华游轮等的预订。CRS可以说是第一代计算机旅游网络销售系统的典型代表。1965年，假日饭店集团建立了饭店业最早的计算机预订系统——假日电讯网(Holidex-Ⅰ)。1967年，美国喜来登集团也建立了自己的中央预订系统(Reservation)。专业化的饭店集团中央预订系统甚至还拥有自己的通信卫星。当然，这些专业预订系统主要是针对集团成员、合作伙伴和各种会员的，这一阶段的电子商务还处于较为封闭的状态。

国际互联网(Internet)的出现为旅游电子商务的发展创造了新的契机，开拓了新的领域。具体表现在以下几个方面：

(1)由封闭到开放，参与人数迅速增长。由于互联网的普及速度之快，超过了人们的想象，而众多网民的涌现也为旅游电子商务的高速发展提供了充足的客源。2000年，美国的在线旅游者有9000万人，占全美成年人口总数的44%，其中约有5940万人通过互联网制订旅行计划。到2010年，美国在线旅游者已上升到1.5亿人。在中国，网民人数也在快速增加，1997年我国互联网用户仅有62万，2000年上升到2250万，2003年猛增到6800万，2004年上半年已达8000万，仅次于美国，居世界第二位。到2008年6月，中国网民数量达到2.53亿人，超过美国位居世界第一；而根据最新的统计数据显示，截至2010年12月底，我国网民规模突破4.5亿大关，达到4.57亿。

(2)在互联网方式下，旅游电子商务的模式更趋多样化。传统旅游电子商务以B2B(旅游企业对旅游企业电子商务)为主，如今B2C(旅游企业对旅游者电子商务)、C2B(旅游者对旅游企业电子商务)、B2E(旅游企业与非旅游企业电子商务)等各种形式的旅游电子商务都能方便地在互联网上实现，以降低企业的交易、采购成本，或拓宽旅游企业的营销渠道。更重要的是，在多样化的旅游电子商务模式下，旅游企业的功能和经营方式也发生着巨大的变化。一批新型旅游企业开始出现，并且以迅猛发展的势头已经或正在打破旅游业原有的格局。

德格利夫旅行社是法国仅次于新边界旅游公司的第二大旅行社。然而，与新边界旅游公司门市遍布法国不同，它是一家没有门市的旅行社。德格利夫旅行社成立于1991年，是法国第一家利用电子媒体开展业务的旅行社。创建时只有4人，到1998年人员已经增加至160人，销售总额达4.6亿法郎。它可通过互联网向顾客提供旅游观光度假、机票预售和客房预订、歌剧或音乐会等的门票销售，以及书籍、音像制品等的网上购买。

近年来我国也开始出现主要依赖电子商务而进行旅游线路营销的电子旅行社，如途牛旅游网。它是南京途牛科技有限公司旗下的网站，公司在北京设立了北京途牛国际旅行社有限公司，并在上海、天津、南京、杭州、苏州、成都等地设立了分社。它通过网络为旅游者提供旅游度假产品预订服务,目前可以提供北京、上海、南京、杭州、苏州、天津、深圳、成都、武汉、重庆、宁波、西安、常州出发旅游产品的预订,包括周边自助旅游(如景点门票、住宿、温泉等),周边跟团旅游,国内长线跟团旅游,海南、云南、广西等自助旅游(如往返机票、酒店等),香港和澳门特别行政区旅游,以及包括马尔代夫海岛在内的出境自助游、出境跟团旅游等。

(3)旅游电子商务的贸易量大大增加。在进入互联网时代后,旅游电子商务的交易额增长迅速。表10.1是近几年美国旅游电子商务的交易额及到2014年的预测。

表 10.1　美国旅游电子商务交易额及预测

年份 交易额	2006	2007	2008	2009	2010	2011	2012	2013	2014
旅游电子商务交易额 (百万美元)	788	938	947	884	925	985e	1054e	1122e	1190e
增长率(%)	21.4	19.1	7.1	−6.7	4.6	6.5	7.0	6.5	6.0

(资料来源:www.emarketer.com)

从表10.1中不难看出,在全球金融危机爆发前,美国旅游电子商务交易额每年都有大幅度增加。2008年受金融危机影响增速放缓,2009年甚至出现了负增长,但2010年很快就恢复增长,显示出旅游电子商务较强的发展势头。在欧洲,旅游电子商务也大致如此。2005年欧洲网上旅游预订只占整个旅游市场的15%,2006年上升到22%,2007年达到32%,2008年更是提高到41%。

我国的旅游电子商务起步较晚。20世纪70年代末,计算机才进入旅游业,但只是用于饭店的前台接待和财务管理。20世纪90年代中期,仅有168家饭店通过33家国际饭店集团和饭店组织进入了全球分销系统(GDS)。20世纪90年代末,随着我国的互联网热和互联网电子商务的兴起,旅游电子商务也进入了一个新的发展阶段。这时,专业旅游网站开始出现,基于Internet的航空机票和酒店客房预订发展迅速,部分大型旅行社开始建设信息系统和电子商务平台,各种各样的网上旅游频道也纷纷涉足旅游电子商务。据不完全统计,我国综合旅游网超过500家,各种专业旅游网、旅游企业、旅游行政管理部门和非专业旅游网站的旅游频道已达到3500多个,旅游网站建设和旅游电子商务都有了初步的发展,并且势头还在逐步加强。

二、旅游电子商务的主要功能

电子商务主要是以网络技术为主的电子手段为企业提供信息流、资金流和物流的电子解决方案。但在目前的旅游电子商务中,物流只占很小的份额,而资金流主要还是依赖传统的支付结算方案,因此,当前旅游电子商务的主要作用表现在为企业解决信息流、产品营销、客户关系管理以及旅游企业间开展电子化交易等方面。

(一)实现旅游企业信息的网络传播与集成

旅游企业对信息的依赖性很强,具体表现在两个方面,一是要收集和存储大量与企业经营相关的行业信息;二是要将自己的有关信息及时向外发布。这种信息的收集与发布可以说是旅游企业生存的基础。因此,旅游电子商务的首要任务就是通过自己特有的网络系统完成企业所需的信息的传播和集成。

(二)实现旅游企业的网络营销

旅游电子商务的本质就是利用网络为主的电子技术来经营和销售旅游企业自己的旅游产品。

(三)实现旅游企业客户关系的网络化管理

不再依赖面对面的交流,对电子商务时代来说,网络化、智能化的客户关系管理将是企业在激烈的市场竞争中取胜的关键。

(四)实现旅游企业的电子化交易与合作

旅游企业最大的特点可以说就是离不开合作,旅游供应商和旅行社为主的旅游代理商之间,组团社和地接社之间都离不开合作。而旅游电子商务将在很大程度上使这些旅游企业的交易电子化,因为电子化的交易可以超越空间的限制,扩展合作领域,提高办事效率,降低交易成本。

三、旅游电子商务的应用领域

旅游电子商务的各种功能通过企业所选择的不同的电子商务模式而在不同的领域发挥着不同的作用。随着旅游电子商务的不断发展和深化,它在旅游业的应用也越来越广,几乎无所不在。其中,较为典型的应用领域有销售领域、信息服务、客户关系管理(CRM)、供应链管理(SCM)以及企业资源计划(ERP)等。

(一)销售预订

销售预订是旅游电子商务最广泛的应用之一。其销售模式,既有 B2B 方式的,也有 B2C 方式的;其运作方式,既有集团联合的,也有企业自营的,还有网络服务商提供平台的。常见的销售预订方式有以下几种:

(1)计算机预订系统(Computerized Reservation System,CRS),是一个专供航空公司和旅游企业使用的网络预订系统,从航空公司的机票销售预订逐步扩展到旅行社代理商,服务范围则扩大到客房预订、租车等方面。

(2)全球分销系统(Global Distribution System,GDS),是以国际性航空公司为基

础,与连锁饭店、汽车租赁公司、铁路公司、旅游供应商、旅游代理商等形成联盟共同建设的,能通过计算机网络为成员提供信息服务、航班订位、饭店订房、铁路订票、汽车预租、旅游预订等综合服务的分销系统。Amadeus、Galileo、Sabre 和 Worldspan 是全球航空领域的四大全球分销系统。

(3)饭店集团中央预订系统(Center Reservation System,CRS),是饭店集团自建的预订销售系统。顾客可通过此系统预订该集团在全球各地任意一家饭店或度假村的客房,并且在几秒钟内就可得到确认。中央预订系统使饭店集团能有效地将客源保持在集团内部。

(4)旅游目的地营销系统(Destination Marketing System,DMS),通常是由旅游目的地地方政府和专业旅游网络服务商共同开发建设的,为宣传当地旅游资源、开展旅游产品营销、实现旅游预订、方便企业交易以及接受市场反馈与投诉等的综合性系统。DMS 已成为旅游发达国家和地区进行旅游资源网络营销的先进平台,在英国、西班牙、澳大利亚、芬兰等 10 多个发达国家和地区已得到较为广泛的应用。

在我国,近年来也非常重视 DMS 的建设。2002 年下半年,我国就开始在广东省和大连市等地进行"试点"。到 2004 年 3 月在福建举行"2004 年旅游目的地营销系统现场推广会"时,全国已有大连、三亚、珠海、苏州、厦门、深圳、桂林等 10 余个城市和广东省建成或正在建设旅游目的地营销系统。而在 2004 年 1 月的全国旅游工作会议上,国家旅游局已经要求"黄金周"直报城市和有条件的地区尽快建设旅游目的地营销系统,以便在不久的将来,能在我国建成全国性的旅游目的地营销系统网络。目前,我国大多数省份和主要旅游城市都建有 DMS,"黄金周"旅游统计城市也已经达到 39 个。

(5)基于互联网的旅游网站预订系统,一般由旅游企业特别是专业旅游网络服务商建设,各类门户网站也已经开设了具有宣传和预订功能的旅游频道。这类系统可通过互联网进行 B2B 特别是 B2C 为主的旅游预订,而且由于利用互联网扩大了客源范围、简化了交易手续,其经营业绩正逐步提高。1999 年,国旅总社 1.7 亿美元的旅游业务收入中,应用互联网技术所收益的就占到了 80%。

(二)信息服务

通过互联网对外发布旅游信息和进行市场调查、接受反馈意见是旅游企业开展旅游电子商务的重要内容之一。目前,单个旅游企业在互联网上建立的企业网站还难以起到销售预订的功能,因此在互联网上发布信息、宣传企业和树立企业形象便成了其最主要的作用。

(三)客户关系管理

客户是企业发展最重要的资源之一。旅游企业推出的旅游产品只有在大量旅客的消费过程中才能产生价值和利润,客户关系对旅游企业尤为重要。客户关系管理(CRM)是利用信息技术,通过应用软件来实现企业与客户的快速、便捷的信息交流,并由 CRM 系统来对客户的消费特征进行挖掘、整理,最终实现个性化的市场营销与管理、客户关怀与服务跟进,最大限度地维持现有客户,开发潜在客户。

CRM 除包含了当今先进的管理学与电子商务理念外,还集成了多种信息技术,如网络技术、多媒体技术、数据仓库和数据挖掘技术、支持决策系统、专家系统以及呼叫中心等。

(四)供应链管理

所谓供应链,是指产品制造商、原料供应商、代理商、物流直到消费者所形成的一条价值链。而供应链管理(SCM)则是通过相关企业的相互连接的信息系统以协同计划、预测、补货等方式为顾客提供适时、适地、适量的产品。旅游消费是一种对消费者而言随机性很强的消费,国际旅游的散客化、个性化潮流必然促使旅游产品的相关企业加强合作,供应链管理也将成为旅游电子商务未来发展的一个重要方向。

(五)企业资源计划

根据 APICS(美国生产及存货管理协会)字典的定义,企业资源计划(ERP)是一个以企业会计为向导的信息系统,其目的是对企业的制造、配送和结算等环节的企业资源,进行合理的规划和管理。它在传统的制造资源计划(MRPⅡ)的基础上运用了新的信息技术,如计算机与网络技术、关系型数据库、第四代语言、图形用户接口(GUI)。

企业资源计划是一个应用软件系统,利用企业在生产、存储、销售、财务、运输等环节中的信息流,以企业会计为基准,通过系统的运算处理,获得最佳的资源配置。

第二节　旅行社电子商务

旅行社和旅游交通、饭店业是旅游行业的三大支柱。在向旅游者提供旅游服务的过程中,旅行社起着媒介、桥梁和经纪人的作用。旅行社是旅游活动的组织者,又是旅游产品的重要销售渠道,堪称旅游业中的龙头。但旅行社要实现这些作用,必须收集和整理大量旅游者的需求信息,必须获取和处理大量旅游产品的信息,并以此为基础,做出合乎旅游市场要求的旅游产品设计、整合和采购。因此,信息是旅行社赖以生存的基础。而电子商务时代正是信息的时代,所以旅行社努力开展电子商务既是旅行社发展的需要,也是时代的要求。

　　旅行社电子商务是旅行社运用电子手段对生产服务过程中的市场调查、产品开发、采购、信息发布、成品销售、接待与客户关系、财务等进行电子化管理,并运用电子商务理论来指导旅行社经营管理的过程。在旅行社电子商务中,运用电子商务理论来指导旅行社经营管理与采用电子化手段来完善旅行社各环节操作是同等重要、缺一不可的。

一、信息化时代我国旅行社与电子商务

(一)我国旅行社电子商务的发展

　　20 世纪 20 年代,中国第一家旅行社在上海成立。但我国旅行社的大规模发展却是在 20 世纪 80 年代中期。到 1988 年底,旅行社数量猛增至 1573 家,改革开放初期由国旅、中旅和青旅三分天下的垄断局面已不复存在。我国旅行社的这种快速发展,一方面促进了旅行社的产业化,另一方面也造成了我国旅行社总体规模偏小、鱼龙混杂、竞争无序和服务难以规范的局面。我国旅行社业也正是在这种情况下进入了 20 世纪末来临的电子商务时代。

　　在我国,旅行社开展电子商务始于 20 世纪 90 年代中期。上海春秋旅行社是较早开展电子商务的,1994 年就建立了内部的计算机实时预订系统,并利用该系统的快速、高效、准确、规范、统一和方便等特点,扩大网点、增加网络成员,很快就形成了一个较为合理的代理商预订系统。2000 年,上海春秋旅行社组建了春秋旅游网,2001 年,又将该网从简单的信息发布改造为可进行旅游电子商务的多功能平台。上海春秋旅行社的这种信息化、网络化发展,逐步提高了企业电子商务的水平和功能,也使得企业发展不断攀上新的阶段。1997 年,春秋旅行社在全国发展网络成员 30 余家,1998 年增加到 50 家,2000 年初已扩大到 200 余家。1997 年,春秋旅行社的网络营业额为932 万,1999 年其网络营业收入便达到 6000 多万元。目前,春秋旅行社在江浙地区有400 余个网络成员,全国网络成员超过 4000 个,网络营业收入在公司 60 多亿元总营业收入中的比重超过 80％。2010 年,公司获得“最具价值企业电子商务奖”和“年度中国最佳商业模式”称号。电子商务是春秋旅行社实现跨越式发展的重要助力。

　　而由中国国际旅行社、广东新太信息服务有限公司和华达康投资控股公司共同投资建设的华夏旅游网(www.ctn.com.cn)则是我国最早出现的旅游网站之一。1999年底,华夏旅游网和香港的 TOM.COM 联合成立了 Itravel 公司,并于 2000 年推出了多种语言的版本。经过几年的努力,华夏网逐步建成酒店预订、外联销售、出境游销售和游船预订等多个子系统,可向业界提供 B2B 的电子交易平台;同时,还可进行面向互联网公众的机票、客房预订及旅游线路自由定制在内的个性化旅游的 B2C 交易。

　　在传统旅行社积极开展电子商务的同时,基于互联网来开展经营业务的新型旅行

社在我国也应运而生。广州岭南旅行社是我国第一家电子旅行社,目前主要利用互联网实现旅游线路信息的发布及实时更新、后台线路订单查询与跟踪、支付结算等业务。

(二)电子商务时代我国旅行社面临的主要问题

1. 全国性的旅游电子商务市场尚不成熟

旅游电子商务的发展依赖于互联网的普及和应用程度,其中互联网用户在人口中所占的比例也是影响旅游电子商务的关键,这是因为网络用户群正是旅游电子商务中客源市场之所在。

美国是旅游电子商务的发源地,也是旅游电子商务高度发达的国家。除了美国旅游企业的信息化程度更高,网络技术的运用能力更强外,互联网用户在人口中所占的比例大,增长快,为旅游电子商务提供了丰足的客源市场,也是其发展迅速的重要因素。早在1997年,美国互联网用户就已经超过了5000万,1998年便突破了8000万,2003年则更是达到了15000万。1997年,美国上网家庭只占总数的22%,到2003年已达到56%。正是这群数量庞大的网民为美国旅游电子商务提供了广阔的市场。

在我国,从20世纪90年代末至今,应该说网民的数量还是处在一个快速增长的阶段。到2010年12月,上网用户数已经达到了4.5亿,居世界第一。但是还应该看到,我国上网用户统计数中重复率还比较高;特别是与我国的人口总数相比,网民在总人口中所占的比例是比较低的。从我国网络用户数与游客人数的比例关系和在线旅游者与网络用户的比例关系来看,还远远低于发达国家所占的比例。以2010年为例,我国当年的国内旅游人数为21亿人次,上网用户数为4.5亿,而通过网络手段进行旅游电子商务的网络用户仅为3613万,在网民中的渗透率只有7.9%,在网民各类网络应用中排名第17,远远低于网络购物的1.6亿人次,见表10.2。而在美国,2000年的上网用户数约为11500万,其中在线旅游者就达9000万,在各类网络应用中排名第一,其比例大大高于我国。因此,对我国旅游业来讲,要开展旅游电子商务,拓宽网上的客源市场还是一项非常重要而紧迫的任务。近年来,我国互联网上网用户数增长趋势如图10.4所示。

表10.2　2010年我国各类网络应用用户规模和使用率

应 用	用户规模(万)	使用率	应 用	用户规模(万)	使用率
搜索引擎	37453	81.9%↑	网络文学	19481	42.6%↑
网络音乐	36218	79.2%↓	网络购物	16051	35.1%↑
网络新闻	35304	77.2%↓	论坛/BBS	14817	32.4%↑
即时通信	35258	77.1%↑	网上银行	13948	30.5%↑
网络游戏	30410	66.5%↓	网上支付	13719	30.0%↑

续　表

应　用	用户规模(万)	使用率	应用	用户规模(万)	使用率
博客应用	29450	64.4％↑	网络炒股	7088	15.5％↑
网络视频	28398	62.1％↓	微博客	6311	13.8％
电子邮件	24969	54.6％↑	旅行预订	3613	7.9％→
社交网站	23505	51.4％↑	团购	1875	4.10％

资料来源：www.cnnic.net.cn

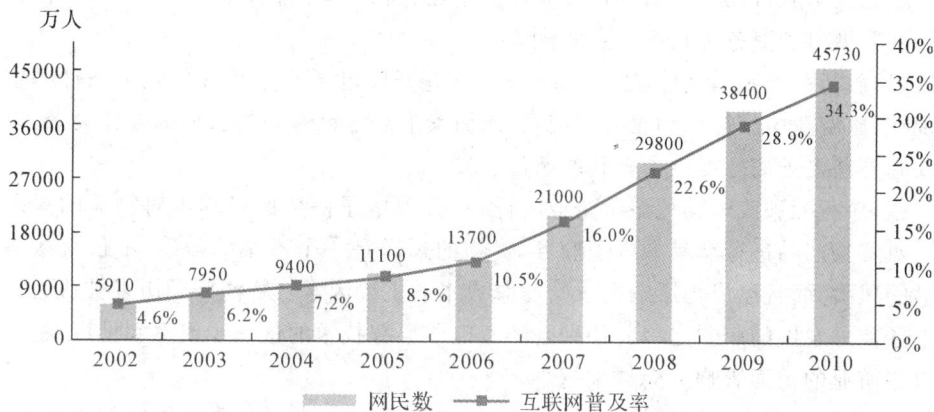

图 10.4　我国互联网上网用户增长趋势

（资料来源：www.cnnic.net.cn）

2. 新兴旅游中间商崭露头角，旅游代理市场竞争进一步加剧

在传统旅游业中，不管是批发还是零售，旅游中间商的角色主要是由旅行社来扮演的。随着电子商务，特别是旅游电子商务的兴起，旅游中间商的多元化已不可避免。这其中既有传统型的旅行社、具有电子商务能力的实体旅行社和虚拟旅行社，也有旅游综合网、旅游专业门户网站、区域旅游网、其他综合网站的旅游频道和专业的旅游电子商务平台供应商等。众多形式的旅游中间商的并存必然打乱原有的市场格局和原有的分工关系，旅游中间代理市场已经进入狼烟四起、兴亡朝暮的战国时代，企业间的合作和竞争都势必进一步强化，投资风险也将随之加大。

3. 旅行社信息化和商务电子化程度较低，其经营模式与开展电子商务的矛盾加剧

我国目前的旅游企业中，饭店业的信息化程度较高，信息化对饭店企业的经营管理影响也最大，目前取得的电子商务成果也仅次于航空业而位列前茅。但对旅行社来讲，一方面，信息化和电子商务的普及程度还比较低。以信息产业和旅游业都较为发达的广东省为例，2000 年的一项调查显示，在全省 500 多家旅行社中只有 20 余家建

立了自己的旅游网站。另一方面,在即使开展电子商务的旅行社中,能在经营管理中也体现电子商务经营理念的更是凤毛麟角。其中,大多数的旅行社网站主要仅起到网上宣传作用。然而在电子商务时代,旅行社的竞争将逐渐从争夺客源市场的直接竞争转向拼比经营模式的间接竞争,能否快速顺应电子商务的发展潮流、能否快速运用电子商务的最新技术、能否快速融会电子商务的最新管理理念,归根到底,能否创新管理模式,将是能否在竞争中取胜的关键。

(三)我国旅行社电子商务具备的优势

尽管我国旅行社电子商务在发展过程中还存在一些问题,面临不少挑战。但我国旅行社开展电子商务也具有一定的优势。

(1)旅行社和我国其他旅游企业一样,具有开展电子商务较好的先天条件。主要表现在,旅游业中旅行社和旅游供应商、旅游交通企业已存在的长期的合作关系,也为彼此间开展电子商务提供了有利的条件。

(2)旅行社和我国其他旅游企业一样,在开展电子商务的过程中对物流的需求较小。对实物产品进行交易的电子商务,货物的运送是一个不小的障碍,不仅直接增加交易的风险,而且已成为影响电子交易总成本的主要因素。物流问题历来被认为是阻碍电子商务发展的瓶颈之一。特别是随着电子票务技术的进一步成熟和推广,物流问题对旅游业的负面影响将会越来越小。

(3)我国电子商务硬件设施已有很大的改善,技术上与其他发达国家的差距较小,这也为旅行社开展电子商务打下了较好的基础。一方面,国家非常重视信息基础设施建设和信息产业发展。1993年9月,美国政府在全世界率先提出建设国家信息基础设施,即著名的NII计划;同年12月,我国政府就专门成立了国家经济信息化联席会议,提出了以"金关"、"金卡"和"金桥"为国家信息化基础建设龙头的"三金工程",并于1994年开始实施。另一方面,近年来,各地方政府也极为重视信息化特别是信息基础设施的建设。

(4)我国电子商务发展和电子商务市场的不均衡分布与旅行社分布的不均衡基本吻合,这为大多数旅行社开展电子商务提供了一个相对良好的区域环境。

图10.5是到2010年12月30日止,我国地区网站数量分布图。一个地区的网站数量不仅反映了该地区从事电子商务的实体数量,也反映了该地区电子商务的发展水平和市场状况。从图10.5中可以看出,广东、北京、上海、浙江、江苏5地网站数量之和,就占了全国的56.9%,如果再加上福建、山东、湖南,则占到全国的70.7%。从上述数据不难发现我国电子商务发展的不均衡性。此外,将这种现象推广来看,无论是在电子商务较发达的省市,还是在电子商务相对不发达的省市,电子商务资源又相对集中于当地的个别城市或区域,即在某一地区内部,电子商务发展也具有不均衡性。

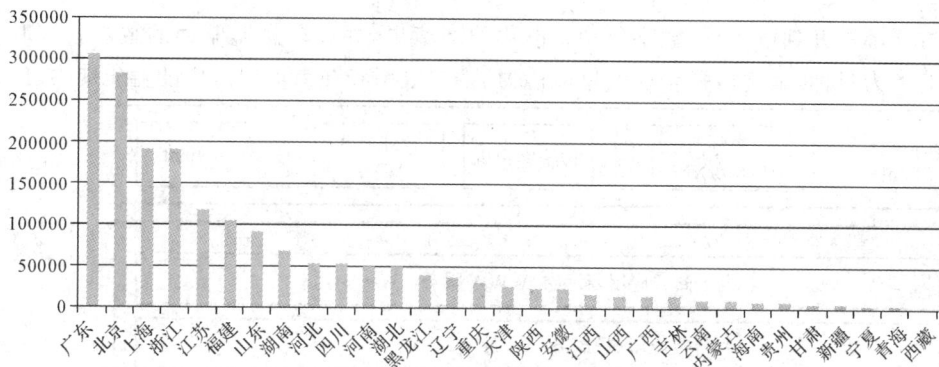

图 10.5　地区网站数量分布

（资料来源：www.cnnic.net.cn）

　　而这种不均衡又正好与各地经济发展的不均衡相对应，也与我国国内客源分布的不均衡以及我国旅行社分布的不均衡相对应。而这些相互对应的不均衡性总的来说都是由经济发展的不均衡决定的。但这些相互对应的不均衡性对电子商务相对发达地区的旅行社开展电子商务来讲，也提供了一个相对有利的发展空间。第一，这些地区电子商务技术和基础设施相对发达；第二，这些地区旅游企业原有的信息化程度较高；第三，这些地区的电子商务市场特别是旅游电子商务市场相对广阔。而这些正是旅行社开展旅游电子商务的有利因素。

　　当然，这些有利因素也不仅仅是针对旅行社而言的，还必须看到，这些有利因素对当地新兴旅游中间代理商的产生和发展来说也是一片沃土。因此，这些区域的旅行社必须抓住机遇，通力合作，将旅行社电子商务迅速地发展起来。不抓住机遇，不仅仅是丧失机遇，还可能被抓住机遇者抢夺生存的空间。

二、旅行社电子商务体系的基本组成

　　电子商务的应用，起源于 EDI 方式的电子化交易，形成于 Internet 为基础的信息交流，发展到现在业已深入到企业经营管理的各个领域，如图 10.6 所示。

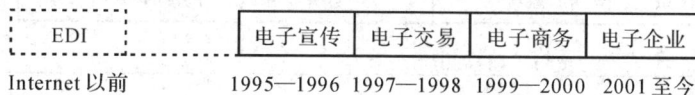

EDI	电子宣传	电子交易	电子商务	电子企业
Internet 以前	1995—1996	1997—1998	1999—2000	2001至今

图 10.6　电子商务的发展阶段

　　如今，电子商务已经发展到不再是简单地制作几张网页，建立一个网站就完了，而是要从根本上改变企业原有的依赖于生产和以生产为中心的传统管理模式，使企业的经营建立在信息管理和科学决策的基础上，在客户管理、供应链管理和内部管理等各个方面都提升到电子化、数字化和智能化的新境界,并以信息流驱动的智能管理和智能商务为目标,最终增强企业的反应能力、生产效率和在市场经济中的竞争能力。

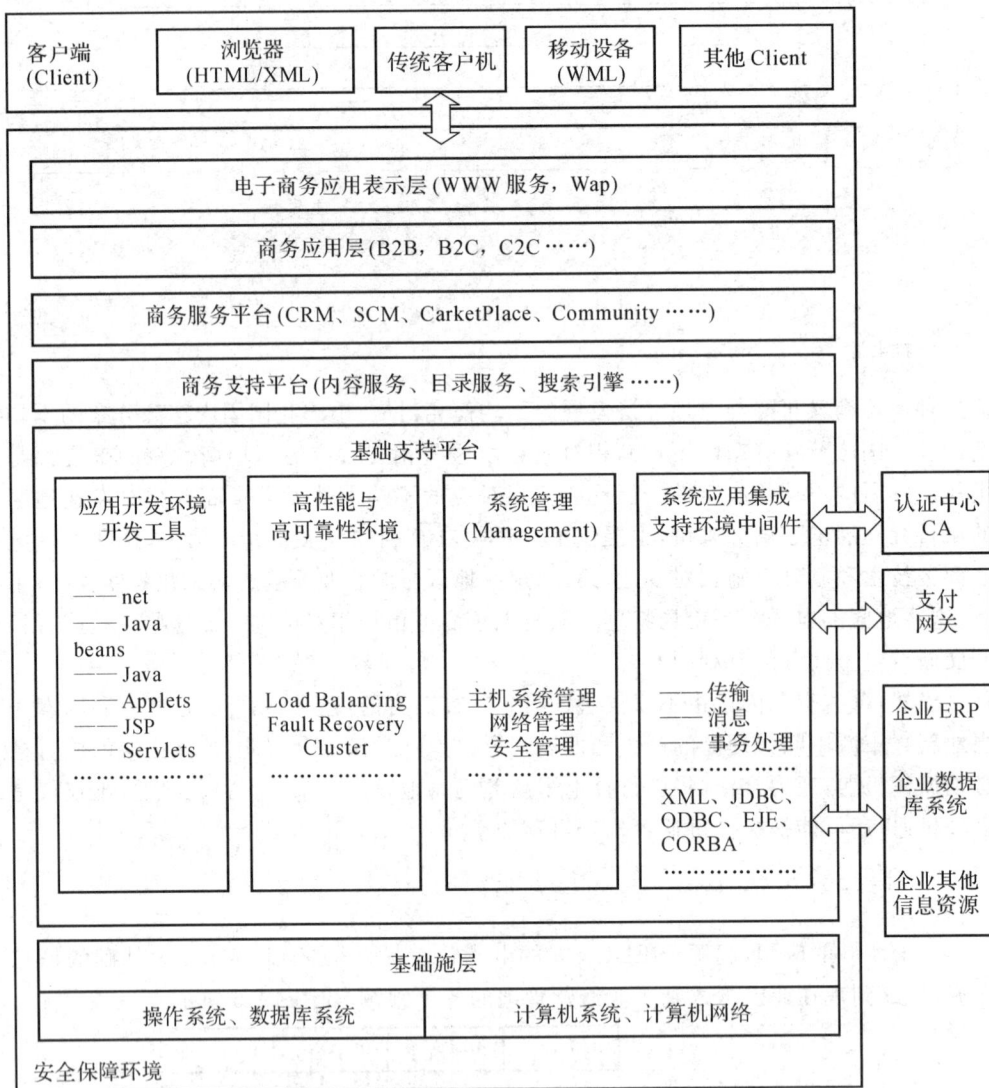

客户端 (Client)	浏览器 (HTML/XML)	传统客户机	移动设备 (WML)	其他 Client

电子商务应用表示层(WWW 服务,Wap)

商务应用层(B2B、B2C、C2C……)

商务服务平台(CRM、SCM、CarketPlace、Community……)

商务支持平台(内容服务、目录服务、搜索引擎……)

基础支持平台

应用开发环境 开发工具 ——net ——Java beans ——Java ——Applets ——JSP ——Servlets ……………	高性能与 高可靠性环境 Load Balancing Fault Recovery Cluster ……………	系统管理 (Management) 主机系统管理 网络管理 安全管理 ……………	系统应用集成 支持环境中间件 ——传输 ——消息 ——事务处理 XML、JDBC、 ODBC、EJE、 CORBA ……………

认证中心
CA

支付
网关

企业 ERP

企业数据
库系统

企业其他
信息资源

基础施层

操作系统、数据库系统	计算机系统、计算机网络

安全保障环境

(资料来源:《旅游电子商务网站建设技术规范》)

图 10.7 旅游电子商务体系结构

旅行社是以旅游中介服务为主的企业,其整个经营的核心就是信息。因此,旅行社要开展电子商务也必须以旅行社的信息化和商务的电子化为前提,结合旅行社业自身的特点,改造传统的操作手段和操作流程,并建立起与新的生产方式相适应的经营理念和管理方式,从而形成一套完整的不断螺旋上升的良性的电子商务体系。从构建旅行社电子商务体系的角度来说,旅行社电子商务的结构体系自下而上可以分为基础设施层、基础支持平台、商务支持平台、商务服务平台、商务应用层、电子商务应用表示层等6个层次,如图10.7所示。

(1)电子商务应用表示层应将商务应用层的各种业务逻辑的处理结果以多种形式提交给客户端,该层次应支持多种标准数据格式、支持多种主流数据终端。

(2)商务应用层应实现旅行社电子商务的核心业务逻辑。

(3)商务服务平台应直接为商务应用层提供具体的服务,扩充和优化商务应用层的功能。

(4)商务支持平台应为旅行社电子商务网站的应用服务提供抽象的、通用的功能,简化应用程序的开发,提高应用系统的效率。

(5)基础支持平台应定义旅行社电子商务网站的基础架构,为旅游电子商务网站的各类应用提供系统开发与维护环境、系统性能优化及可靠性、系统可管理性、应用互操作性四种基本类型的服务。

(6)基础设施层是旅行社电子商务网站的运行环境,应包括计算机及其网络等硬件环境,操作系统、数据库管理系统等软件环境,同时该层面还应包括各种网络协议。

三、旅行社电子商务的设计与实施

旅行社要实施电子商务,应当建立一套切实可行的旅行社电子商务系统。而旅行社电子商务系统的设计,应根据旅行社电子商务体系的基本结构,结合旅行社自身的市场定位和经营的特点,参考先进的管理学理论,并最终形成能促进企业信息化智能化和提高效率、降低成本的电子商务模式。目前,从旅行社管理信息化和商务电子化的发展过程来看,旅行社计算机软件的设计和开发呈现出了以下一些发展趋势:

(1)从单功能软件到集成软件,从旅行社管理信息系统与旅行社电子商务系统由各自独立的系统向逐渐整合的方向发展。早期计算机在旅行社的运用主要是处理某些部门的特殊需求,而现在计算机不但能处理各部门的局部数据,而且已经将旅行社的各方面的信息处理集成到一起,形成一个完整的信息处理和交易处理系统。

(2)从事务处理到管理系统,并向决策型软件发展。事务型软件主要是对人工操作的模仿,减少人工错误,降低人工成本,提高工作效率;管理型软件不再以减少人工操作为主要目标,而是通过计算机的事务的处理实现数据的电子化,再对电子化的数据进行统计、归纳、分析等深层次加工,使日常事务活动中产生的数据转变成为管理提供参考的信息;决策型软件则更进一步,不但可以为管理提供参考信息,而且可以利用数据模型,通过加工获得的信息进行直接决策或辅助决策。

(3)从C/S模式向B/S模式或C/S与B/S结合的方向转变。C/S模式,即Client/Server 模式,用这种模式开发的软件业务变更或改变不够灵活,维护和管理的难度较大,需要专门的客户端安装程序,不能够实现快速部署安装和配置,对开发旅行社电子商务系统来说已不太适用。B/S 模式,即 Browser/Server 模式,按这种模式开发的软件具有分布性特点,可以通过 Internet 随时随地进行业务处理,而且系统维护和业务扩展也简单方便,通过修改或增加网页即可实现所有用户的同步更新或系统功能增加,是目前开发基于 Internet 应用系统的主要模式。当然,如果能将 C/S 模式中客户端数据处理和打印功能强的特点结合到 B/S 模式中就能开发出功能更强的旅行社电子商务系统。

根据旅行社计算机软件的这些发展特点,在设计开发旅行社电子商务系统时,应着重考虑以下几点:

(1)可将企业办公自动化系统、管理信息系统和电子商务系统综合起来设计,使企业的经营决策、业务管理和营销管理通过企业信息流的共享而整合成一个有机的系统。这样既可以增强信息的共享程度;也可减少信息流转的中间环节,提高利用效率;同时还可减少重复投资,降低成本。

(2)由于旅行社对外信息交流是旅行社开展业务的基础,设计以电子商务为中心的企业计算机系统时,应以 B/S 或 C/S 与 B/S 结合的模式为主,建立基于 Internet、采用 Web 技术的开放型系统。

(3)鉴于目前通过 Internet 进行多媒体实时客户交流还尚未形成气候,中小旅行社电子商务可以企业资源计划(ERP)为主的企业内部业务流重组来设计电子商务系统,大中型旅行社则可建立包含企业资源计划和供应链管理的企业外部业务流重组为基础的电子商务系统。

在实施旅行社电子商务系统时,可根据企业的规模和现有的条件,采取系统各模块整体实现或分步骤逐步实现的不同策略。对电子商务的硬件基础——网络系统,大中型旅行社可采取建立企业内部局域网(Intranet),再实现 Intranet 和 Internet 的连接;对中小旅行社则可直接利用 Internet 完成企业包括电子商务在内的整个计算机信息系统。

第三节 旅游电子商务经典案例

近年来旅游电子商务发展迅速,特别是 2008 年以来不少大型网站也纷纷进军网上旅游市场,一时间群雄逐鹿、豪杰辈出,不断涌现出许多旅游电子商务的经营模式。这里介绍其中几个较为经典的案例。

案例 10.1 "鼠标＋水泥"的携程旅行网

1. 轻点"鼠标"起航

携程旅行网创立于 1999 年 5 月,最初注册资本 200 万元,总部设在中国上海,是我国最早从事旅游电子商务的专业公司之一。1999 年 10 月,携程旅行网正式开通。携程旅行网让旅游者通过轻轻点击鼠标就可以在网上预订酒店和机票。到 1999 年年底,携程共获得多家风险投资公司总计 500 万美元左右的资金。于是,携程开始了近乎疯狂的"烧钱":不到一年的时间广告经费就烧掉一两千万元。此时恰逢第一次互联网经济泡沫破灭,许多互联网公司昙花一现便匆匆凋谢。而此时陷入不断亏损的携程同样岌岌可危。

2. "鼠标＋水泥"创造奇迹

为了能生存下去,携程必须找到盈利点和盈利方式。处于创业困惑中的携程在 2000 年收购了北京现代运通订房中心,这个看似从网上走到网下的举动使携程创造了新的互联网公司发展模式。北京现代运通的主营业务是通过电话预订酒店,是国内第一家用 800 免费电话来实现酒店预订的订房公司,也是当时国内最大的电话订房公司;最繁忙的时候,一个月有 2 万人次通过这家公司在全国各大城市的酒店订房。北京现代运通被认为是传统经营方式,而携程则属于全新的网络经营方式。因此,携程收购北京现代运通开创了"鼠标＋水泥"的经营模式。

携程之所以要收购北京现代运通,是因为作为国内最大的电话预订中心北京现代运通已经有一定的知名度、一定的品牌价值和一批固定的合作酒店以及相当数量的客户。同时,北京现代运通在开拓市场方面也拥有大量的人才。携程收购了北京现代运通后,又根据新的业务模式调整、开发了相配套的互联网平台——"实时控房系统"和"房态管理系统"。通过"房态管理系统",携程能够跟所有会员酒店实现信息同步,而通过"实时控房系统",携程还可以预先在酒店控制一些房间,客户通过携程预订房间,携程当时就可以确认。这样使得携程在代订酒店房间的同时,也能出售"自己"的房间。通过这样的转型,携程不再是简单的中介商身份。由于携程自己有一定的客房储备,使客户在旺季预订成功的几率大大提高;而在互联网发展初期,受上网条件的限制,电话预订更加便捷、有效,携程有 70% 左右的业务来自电话预订。通过"鼠标＋水泥",携程把现代互联网营销的技术优势和传统旅游中介的资源优势整合到了一起,实现了公司的快速发展和盈利。2002 年 3 月,携程登上国内酒店分销业榜首。2002 年 10 月,携程当月交易额首次突破 1 亿元人民币,并成为为数不多的最快实现盈利的网络公司之一。2003 年年底,携程网又成功登陆美国纳斯达克,而且在纳斯达克创下 3 年来开盘当日涨幅的最高纪录。

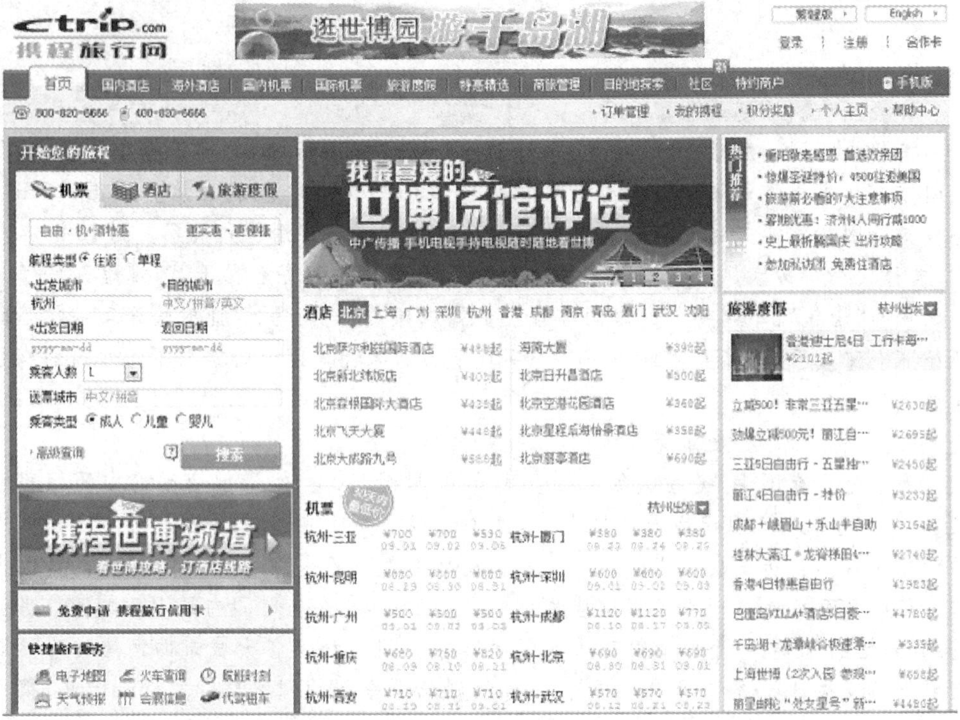

图 10.8 携程旅行网首页

3.不断探索新的网上业务,始终追求领先一步

携程在酒店预订业务取得成功后并没有固步自封、停滞不前,而是加快了创新的步伐。勇于创新是携程在业内保持领先的关键。2002 年 3 月,携程并购北京海岸航空服务有限公司,开始大规模进军机票预订市场,使携程初步实现了商务旅行必需的"机票+酒店"一站式服务。2002 年 5 月,携程启动全国中央机票预订系统。2004 年 2 月,携程与上海翠明国际旅行社达成合作进军度假市场。当年 10 月,携程推出全新 360°度假超市,在互联网上首推休闲度假旅游概念;11 月,机票业务向国际航空拓展,建成国内首个国际机票在线预订平台。2006 年 3 月,携程进军商旅管理市场。2007 年 3 月,携程推出在线商旅管理系统。2008 年 1 月,携程牵手旅游卫视,联手打造携程环球 DIY。2008 年 3 月,携程进军入境旅游市场,携程旅行网英文网站全新上线。2009 年 2 月,携程推出国内首个航空意外险保单销售网络平台。2009 年 6 月,携程推出"自由·机+酒"产品。2010 年 2 月,携程投资永安旅游(控股)有限公司旗下旅游业务。2010 年 4 月 1 日,携程率先在业内推出手机网站,开启了我国旅游电子商务的"无线"时代。

4.不断加强服务意识和技术,是携程保持竞争优势的核心因素

2004年9月,携程与招商银行联合推出国内首张双币种旅行信用卡。2009年7月,携程又牵手中国工商银行推出"牡丹携程灵通卡",8月与平安银行合作推出"平安携程商旅信用卡",不断提升旅行金融服务能力,提高客户电子支付能力。2004年12月,携程斥资2000万美元建造现代化在线旅行技术服务中心,为客户提供网上虚拟体验旅游。2005年1月,携程斥资100万元人民币设立自然灾害旅游体验保障金,增强对客户意外的赔付能力。2009年2月,携程斥资千万设立诚信服务先行赔付基金,加强对客户正当权益维护的保护力度。2009年7月,携程发布"透明团白皮书",从住宿、行程、游玩时间、购物等方面对《旅行社条例》中涉及旅游信息透明披露的相关条例进行详尽解读,倡导旅游信息透明化,进一步保护旅游消费者的合法权益。2010年3月10日,携程郑重发布"双重低价保证、三倍赔付承诺"——同样在网络预订条件下,携程保证境内酒店价格市场最低,否则赔付三倍差价。携程不断增强对客户的服务保障,在树立良好社会形象的同时,也极大地提升了竞争能力。

根据艾瑞咨询的统计,2009年我国在线旅行预订市场规模为38.9亿元,而2009年携程净营业收入为19亿元人民币(2.8亿美元),约占我国旅游电子商务的半壁江山。其中,携程在机票预订用户中所占的比例达到40.4%,比第二名的航空公司自己网站的18.7%还高出21.7个百分点;携程在酒店预订用户中所占的比例达到49.1%,比第二名的酒店自己网站的9.7%更高出39.4个百分点。携程已经成为我国旅游电子商务的领军企业。

案例10.2 从旅游搜索引擎起家的"去哪儿"

1.面对浩如烟海的信息,你该去哪儿

自从20世纪90年代末我国旅游电子商务兴起,我国旅游电子商务就进入了十分迅猛的发展之中。到2005年,我国的综合旅游网站已经超过500家,酒店、航空公司、旅行社、景区等企业建立的网站则达到3500多家。截至2009年底,我国旅游网站的数量已经超过5万家。

众多的旅游网站使得各种旅游信息浩如烟海,很难准确找到旅游者想要的信息。特别是价格问题更是经常困扰着旅游者。如有一位旅客想从杭州出发到北京,在他打算订票的那个时间,携程、艺龙、各航空公司,还有众多可以预订机票的网站,到底哪家卖得最便宜呢?如果旅客想货比几家,一要花费不少的时间,二是很有可能看到后面忘了前面。想去哪儿?如何去最好?确实让人很伤脑筋。正是在这种背景下,一名美国人和他的中国朋友一起创立了"去哪儿"(www.qunar.com)这个名称京味十足的旅游搜索网站。

几家主要网站的旅游信息对比如表 10.3 所示。

表 10.3　几家主要网站旅游信息对比

网站\比较项目	去哪儿网（qunar.com）	百度（baidu.com）	携程（ctrip.com）
获取信息及信息检索	1.专业,信息全面:3000条国内国际航线、6万家酒店、2万条旅游线路、搜索近600家供应商 2.抓取的全部供应商都具有 CATA 资质 3.实时报价:数据更新及时,按价格、品牌、目的地等自由排序	1.不专业,信息不全面:信息杂乱并含有假信息(如400仿冒电话),没有实时报价,搜索结果导向不清晰,无法满足用户需求 2.只要是网站都进行抓取,不做行业资质的区分和审查	1.专业,信息不全面:携程一家报价,搜索结果没有信息比较 2.信息不及时如春节等购票高峰期,反应不够迅速。对新开通航线反应速度慢,无法第一时间做到全面覆盖
投诉处理及用户服务	1.作为第三方平台帮助用户与供应商协商,协助解决投诉问题 2.定期审查代理商,机票代理商都拥有 CATA 资质 3.建立供应商管理规范,明示最近遭到投诉比较多的代理商及投诉原因 4.可清晰地搜索代理商信息,包括注册地、备案号等 5.排序结果加入用户评价,促进代理商服务改进	不受理(用户在假冒400上当受骗,只能自己承担)	所有投诉都是携程自己的责任,会给用户增加积分、交易上的补偿等,但无法消除投诉

(资料来源:http://www.qunar.com)

2."去哪儿"专业的旅游搜索引擎

"去哪儿"(qunar.com)是全球最大的中文在线旅游媒体平台,创立于 2005 年 2 月,总部位于北京。由纪源资本(GGV Capital)、梅菲尔德(Mayfield)、金沙江创投(GSR)和特纳亚资本(Tenaya Capital)共同投资支持。"去哪儿"的开发人员从美国带回最新的搜索引擎技术,在国内用了 6 个月时间进行了机票(图片—新闻—网页)和酒店的产品化,并且首先推出了中文版本。"去哪儿"为旅游者提供国内外机票、酒店、度假和签证服务的深度搜索,帮助国内旅游者做出更好的旅行选择。

　　凭借其便捷、人性且先进的搜索技术,"去哪儿"对互联网上的机票、酒店、度假和签证等信息进行整合,为用户提供及时的旅游产品价格查询和信息比较服务。目前,"去哪儿"可以搜索超过600家机票和酒店供应商网站,向消费者提供包括实时价格和产品信息在内的搜索结果,实时搜索4000条国内、国际航线,60000家酒店,20000条度假线路。

　　在游客决定去哪儿玩之前,如果到"去哪儿"看一看,这对于把全国成千上万个形形色色的网站中的关于酒店和航空票务的价格和信息集合在一块儿的旅游服务搜索引擎来说,无疑是一个很经济的做法。它搜索了类似在纳斯达克榜上有名的E龙网和携程网,以及国内上百家大大小小的、类似的在线预订服务网站,按客户需要查询的日期将各网站最便宜的价格排列出来,这时客户就能很方便地知道到哪儿预订最合算了。

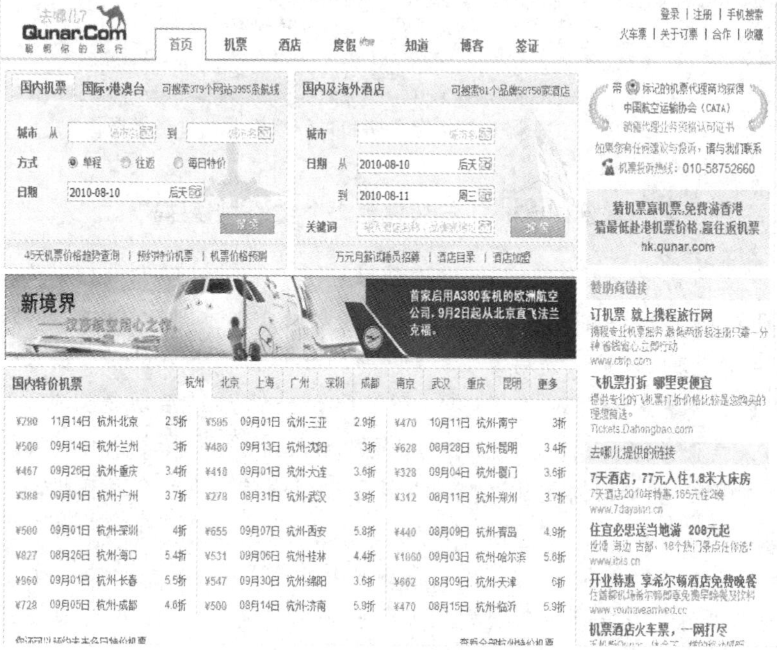

图10.9　"去哪儿"网站首页

　　"去哪儿"可谓切中了互联网时代的"弊病",帮助旅客在浩如烟海的网上信息中方便、快捷地找到需要的信息。到2010年5月,"去哪儿"的独立用户访问量已突破4200万。经营网站最怕没有人气,在互联网上"人气"="财气",有了人气的"去哪儿"除了可以收取广告费外,也开始进行酒店预订,经营代理业务。

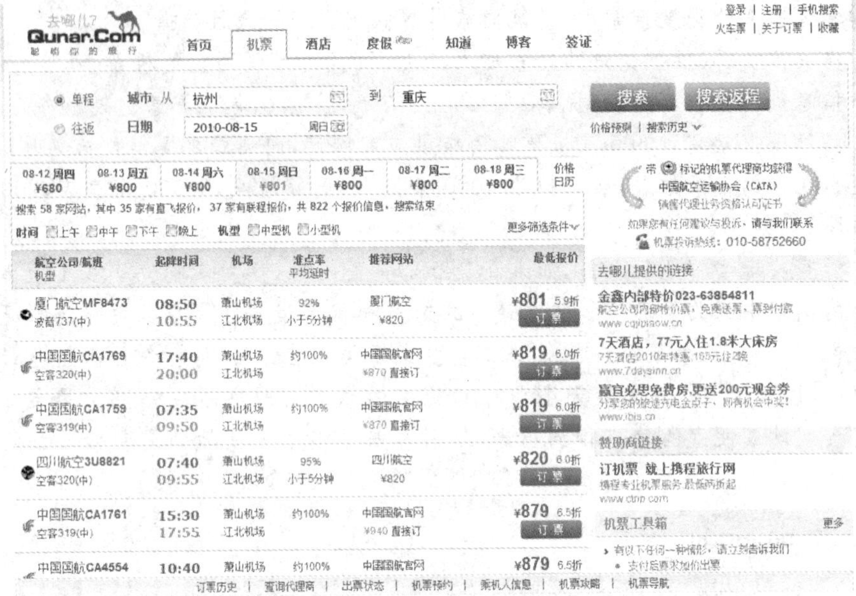

图 10.10　去哪儿对指定日期和目的地机票按价格排序

案例 10.3　3 年从零到 2 个亿的"驴妈妈"

1. 从驴友旅游发现商机

"先问驴妈妈,再去游天下"、"驴妈妈,妈妈般呵护驴友"!2008 年 6 月,一个打出为驴友服务口号的、以景区分销为主打业务的旅游电子商务公司冒了出来。

一批原本从事景区规划的人发现,几年前 80％的旅游活动是团队游,20％是散客;现在 7％是商务旅行,21％是旅行社带领的团队,70％是散客。而广大的自助散客们最爱自称驴友,驴友的兴起让这些从事景区规划的年轻人看到了商机。

携程、艺龙、芒果网都在"机票＋酒店"的商务旅行市场中"拼杀",却留下了另一片散客旅游市场和它的商机——"景点门票＋网络营销"。在慧眼识得这个不可多得的机会后,上海景域文化传播有限公司创办了驴妈妈旅游网,打出了前面提到的为驴友旅游服务的口号。

2. 一鸣惊人的"驴妈妈"

基于中国"散客时代"旅游市场的需求,"驴妈妈"以景点"票务"为切入点,融合景点"精准营销"和"网络分销",使景点以"零投入"的方式拥有了自己的网上门票预订平台;根据"自由行"游客的行为特征,通过电子商务"便捷、优惠及个性化"的定制服务,满足了"自由行"游客的需求,最终搭建成景点票务电子商务门户和景点整合营销平台。

旅行社经营管理

2008年,创建伊始的驴妈妈旅游网就获得了包括携程旅行网CEO范敏、资深天使投资家杨振宇、分众传媒副总裁钱倩等在内的多位投资人的首轮投资;2009年8月,又再次吸引数千万元风险投资基金。有了充足的资金,"驴妈妈"开始在全国旅游景点进行布局,打造国内景点实现门票网上预订的最佳合作网站。目前,"驴妈妈"注册会员达数百万、签约景区已超3000家,驴妈妈旅游网上的产品超过5400种。2010年"驴妈妈"营收已达2亿元,较前年增长了整整20余倍,成立只有短短3年的"驴妈妈"可谓一鸣惊人了。

3.驴妈妈旅游网景区门票的订购流程

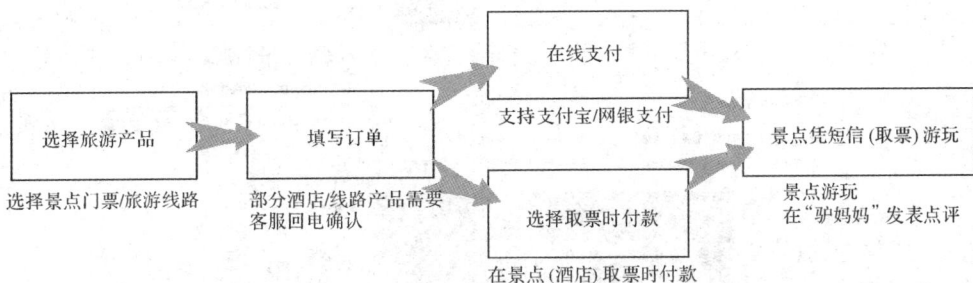

图10.11　驴妈妈旅游网景点门票订购流程

为了降低取票成本,"驴妈妈"为客户提供了三种取票方式。

(1)短信取票方式。您在"驴妈妈"网上购买门票,当提示景区支持短信取票时,您可填写个人信息后提交生成订单,在完成在线支付后,此订单信息将会以短信的方式发送到您的手机上,您只要在入园时出示您的身份证证件和手机订单短信信息,即可取票入园。

(2)二维码(电子票)取票方式。您在"驴妈妈"网上购买门票,当提示景区支持二维码取票时,您可填写个人信息提交生成订单,在完成在线支付后,系统将您的订单及二维码信息以短信的形式发送到您的手机,您只需在指定的取票地点验证二维码,即可取票入园。

(3)实体票送票方式。您在"驴妈妈"网上购买门票,当提示景区支持实体票送票服务时,您可填写个人信息后提交生成订单,在完成在线支付后,"驴妈妈"客服人员会把实体票以快递的方式送到您所填写的送票地址处,请及时进行查收。

本 章 小 结

21世纪的旅行社已经无法躲避电子商务的大潮,但正如我们所讨论的,单纯地建立企业网站其实只是舍本逐末,徒有其表。与以往的辅助手段不同,旅行社电子商务不只是一种新的生产工具,它更重要的是一种新的生产能力,需要新的经营管理方式与之相适应,才能发挥其蕴涵的能量。因此,旅行社开展电子商务首先不应是追求时

图 10.12　驴妈妈旅游网首页

尚,跟随潮流,而应当是经过深思熟虑的影响企业发展的重大战略抉择;其次还是一项系统工程,或者说它只是旅行社信息化改革的一环,孤立的电子商务根本无法发挥预期的功能和作用,它必须和旅行社的管理信息化同步,必须和合作伙伴的电子商务能力同步,必须改革现有的组织结构和经营管理模式、甚至是已经驾轻就熟的传统业务流程。最后,旅行社还应当根据自己的经营现状和未来的发展方向来科学地选择或创建适合的电子商务模式,并为这种模式开发或选购相应的软件系统。只有这样,电子商务才能如一片海托起旅行社的舟船并远航。

关 键 术 语

电子商务　一般认为电子商务是运用电子技术和电子工具如计算机及其网络等进行商务活动的过程。

B2B　是企业间通过电子手段进行销售和采购的交易方式。

B2C　是企业通过电子手段进行电子零售的交易方式或者说是消费者通过网络进行的网上购物行为。

旅游电子商务　是旅游企业基于互联网络技术，运用电子手段以实现旅游商务活动的过程。

旅游目的地营销管理　通常是由旅游目的地地方政府和专业旅游网络服务商共同开发建设的，为宣传当地旅游资源、开展旅游产品营销、实现旅游预订、方便企业交易以及接受市场反馈与投诉等的综合性系统。

旅行社电子商务　是旅行社运用电子手段对生产服务过程中的市场调查、产品开发、采购、信息发布、成品销售、接待与客户关系、财务等进行电子化管理，并运用电子商务理论来指导旅行社经营管理的过程。

旅行社管理信息系统　是一个由人和计算机等信息设备组成的对旅行社经营管理过程中产生的信息进行收集、录入、存储、传输、处理、维护和使用的综合系统。

思 考 与 练 习

1. 简述电子商务的基本概念。

2. 简述电子商务的分类。

3. 简述旅游电子商务的概念和对旅游电子商务的理解。

4. 谈谈旅游电子商务的特点。

5. 试述旅游电子商务的体系结构。

6. 简析旅游电子商务的应用领域。

7. 旅行社开展电子商务的现状如何？

8. 浅析旅行社电子商务体系的基本组成。

9. 设计和实施旅行社电子商务时应考虑哪些因素？

10. 考察下列旅游网站，简述它们运用的电子商务模式、设计思想和特色。

　　(1)携程旅行网：www.ctrip.com

　　(2)春秋国旅：www.china-sss.com

　　(3)中国青年旅行社青旅在线：www.cytsonline.com

　　(4)美国运通旅行社：travel.americanexpress.com

后 记

作为普通高等教育"十一五"国家级规划教材,按理本书早就该修订出版的。虽然浙江大学出版社一再和我说,这本教材在市面上颇受欢迎,但我还是犹豫不决,一拖再拖。对定位于学者的我,说行政事务繁忙只是部分原因,最根本的原因则是这样两个:其一,不知为何,对于教材编写这几年越来越不敢了。记得编写第一本教材是在大学毕业3年后的1987年,我只是作为一个章节中的部分内容的参编,主要编写者是北京第二外国语学院的一位副教授,即使如此,也整整费时近一年,和主编的通信厚厚一大坨。那时的感受是编写教材还真不容易。到了后来,随着个人职称的提高,做参编、主编的机会越来越多,感觉"编教材也就这样"。2000年,所在学校升格为高等职业学院,由于学校的国际化步伐加快,有机会到旅游业发达国家的旅游院校去交流访问,却发现这些院校大多无固定教材,教师上课更多使用主讲教师自编的讲义。这似乎应证了我过去分管教学时在教师中一再提倡的"大学教师教自己的(学科或专业领域的系统见解、研究成果)"的观点。我的台词是,越是在目前教材编写、教材出版泛滥以及教材选择还有行政规定的现实情况下,作为一个教授,进行教材编写,越应该谨慎。其二,近十年中国旅游业的发展实在是蓬勃迅猛。在旅行社业,至少有这样一些明显的变化:旅游消费方面,出游方式以团队旅游为主转变为散客越来越多,旅游需求越来越多元化,市场细分日趋明显,产品业态越来越丰富,旅游者日趋成熟;旅游供应方面,市场要素越来越充分,旅行供应商在发生明显分化,旅行企业的经营创新能力越来越强,旅行供应系统正经历着深刻的过程变化,旅行供应企业的商业模式层出不穷。在这种情况下,要编写一本以强调实际操作为主的、能够适合不同地区不同高职院校以及部分本科院校教学所需的教材,确实有所力不能及。

本次修订,体例等形式方面没有变化。内容上的变化主要有三个方面:一是贯彻并体现《旅行社条例》和行业标准化的有关精神和内容;二是第10章《旅行社和电子商务》由詹昭宗副教授新写;三是由黄宝辉副教授增加了不少新的案例。

很感谢浙江大学出版社的王元新编辑,如果没有他的"蚂蝗"精神,可能我也就不会去完成本书的修订编写工作;也十分感谢浙江大学出版社,它们严谨的工作态度、精益求精的工作作风令我感动。

浙江旅游职业学院教授、副院长　徐云松

2011. 5

旅行社经营管理